互联网金融法律评论

Internet Finance Law Review

2017年第1辑 · 总第8辑

上海交通大学互联网金融法治创新研究中心 主办

许多奇 主编

法律出版社
LAW PRESS · CHINA

《互联网金融法律评论》编委会

本书得到蚂蚁金融服务集团的鼎力支持
特致谢意！

序

人类正在迅速滑入全球金融资本主义体制的时代。互联网金融使这一进程呈几何级数加快。与此同时，经济的投机性、市场泡沫破裂的风险性、社会的复杂性和不确定性也在不断膨胀。于是，对无限递增的数码空间进行监管、对迅速增值的金融权力进行约束的呼声也渐次高涨。正是在这样的背景下，上海交通大学《互联网金融法律评论》应运而生，旨在把层出不穷的金融创新纳入法治轨道，对网络互动中产生的涨落和混沌进行有序化处理，为新式商业信用系统的形成和发展提供坚实的制度基础。

互联网金融的根源可以追溯到20年前。然而在中国，从2013年起互联网金融才开始蓬勃发展，并以迅雷不及掩耳之势推动了直接融资和间接融资的体制改革和产业资本市场的发育。众所周知，我国既有的金融体系与财政体系的边界其实是模糊的、流动的。金融秩序以政府信用为担保才得以维持。因而金融业务具有很强的垄断性，具体表现是霸王条款和过度盈利。为了防止权力的任意性引发金融振荡，有关职能部门采取层层把关、步步审批的方式进行监管，形成了森严的等级结构，严重妨碍了营业效率的提高。近年来互联网金融异军突起，一举打破了原有的垄断格局和僵硬体制。显然，互联网金融的最大优势就是通过平面化、网络化、信息技术化的革新模式，大幅度提高了金融服务的效率，并拓展了融资渠道以及民间资本市场的发展空间。

在互联网金融领域，数码虚拟的自由空间、纵横交错的关系结构以及大数据处理的基础设施构成全新的风景线。在电脑网络与人际机缘相链接和叠加而形成的多媒体社会中，信息和资源的传递和计算变得极其便捷、极其广泛，也使交易成本大幅下降，催生了网上银行、电子货币、互联网支付、移动支付、网络小微企业贷款、网络小额信用贷款、网络众筹融资、金融机构的网络服务创新平台、网络基金销售等一系列新生事物，也给中国经济发展带来了巨大红利。通过跨界无垠的互联网金融通道，庞大的资本既可以在一眨眼间呼引啸聚而来，也可以在一转念间风流云散而去；既可以给实体经济造成出其不意的打击，也可以给个人财富造成变幻无常的盈亏。高风险、高收益是互联网金融的基本特征。

以互联网的开放性为前提条件，以红利分享的机会为驱动装置，相关金融领域的确已呈现出一派欣欣向荣的生机。然而在繁荣景象的背后也并非没有泡沫、阴翳以及陷阱。毋庸讳言，迄今为止的互联网金融界，由于缺乏准入门槛和行业规则，竞争虽然是自由的，却未必是公平的；由于缺乏监管机制和法律约束，信用破绽不安始终如影随形；由于互联网金融与制造业经济的关系尚未定型，一种投机的、冒险的虚拟资本冲动很可能把长期理性和公共利益推下断崖，使国民财富变得像无根的浮萍。为了将互联网金融从上述困境里解救出来，防止中国在走出“租场式经济”低谷之后又陷入“赌城式经济”的迷魂阵，特别需要法学专家、立法者、司法机构、金融监管部门、业界人士加强交流，在通力合作的基础上凝聚制度设计的共识，采取未雨绸缪的防范措施。

上海是崛起中的国际金融中心。中国（上海）自由贸易试验区的一项最重要使命就是实现中国的金融制度创新。而在上海交通大学徐汇校区，高级金融学院、安泰经管学院、凯原法学院比邻而立，可以说这里正是推动学科交叉和知识融会的最佳场所。我相信，在业界支持下，由一群新锐法学者创办的《互联网金融法律评论》能够为那些勇于直面现实问题、试图凝聚制度共识的各领域才俊搭建一个影响深远的交流平台。我祝愿，本书能成为金融法律创新的孵化器，成为风险对策的实验室，成为互联网金融新生事物茁壮成长的温床。我希望，在不久的将来，一群具有国际视野和精通实务技能的新型金融法律人才能够通过本书相识、互助、共荣并在各自的事业中脱颖而出。

*

2015年4月6日

---

* 上海交通大学法学院院长，教授，长江学者。

目　录

慎思篇

审问篇

笃行篇

广闻篇

Contents

Articles

Comments

Cases

Perspectives

慎思篇

创新与不平等:分割论的主张

[美]理查德·A.爱泼斯坦* 撰
许多奇 张 丽 译
肖 凯 校

本文的主题涉及知识产权领域的创新与社会财富和收入领域更大平等之需求之间的相互作用。不论其他论者对后一目标是何立场,笔者认为将两个截然分开的问题结合在一起是一个社会错误。正确的方法应该是次序讨论:首先,制定规则以最大程度促进创新。其次创新问题得以解决后,再从更宏观的角度解决收入和财富不平等问题——不要制定专门针对知识产权问题的特殊规则。笔者将这种思维方式称为"分割论"(separability thesis)。

尽管坚持分割论,对于不平等的问题——很多人眼中我们所处时代的核心社会挑战,笔者也并不是视而不见。相反,笔者想解决的是一个相关性问题:到底是私法手段还是公法手段能够更好地解决不平等问题。对此,笔者的回答是,"去中心化"的私人活动,辅之以慈善性捐赠抵扣,总体上要比任何修改知识产权的方式更为有效。因此,笔者认为不平等问题很重要,但其解决应与创新问题分开讨论。

笔者认为,约翰·麦金尼斯(John McGinnis)〔1〕教授和贝思·克雷戈尔(Beth Kregor)〔2〕的两篇论文也支持分割论。

麦金尼斯(McGinnis)教授在其演讲中提到知识产权在加速财富和机会在不同阶层人们之间的公平分配的巨大力量。其中心论点是基准技术成本的快速下降——如智能手机和社交媒体——提高了底层收入者个人发展的机会。更低的价

---

* 劳伦斯·A.蒂施(Laurence A. Tisch)纽约大学法学院教授,胡佛研究所彼得和克里斯汀·贝德福德高级研究员,芝加哥大学法学院詹姆斯·帕克·霍尔杰出荣休服务法学教授和法律高级讲师,特别感谢芝加哥大学法学院2016级优秀研究生雷切尔·E.科恩(Rachel E. Cohn),马德莱恩·兰斯基(Madeline Lansky),以及克里斯塔·佩里(Krista Perry)的帮助,这篇文章改编自芝加哥大学2015年联邦社会国家学生座谈会上自由发言。

〔1〕 See John McGinnis, "How Innovation Makes Us More Equal", 39 *Harv. J. L. & Pub. Pol'y* 47 (2016).

〔2〕 See Beth Kregor, "Innovation & Inequality: Conservative & Libertarian Perspectives", 39 *Harv. J. L. & Pub. Pol'y* 39 (2016).

格则更容易获取,整体社会满意度水平得以提升,尽管如亚当·斯密"看不见的手"所经常提醒的那样,这种结果并非创新者有意所为,[1]但创新者的自身利益与良好社会目标恰好一致。[2]

麦金尼斯(McGinnis)教授的论点中更加令人非议的是,创新的步伐会使新技术企业免受政府创新的钳制。总体上,笔者认为这一预测过于乐观,因为手段丰富而意志坚决的政府总是能制定反竞争规则,不管现有技术水平如何,政府总能找到其中最薄弱的部分。举个简单的例子,Uber 和 Airbnb 这样的公司并非完全在线上运作,它们必须在现实时空中提供其运输和住宿服务,这就很容易被监管。正因如此,一个中层的管理人员也能挑战 Uber 的其商业模式,即将司机视为独立的合同方而非雇员对待,这也正是 Uber 目前面临的严重法律问题。[3] Airbnb 必须为其客户安排房间,反过来这将会导致个人所有者面临各种限制以及旅馆税,实际上 Airbnb 意欲统一收取,以便具有合法性。[4] 同时,如果想继续经营业务,它还要担心建筑规划法规以及种种房东限制等一些重要问题。[5]

囿于篇幅,我们无法充分讨论这些税收和规制的合理性。就笔者而言,没有细致分析并不会减损分割论的观点。不要通过规制特定公司或产业来实现再分配的目的。不仅如此,尤其重要的是,即使创新未能导致更高水平的收入平等,创新仍具有社会价值。这一观点的逻辑在于:更容易获得是更多创新的副产品,这也是那些底层收入分配者的收益所在。但即便如此,更大的平等是否会随之而来尚不清楚。很可能的是技术精英比底层收入个人获得更多的财富分配。这就是问题所在:任何与帕累托[6]最优一致的提高都比强制再分配的问题要小,这些帕累托提高通常也会增加不平等性。购买电脑的人将会从 10 人增长到 1000 人,而电脑生产商将会从 100 万美元增长到 10 亿美元。两者都在提高状况。如果不平等壁垒被过于强调,会

---

〔1〕 参见亚当·斯密:《国富论》("由于宁愿支持国内的产业而非国外的产业,他只是盘算着他自己的安全;他管理产业的方式在于使其生产的价值能够最大化,他所盘算的也只是他自己的利益。在这些常见的情况下,经过一双看不见的手的引导,他也同时促进了他原先无意达成的目标")。

〔2〕 参见亚当·斯密:《国富论》。

〔3〕 See Dave Jamieson, "Uber Driver Is An Employee, Not An Independent Contractor, Rules California Labor Official", *Huffpost Bus.* (June 17, 2015), http://www. huffingtonpost. com/2015/06/17/uber-independentcontractors_n_7604366. html [http://perma. cc/HM4T – BJ3B].

〔4〕 See Dara Kerr, "Airbnb: Let Us Pay Hotel Taxes in New York", CNET (Apr. 15, 2015), http://www. cnet. com/news/airbnb-let-us-pay-hotel-taxes-in-new-york/, at [http://perma. cc/G7YC – VB3D]

〔5〕 See Stephen Fishman, "Legal Restrictions to Renting Your Home on Airbnb or Other Rental Services", NOLO, http://www. nolo. com/legal-encyclopedia/legal-restrictionsrenting-your-home-airbnb-other-rental-services. html [http://perma. cc/W2VRQ32J] (last visited Oct. 20, 2015).

〔6〕 帕累托改进是一个增量的改进,是至少提高一个人的幸福而不会造成任何人的伤害。See Nicholas Barr, The Economics of the Welfare State 45 (5th ed., 2012).

抑制整个增长周期。甚至对于反对不平等的人而言,干预特定产业通常也是个错误,因为这个问题可以分开来处理,而且不会损害帕累托增进。

克雷戈尔(Kregor)女士的观点则是迥然不同,她讨论的是创新对于经济底层人民的替代效应。同样,这一话题也并非知识产权领域独有。任何人只要稍微关心一下有关关税和工会的辩论就知道,只要相对工资和价格出现变化,替代效应这种根本的紧张关系就会随之出现。[1] 有时,它源于新产品或服务,而另一些情况下,则是因为创新替代了工作岗位。但这里,同样重要的是,任何替代效应负面作用的研究,都严重低估了整体境况的复杂性。这些工作的替代带来了比以前更低价格生产新系列(或者升级)产品的能力,反过来又为经理人和企业提高竞争地位创造了机会。这不仅在国内市场体现,在国际市场也是如此。失去工作对于许多人而言是沉重的打击,然而更宏观来看,他们在新的产业部门获得工作机会也不容忽视。如果工作替代之后有某种过渡性质的补助,那么,通过知识产权创新带来的工作替代,较之拆除关税壁垒、进口配额或其他保护主义立法所带来的外国产品或服务竞争,并无任何理由认为前者更加具有说服力。

在很多情况下,不平等的问题并不表现为社会顶端的1%和余下部分的差距。相反,在民粹主义者看来,贫富之争是针对那些少数通过创新获取大量财富的“亿万富翁”。[2] 其引人注目之处是这些创新者积累财富的速度——通常只用数月或者数年的时间。同样,需要指出几点,以缓解这一问题显而易见的苦楚。首先,通常当今的亿万富翁就是创新者本人,而非他们的孩子或者后代。如果有人质疑这一结论,不妨回想一下约翰·戴维森·洛克菲勒(John D. Rockefeller),其有生之年超级富有——甚至远远超过当今的任何亿万富翁。[3] 然而逝者如斯。现在的福布斯排行榜前500位的美国富人榜,其中并没有老洛克菲勒,他的财富经过几代人在众多继承者中已经消散无几。[4] 如今,占据富人榜的大都出生一般,如比尔·盖茨(Bill

〔1〕 See Josh Bivens,“The TPP Debate:Never Real and No Longer Polite”,Econ. Pol’y Inst.:Working Econ. Blog(May 15,2015,12:15 PM),http://www. epi. org/blog/the-tpp-debate-never-real-and-no-longer-polite/ [htpp://perma. cc/22JM – Q26L].

〔2〕 See Anne Gearan & Philip Rucker,“Democracy Not ‘Just For Billionaires’, Hillary Clinton Tells Crowd in N. Y.”, Wash. Post(June 13,2015), http://www. washingtonpost. com/politics/democracy-not-just-for-billionaireshillary-clinton-tells-crowd-in-ny/2015/06/13/346e3318 – 11fb – 11e5 – a0fedccfea4653ee_story. html [http://perma. cc/58FP – KPTX].

〔3〕 See Carl O’Donnell,“The Rockefellers:The Legacy Of History’s Richest Man”, Forbes(Jul 11, 2014, 11:52 AM), http://www. forbes. com/sites/carlodonnell/2014/07/11/therockefellers-the-legacy-of-historys-richest-man/ [http://perma. cc/Y3KC – CYRD].

〔4〕 See Forbes Billionaires:Full List of the 500 Richest People in the World 2015, Forbes(Mar. 2, 2015), http://www. forbes. com/sites/chasewithorn/2015/03/02/forbes-billionaires-full-list-of-the – 500 – richest-people-in-the-world – 2015/[http://perma. cc/YQS2 – VGCK].

Gates)、拉里·佩奇(Larry Page)、谢尔盖·布林(Sergei Brin),以及 Mark Zuckerberg 等。[1] 显然,在分配顶端的巨大财富加剧了财富的不平等。但笔者认为,这种深刻变化反倒值得欢欣鼓舞,而非颓丧悲伤。原因如下。

首先分析的第一点是财富,特别是顶级财富,很难反映人类福利。这一点在托马斯·皮克迪(Thomas Piketty)的《21 世纪资本论》中也被漏掉了。[2] 该书得到诸如保罗·克鲁格曼(Paul Krugman)和约瑟夫·斯蒂格利茨(Joseph Stieglitz)这些诺贝尔经济学家英雄般的欢迎,[3] 其受欢迎程度只在最近几个月内才有所下滑。[4] 关键的问题是财富之间不平等和整体福利之间不平等之间的相关性到底如何。按照这一衡量标准,关键是在这些情形下要把人们所享有的各种形式非金钱收益考虑进去,因为这些非金钱收益不可能只是集中在几个顶级富人。[5] 从最简单的形式来看,身体健康与幸福、财富同样重要。粗略而言,这些非金钱收益的重要性至少不亚于金钱收益,这样说并非不无道理,因为被严厉剥夺社会关系或健康就其本身而言,与高度贫穷并无二致。从这个层面来看,生命预期、婴儿死亡率以及其他很多衡量指标都非常重要。让人高兴的是,这些至关重要的收益不可能仅局限于任何少数人身上。第一轮现代化的重大进展,如在 1850 ~ 1900 年,包括建设下水道和与传染病作斗争,以及两者之间的紧密关系,都主要由富人提供融资,因为穷人缺少资金来源为提升基础设施做出贡献。[6] 但这些行为的收益是作为一种重要的公共物品为全体社会所共享。如果没有相关长寿的社会收益大规模的分配,美国的平均期望寿命,是不可能从 1900 年大概的 46 岁,提升到今天为 79 岁。[7]

---

[1] See Forbes Billionaires: Full List of the 500 Richest People in the World 2015, Forbes (Mar. 2, 2015), http://www.forbes.com/sites/chasewithorn/2015/03/02/forbes-billionaires-full-list-of-the-500-richest-people-in-the-world-2015/ [http://perma.cc/YQS2-VGCK].

[2] Thomas Piketty, Capital in the Twenty-first Century (2014).

[3] See e.g., Paul Krugman, Op.-Ed., "Wealth over Work", *N. Y. Times* (Mar. 23, 2014), http://www.nytimes.com/2014/03/24/opinion/krugman-wealth-overwork.html?_r=0 [http://perma.cc/82DF-3LKM].

[4] See e.g., Mervyn King, "Capital in the Twenty-First Century by Thomas Piketty, Review", *The Telegraph* (*May* 10, 2014), *http://www.telegraph.co.uk/culture/books/bookreviews/*10816161/*Capital-in-theTwenty-First-Century-by-Thomas-Piketty-review.html* [http://perma.cc/B27MMUSR].

[5] For discussion,, see Richard A. Epstein, "The Piketty Fallacy", Hoover Inst. (May 5, 2014), http://www.hoover.org/research/piketty-fallacy [http://perma.cc/48XD-S6R4].

[6] For an overview of how select moguls used their wealth to promote societal welfare in this era, See Shanaz Musafer, "Past philanthropists: How giving has evolved", BBC (Sept. 17, 2012), http://www.bbc.com/news/business-19272109 [http://perma.cc/DK3F-WP9Q].

[7] For some general statistics, see Max Roser, "Life Expectancy", Our World in Data (2015), http://ourworldindata.org/data/population-growth-vital-statistics/life-expectancy/ [http://perma.cc/YY2K-LU9W].

当然,谈到医疗服务的可获得性时,富有仍然比贫穷好得多。但值得重视的是,相对于医疗水平的整体净提高,不平等的比例无足轻重。重要的是所挽救生命的总人数。[1] 例如,如果穷人的婴儿死亡率是富人的2.5倍,这种差异就很重要了,必须时刻谨记。

这些数字携带一个信息,即如果在1900年,大致10%的富裕家庭孩子死亡,相比之下穷人家孩子死亡率是25%。[2] 但当第一个数字下降到小于1%,后者小于2.5%时,类似于今天的数字,就是另外一番景象了,使绝对数的差距缩小了10倍。[3] 显然,较贫穷的人从这些进步中获得更多,因为,他们从贫穷起点,有着更多的收益。

好消息还没讲完。如前所述,今天的高价技术进步传播迅速但成本下降。[4] 例如,工业事故的伤残率迅速下降,如果就事故数量的多少而言,[5]1900年以来争议最为激烈的问题成为今天的二级问题。[6] 从某些维度来看,进步的速度加快了。

---

[1] For just this overemphasis on relative position, See Michael Marmot, "The Influence of Income on Health: Views of an Epidemiologist", Health Aff. 31 (March/April 2002), *available at* http://www3.nd.edu/~wevans1/class_papers/marmot_health_affairs.pdf [http://perma.cc/U5U6-7GG8].

[2] Ibid. at 34; "Achievements in Public Health, 1900-1999: Healthier Mothers and Babies", CDC (Sept. 30, 1999), http://www.cdc.gov/mmwr/preview/mmwrhtml/mm4838a2.htm#fig1 [http://perma.cc/6FK3-9PY3](发现某些城市地区的婴儿死亡率在1900年接近30%,然而到1915年,美国公共卫生条件改善,平均婴儿死亡率下降到10%)。

[3] For complete infant mortality statistics, see Goapl K. Singh & Peter C. Van Dyck, U.S. Dep't Health & Human Servs, "Infant Mortality in the United States, 1935-2007: Over Seven Decades of Progress and Disparities" at 2 (2010), http://www.hrsa.gov/healthit/images/mchb_infantmortality_pub.pdf [http://perma.cc/My2C-T3TZ](表明2009年美国的婴儿死亡率是0.67%)。For a detailed study on the effect of poverty on infant mortality rates, see Lucy Westbott, "Washington's Poorest Infants Are Ten Times More Likely to Die Than Richest", News Week, May 4, 2015.

[4] For discussion of cost-reducing innovation in and outside of the health care sector, See James C. Robinson & Mark D. Smith, "Cost-Reducing Innovation In Health Care", Health Aff. 1353-54 (Sept./Oct. 2008), http://content.healthaffairs.org/content/27/5/1353.full.pdf+html [http://perma.cc/Z8NX-FE5A]. For an example of the decreasing costs in consumer electronics, see, for example, Damon Darlin, "Falling Costs of Big-Screen TV's to Keep Falling", N. Y. Times, Aug. 20, 2005. For a discussion of the decline in shipping costs leading to rapid growth in trade and the subsequent spread of innovation, see David Hummels, "Transportation Costs and International Trade in the Second Era of Globalization", 21 (3) *J. Econ. Persp.* 131, 139 (2007).

[5] 没有单个数据库来探索这个问题,但有一些不同的报道都支持同样的快速下降的故事。1999年的周报报告了CDC发病率和死亡率下降了90%,从1933年的每37人/10万工人下降到每4人/10万工人,其后这一比率继续下降至3.3。到2013年周报CDC发病率和死亡率达461人(1999)。

[6] See generally Richard A. Epstein, "The Historical Origins and Economic Structure of Workers' Compensation", 16 *GA. L. Rev.* 775 (1982).

重要的是，不论是进步主义者或保守主义者，没有人会对对方视而不见。

另外一种了解技术进步所带来的分配后果的方式是，观察消费者剩余，即消费者的保留价格和市场价格之间差额。[1] 每当某些产品的价格下降，那些花费200美元购买到过去支付1000美元的物品，就得到了800美元的剩余价值。此外，那些在价格为1000美元时没有消费而稍晚入场的消费者，也获得消费者剩余，这些本应该支付600美元的新市场进入者也获得了400美元的剩余。消费者剩余的价值是巨大的。而生产方的剩余不可能高于而且是明显低于市场价格。因此，日常市场剩余，不论在技术还是其他方面，也都倾向于将难以观测的收益分配给对消费者，尤其是那些财富有限、价格太高就不能留在市场上的人。[2]

财富的大量集中还有另一个有意思的特点。获得巨大财富的人不可能完全消耗财富。现在哈佛大学的罗伯特·巴罗教授，观察到拥有巨额财富的人们，不管他们如何放纵自我，所消耗的也不过是其自身创造财富的很小一部分。[3] 优质葡萄酒和豪华游艇也只能花费那么多。但当富人开始购买如房子或艺术作品这样的资本性资产，他们就不在消费市场了。他们持有资本资产一年以上甚至长期持有。这些资产直至富人们死后依然存在，因此必然有助于风险投资，从而增进他人的财富，或者进入慈善基金会，或者传递到下一代，尽管下一代单位财富下降，[4] 下一代也会将其财富的一大部分进行投资。不仅如此，他们的金融资本将进入市场，这将会整体上降低市场利率。既然消费并非一种选择，那么再分配就成为一种累积的现实必需品。在许多富人看来（如那些秉持巴菲特－盖茨捐赠誓言的富人们，这个世界上最富有的人都承诺将个人和家庭大部分财富投入到全人类的慈善事业中），[5] 捐赠也变成一项事业或者是道德责任。最成功的企业家都把他们的财富用于各种各

[1] For an explanation of how the Internet increases consumer surplus, see "Net Benefits: How to Quantify the Gains that the Internet has Brought to Consumers", The Economist, Mar. 9, 2013.

[2] For an example of how technology advancements allow for increased consumer surplus and participation in the book market, see, for example, Erik Brynjolfsson et al., "Consumer Surplus in the Digital Economy: Estimating the Value of Increased Product Variety at Online Booksellers", 49(11) *Mgmt. SCI.* 1580, 1588–89, 1591–92 (2003).

[3] For the benefits of high concentrations of wealth, see Robert A. Barro, "Inequality, Growth, and Investment", in *Inequality and Tax Policy* 1, 34 (*Kevin A. Hassett & R. Glenn Hubbard eds.*, 2001) (*explaining how inequality encourages growth in richer places, while also decreasing over time as a part of the process of economic development*).

[4] See Forbes Billionaires: Full List of the 500 Richest People in the World 2015, Forbes (Mar. 2, 2015), http://www.forbes.com/sites/chasewithorn/2015/03/02/forbes-billionaires-full-list-of-the-500-richest-people-in-the-world-2015/ [http://perma.cc/YQS2-VGCK].

[5] For an overview of the pledge program and list of contributors, see Current Pledgers, "The Giving Pledge" (2015), http://givingpledge.org/index.html [http://perma.cc/92N6-APAT].

样的事业,收益广泛,如大学、医院、孤儿院、疾病预防中心等。

19世纪末20世纪初是自由放任主义的顶峰。[1] 然而,这一时期也是通过教会、协会组织、正式保险或设立其他慈善机构等各种方式自愿帮助穷人的高峰时期。[2] 当时社会大概只有当今10%或15%的平均财富,而在街上饿死的人几乎为零。[3] 为了使这点更为具体化,我们可以把名字与地点联系起来:约翰·洛克菲勒成立了芝加哥大学和洛克菲勒学院;[4]约翰·霍普金斯创立了约翰·霍布金斯大学;斯坦福大学由小利兰·斯坦福的父亲创立;[5]斯隆·凯特林肿瘤中心由阿尔弗雷德·斯隆和查尔斯·凯特林创立,他们生产汽车和电池;[6]安德鲁·卡内基和安德鲁·梅伦成立卡内基梅隆大学。[7] 所以,每个大学的学院以及学院内的项目也都是如此。自愿再分配的水平很高,那些花钱帮助他人的人更注重金钱是否花在刀刃上。这些捐赠效应在顶部更为深刻,它提醒着那些认为消费受益的分布密切跟随收入分布的人。事实上,考虑到慈善礼物以及较小程度上家庭内的非正式礼物,捐赠的效应总是较少扭曲的。对任何仅依据收入数据衡量社会不平等的尝试,我们都应格外小心。

让我们现在马上从不平等转向创新。其中,需要注意的一点是,创新与企业家

---

[1] See H. Scott Gordon, The History and Philosophy of Social Science 246(1st ed. 1993).

[2] For a discussion on philanthropy during the Gilded Age, see Benjamin Soskis, Hudson Inst., Both More and No More: The Historical Split Between Charity and Philanthropy at 12(Oct. 15, 2014), http://www.hudson.org/content/researchattachments/attachment/1433/both_more_and_no_more_the_historical_split_between_charity_and_philanthropy.pdf[http://perma.cc/PMG8-2PQE].

[3] Compare Clarence D. Long, Nat'l Bureau Econ. Res., Wages and Earnings in the United States, 1860-1890 at 144, 155(1960)(就1914年的美元而言,所有美国非农雇员的平均收入在1870年是375美元,到2015年为8950美元)with Carmen Denavas-Walt & Bernadette D. Proctor, U.S. Census Bureau, Income and Poverty in the United States: 2013 at 7(Sept. 2014)(报告说美国的平均家庭收入现在为51939美元,因此,在调整通货膨胀后,镀金年龄的平均家庭收入约为当前的15%)。

[4] John D. Rockefeller, History. Com(2010), http://www.history.com/topics/johnd-rockefeller[http://perma.cc/QPE3-ZAKY].

[5] History of Stanford, Stanford Univ., https://www.stanford.edu/about/history/[http://perma.cc/4PCW-SJLN](last visited Oct. 8, 2015).

[6] Alfred P. Sloan Jr. Dead at 90; G. M. Leader and Philanthropist, N. Y. Times(Feb. 19, 1966), http://www.nytimes.com/learning/general/onthisday/bday/0523.html[http://perma.cc/9S9M-3CYR]; Stuart W. Leslie, "Kettering, Charles Franklin", American National Biography Online, http://www.anb.org/articles/13/13-00910.html[http://perma.cc/R8BY-W85H](last visited Oct. 8, 2015).

[7] History & Traditions, Carnegie Mellon Univ., http://www.cmu.edu/about/history/index.shtml[http://perma.cc/7XEY-46ST](last visited Oct. 8, 2015); Mellon Institute of Industrial Research, Carnegie Mellon University, American Chemical Society, http://www.acs.org/content/acs/en/education/whatischemistry/land marks/mellon-institute.html[http://perma.cc/XJ97-LJ9J](last visited Oct. 8, 2015).

创新行为之间的区别。两者功能不同,也不具备相同的特性,基础也不同。创新是通过各种点滴片段、某项技术、一个过程、某种想法或一个程序,试图找到以前没人想到的点子;而企业家精神则是在某个他人尚未进入的领域创设餐馆或洗衣店或者其他生意。

对于年轻的弗莱德·斯密斯想创设一家名为 FedEx 的公司,声称在耶鲁大学提出联邦快递业务模式时,拿到了通常的 C 等成绩。[1] 但事实证明,这是一个好主意,因为速度和成本,将田纳西州的孟菲斯市作为收集和分发包裹的枢纽。[2] 在流域盆地进行集中工作虽然没有技术创新发现,但相比点对点运输是更好的计划。它并非一个深刻的主题,只是更高水平的中心辐射式技术的运用。[3]

即便像联邦快递这样的企业,现在也热衷于那些帮助提高组织跟踪和输送系统能力的技术。但之后问题就变成如何实际上如何运用一个技术?这是一个非常复杂的过程,经历多次反复、迂回曲折。尽管事后来看,技术进步可能看起来不言自明,但过程中则很可能混乱不堪,故而直接监管并不容易。不仅如此,技术进步的初始步骤通常难以为监管机构所察觉,因为初始融资来自三种人:家人、朋友和蠢人。[4]

创新往往伴随着高错误率以及高失败率,因而初始融资主要来自对创新者有感情联系的人。[5] 只有很少人在创业周期的最初存活下来,随后都要面对他们是否有一些独特的方式来证明外部人重大投资合理性这样的问题,外部重大投资者都会问:"你所拥有而其他人没有的是什么?是使你能获得超级竞争利润的专利或版权或商业秘密等知识产权吗?"风险资本明白他们得投很多不同的项目,其中大部分将以失败告终。[6] 他们的理论就像挖油井一样,只要某个创新者成功一两次,即使其他风险投资全部失败也没有关系。1997 年谷歌的投资者即使失去了所有其他投资

---

〔1〕 Online Extra: Fred Smith on the Birth of FedEx, Bloomberg (Sept. 19, 2004), http://www.bloomberg.com/bw/stories/2004-09-19/online-extra-fred-smith-onthe-birth-of-fedex [http://perma.cc/8QJ6-PBV6].

〔2〕 The History of FedEx, Fedex Corp., http://about.van.fedex.com/our-story/history-timeline/history/ [http://perma.cc/56VK-CZS7] (last visited Oct. 8, 2015).

〔3〕 Ibid.

〔4〕 Robert Cooter, "Innovation, Information, and the Poverty of Nations", 33 Fla. St. U. L. Rev. 373, 377 (2005).

〔5〕 Mitch Free, "Entrepreneurs: If You Love Your Family, Don't Let Them Invest in Your Startup", Forbes (Apr. 22, 2013), http://www.forbes.com/sites/mitchfree/2013/04/22/entrepreneurs-if-you-love-your-family-dont-let-them-invest-in-yourstartup/ [http://perma.cc/W2NK-2ZK5].

〔6〕 Deborah Gage, "The Venture Capital Secret: 3 Out of 4 Start-Ups Fail", *Wall ST. J.* (Sept. 20, 2012), http://www.wsj.com/articles/SB10000872396390443720204578004980476429190 [http://perma.cc/6CCl-DC8F].

回报，回报也堪称丰厚。

现在，这些公司如何起步呢？一言述之，并不规律。他们的主管迅速聘用和解雇工作人员，他们业务说明一会要干这个，一会又要干那个。用中央计划者的眼睛从外部观察他们的计划，就像看一群渡渡鸟东奔西走，乱作一团。然而，如果你真正作为内部人去理解，就会发现其中一些企业家正在进行行之有效的调整和改变。

所有类似的企业通常都通过多轮股权融资，因为借款并不现实。[1] 当存在高失败率时，人们无法获得该企业收益的份额，注定赔钱。所以取而代之的是股权融资和合伙份额。投资者越早进入企业，回报率越高，从而抵御更大的风险。[2] 随着风险开始下降，回报下降。[3] 这是一个由专业人士所运作的完全合理的系统。

现在我们问个棘手的问题：如果这是创新的过程，存在哪些可能的方式将机会平等分给所有人，无论是类别、种族、年龄、性别还是性取向？具体是哪一种方式并不重要。缔结特定公司的具体合同以及不断修订合同的高度需求，这意味着，任何外部约束——如这些企业如何招聘和消防、如何补偿其员工——会很容易扼杀企业茁壮成长所需要的灵活性。对此，聪明的政府官员需要足够谦卑地说："坦率而言，我并不明白这些纷乱的企业行为在搞什么。它也许是个好东西，如果我明白他们到底在做什么，也许其他人应该也早就想出来了，其社会意义也就几乎不存在了。所以让他们工作吧。其中某些创新早晚会吸引风险资本，甚至上市，使所有人受益。"监管者的耐心是值得称道的一种思维模式。在创新过程中，阻止监管者意图减少不平等而窒息创新增长是首要挑战。

就创业而言，挑战则截然不同。由司法研究所（Institute of Justice）支持的企业家做的事情完全不同。这些企业家并非寻求开发新技术的创新者，相反，司法研究所具有一个不同但非常重要的使命：它试图去帮助那些被整个体系所遗忘的人群，这些人被各种不可谅解、不可描述而又不可抗拒的监管规则所排斥。[4] 如果最高法院复兴那些保护经济自由的核心宪法原则，本来大部分这些监管规则都会成为历

---

〔1〕 Bob Zider，"How Venture Capital Works"，*Harv. Bus. Rev.*，Nov. 1998，at 131，132，*available at* https://hbr.org/1998/11/how-venture-capital-works[http://perma.cc/CV5N-Z3ZD].

〔2〕 Venture Capital，U. S. Small Business Admin.，https://www.sba.gov/content/ venture-capital [http://perma.cc/K5R4-6RYB]（last visited Oct. 8，2015）.

〔3〕 Larry Light，"How to Find Low Risk，High Return Investments"，Forbes（Jan. 7，2013），http://www.forbes.com/sites/lawrencelight/2013/01/07/how-to-find-low-riskhigh-return-investments/ [http://perma.cc/3JFN-KHV9].

〔4〕 For a description of The Institute for Justice，see Case Information，The Institute for Justice，https://www.ij.org/cases [http://perma.cc/D4QM-STNJ]（last visited Oct. 8，2015）.

史遗迹，但1937年新政之后，这些宪法原则都偃旗息鼓了。[1] 其实，早在被误称的进步时代遏制创新之前，经济自由的宪法原则就与企业家精神更加契合。

每个政治经济体，只要完全依赖破坏私人财产权的民主进程，都会产生退化的结果，因为派系的力量意味着主张扼杀创新的党派将会获得权力。一旦让他们得逞，就非常难以替代。最近最高法院在Horne案中的判决[2]不仅仅是一个概念性的混乱，该判决也证明了，一旦各种面积摊派和配额项目开始实施，再想废除就很困难了，即使是漫漫诉讼，判决结果依然是模棱两可。因此，至关重要的是，要强有力地保护经济自由，使新的市场准入限制就难以打击企业家，也能保护创新者免于多重监管。

因此，经济增长水平的持续并非偶然，它与强有力的自由放任司法哲学息息相关。不仅体现在Lochner v. New York[3]案中，更为重要的是，在Adair v. United States[4]案和Coppage v. Kansas[5]案中，法院都认为政府对任何一种市场的垄断——如劳动力或农业这些本来具有竞争性的市场——都无法通过宪法的门槛。但这一体系由于过分吸收了德国社团主义思想而失败，导致政府支持型垄断。[6] 因此，对于企业家精神的一般性改善，笔者的建议是不能完全以技术为基础。相反，应回归到原来秉持的原则，即不允许任何将一个竞争行业转换为一个垄断行业的政府行为。当然，这也允许通过反垄断法和公共承运人规则来监管大型产业。1890～1937年，这一制度并不完美，但它明显比最高法院对这些问题置之不理复杂得多。[7]

在这一点上，司法研究所的工作意义重大。克雷戈尔（Kregor）女士及其同事所

---

[1] For one such account, see Richard A. Epstein, How Progressives Rewrote the Constitution (2006). For a case that hems and haws on the question of state regulation, see Horne v. Dep't of Agric., 133 S. Ct. 2053 (2015).

[2] Horne, 135 S. Ct. 2419 (2015) (holding the Fifth Amendment requires that the government pay just compensation when it takes personal property).

[3] 198 U. S. 45 (1905).

[4] 208 U. S. 161 (1908).

[5] 236 U. S. 1, 16－17, 26 (1915) (state laws invalid which infringe upon freedom of contract between employer and employee).

[6] See Michael L. Wachter, "Labor Unions: A Corporatist Institution in a Competitive World", 155 *U. Pa. L. Rev.* 581, 588－91, 613 (2007)（解释社团主义在实践中政府通过工会支持的垄断，以及在一般社团主义政策下追踪工会力量的下降）。

[7] See generally Richard A. Epstein, "The History of Public Utility Regulation in the United States Supreme Court: Of Reasonable and Nondiscriminatory Rates", 38 *J. Sup. Ct. Hist.* 345 (2013); see also Continental TV v. GTE Sylvania, 433 U. S. 36, 58－59 (1977)（恢复原则标准要求较低的规则，并在反托拉斯方面迈向更加无阻碍做法的历史转折）。

做的，就是质疑那些州和地方法律中由政府创设的准入壁垒。[1] 司法研究所推动者的敌人是保护主义者。这也是许多创新者不得不面对的障碍，但在某个层面，正如麦金尼斯教授所言，技术专家可以开放这些以前无人涉足的领域而进一步获益，这些领域不太可能存在阻碍发展的既得利益者。

然而，当新企业实体采取前沿高新技术时，技术之于的监管相对免疫力就消失了。最明显的例子是克雷戈尔（Kregor）女士所指的Uber，其突破性的技术引发了既有运输公司将其排除在外的强力反弹，很多工运分子也力图否认Uber司机为独立出租车司机，借此推翻其商业模式。[2] 这实际上是一个非常复杂的问题，因为它至少引发了一个非常严肃的次优问题：分配公共道路上运行出租车权利已经犯下初始错误时，我们还应该作出怎样的调整。

尽管在笔者看来根本站不住脚，几乎所有地方政府都会说："我们拥有公共道路。因此我们可以排除人们进入，我们可以制定市场准入条件，我们可以发放数量有限的出租车许可证、收取许可费用，然后告诉他们能通过在相关区域行使排他专有权而保持财富。"

一旦政府采取了具有决定性的第一步，被特许的行业就不再是竞争性的。这就是戈登·图洛克（Gordon Tullock）多年前所提到的"过渡性收益陷阱"[3]一个受到法律保护的机制，尽管不可取，却依然无法改变。因为政府不会发放新的许可证或运营证，如果可以维系他们中意的体制，持牌的老司机们出售或质押他们的许可证，又该如何应对呢？[4]

这种情形的挑战就是思考如何应对转型。对此，最好首先考虑资源配置问题以做大蛋糕。[5] 一旦解决资源配置问题，才有必要考虑分配问题，即每一份额的大小和归属。

对于资源配置，关键的问题是，有了Uber、Lyft和Airbnb，世界是否变得更美好。

---

〔1〕 Elizabeth Kregor, Space to Work: Opening Job Opportunities by Reducing Regulation 1 – 2(2013), available at http://www. bigideasforjobs. org/wpcontent/uploads/2013/07/Kregor _ Institute-of-Justice _ Entrepreneurship_REPORT. pdf [http://perma. cc/8RZK – RCXZ].

〔2〕 Elizabeth Kregor, Space to Work: Opening Job Opportunities by Reducing Regulation 1 – 2(2013), available at http://www. bigideasforjobs. org/wpcontent/uploads/2013/07/Kregor _ Institute-of-Justice _ Entrepreneurship_REPORT. pdf [http://perma. cc/8RZK – RCXZ]. , at 6 – 7.

〔3〕 Gordon Tullock, "The Transitional Gains Trap", 6 Bell J. Econ. 671(1975).

〔4〕 See Katrina Miriam Wyman, "Problematic Private Property: The Case of New York Taxi Cab Medallions", 30 *Yale J. On Reg.* 125, 168 – 170(2013)（解释纽约市在1937年的哈斯法案下如何限制可用的出租车牌照总数）.

〔5〕 See Campbell R. Mcconnell et al., "Economics: Principles, Problems, and Policies 195" (Ann Hilbert et al. eds., 18th ed., 2009)（解释当产品的价格等于生产该产品所需的边际成本时达到最大配置效率）。

回答是毫不含糊的“是”。例如,Uber 体系所提供的各种信息是普通出租车服务无法供给的。[1] Uber 提供地点和达到时间,设置电话联系以作出变更,方便的计费系统能够连续重新定价,反映了实时的供需关系。不像普通出租车司机的均一收费标准,Uber 的价格调整模式带来新的司机供给,使原来僵化的运输系统矫正了信息不畅的价格扭曲。不仅如此,笔者在闲谈中也发现,出租车司机经常同时经营传统业务和 Uber 交易。可以看出,即使传统角色也能从新技术中受益。这些都需要出租车规制者许可新型服务,这将有助于缩小市场新进入者之间的技术区隔。

然而,我们也不能忽视分配问题。新到来的 Uber 破坏了传统出租者运营证的出售或抵押市场。这些运营证的权利由国家发布并做出过庄严的承诺,根据美国宪法中的合同条款,完全可以提出保护这些权利的宪法主张。[2] 但是,宪法中的合同条款并不能被解释为允许既有持牌者将新近者永远拒之门外。相反,这一条款应该被解读为,在支付公平的损失补偿之后,可以废除这些权利。[3] 因此,或许最好的办法是确保新入者必须支付一定的费用,由州政府转给既有持牌者以弥补他们的损失。这一任务并不容易完成,因为存在一个错误假设,即既有持牌者不会在新系统中获得收益,而这往往并非如此。这表明,监管的最大成本通常是党派中既得利益者自身存在反对技术变迁的合法利益。

从更一般性的角度来看,比较规制策略和放松规制策略是很重要的。在竞争市场上,放松监管带来更高的产出和更低的行政费用。[4] 两者相得益彰。如果形成政治意愿,则放松监管执行起来非常容易,但由于放松监管取消了垄断租金,实际实行非常困难,除非法官可以伸出援手。所以回到我们原来的主题,存在一个有关不平等和帕累托改进标准定义的社会福利理论之间深刻紧张关系。基本准则应该是“Northeast Ho!(挺进东北)”,这个简单的劝诫是说,在任何两人游戏中,理想的状况是,我们都试图通过向东北方向移动的方式使双方境况改善,这样两者境况都会

---

〔1〕 Uber, https://www.uber.com/ [http://perma.cc/LMT4 - YNX5] (last visited Oct. 8, 2015).

〔2〕 U. S. Const. Art. I, § 10, cl. 1 ("No state shall pass any law impairing the obligation of contract.")

〔3〕 See Michael B. Rappaport, "A Procedural Approach to the Contracts Clause", 93 *Yale L. J.* 918, 928 - 29, 933 (1984) (即使在最专制的方式下的合同条款,如果受害者获得补偿则合同可突破法律)。

〔4〕 See Richard A. Epstein, "Greece on the Brink", Defining Ideas (Feb. 23, 2015), http://www.hoover.org/research/greece-brink [http://perma.cc/P8RE - EA2H] (表明希腊债务危机的原因在于放松管制,因为它倾向于增加输出,并减少管理成本); U. S. Dep't of Transp., The Changing Face of Transportation 2 - 39 to 2 - 48 (2000), http://www.rita.dot.gov/bts/sites/rita.dot.gov.bts/files/publications/the_changing_face_of_transportation/html/chapter_02.html [http://perma.cc/ZV5W - DXLD] (追踪在交通运输行业如何对增加产量和降低价格放松管制).

变好,而没有人变糟。[1]

但是,对于私人公司和个人来说,又该如何分割对待不平等这样宏大的议题?让我们试图用 Google 公司的视角来考虑,他们最不愿意做的就是,在解决不平等问题的条件约束下去扰乱其创新进程。因此,该做的是单独拿出一笔钱,捐赠某个学校,或为少数民族儿童、妇女或其他任何它想帮助的团体开办一个特殊学校。这是他们的选择,严格来说,并不是笔者的选择。最终,Google 的最佳策略是将生产和再分配分割开来,留到后续过程再决定多少重新分配,谁应该以及用什么条件得到钱。

对于任何一个公司,这负担都不小。但好消息是,Google 并非市场上唯一这么做的公司。任何其他有资金的公司,不管是否具有技术,都可以创设其独具特色的项目,以解决它们所在领域的垄断问题或者不平等问题。

目前,消除不平等的战争并未从视野中消失。恰恰相反,不平等确实对许多人来说至关重要,包括不少创新者和企业家。而分割处理的解决方法可以通过将高水平的私人创新与克服不平等的社会共识联系起来,形成最优选择。这才是我们应有的态度。创新有其自身的范畴。那些能在技术上有所创新的人,也能告诉我们很多与不平等斗争的道路。

---

〔1〕 See Andrew Shotter, Microeconomics: A Modern Approach, 524 – 527 (Jack W. Calhoun et al. eds., 1st ed. 2009)(解释当人的指数函数在不减少另一个指数函数时增加,并进一步解释如何使用 Edgeworth Box 来跟踪有效的基于合同的资源分配); F. Y. Edgeworth, Mathematical Psychics: An Essay on the Application of Mathematics to the Moral Sciences 28 – 29, 106, 114 (1881) (first establishing the Edgeworth Box).

互联网金融案件及司法政策述评（2010～2016年）[1]

何 颖* 陈 蕴** 周芸***

近年来，网络支付、P2P网络借贷、众筹、网络保险产品等众多互联网金融产品如雨后春笋般涌现，但由于法律不够健全、监管无法到位、风险防控水平低等原因，互联网金融纠纷也随之不断涌现。通过搜索北大法宝法律数据库和中国裁判文书网（检索时间截至2017年2月15日），我们可以看到涉互联网金融案件层出不穷，主要集中在互联网支付、股权众筹融资、P2P网络借贷、互联网征信评级等方面，P2P网络借贷尤其是重灾区。以P2P网络借贷所涉刑事案件为例，根据网贷之家的统计，截至2017年1月底，累计共有22家P2P平台被法院宣判，其中2014年共有3家、2015年共有5家、2016年至2017年1月底共有14家。从已宣判的结果来看，涉案平台主要集中在浙江、广东、北京等地。P2P涉案数量之多、人数之众、金额之大，已引起国家相关部门的极大重视，公检法等相关部门也因此纷纷出台或宣称即将出台相关政策以整治行业乱象。下文就从案件和司法政策两方面对互联网金融案件做一个述评，旨在为市场各方提供对互联网金融新的认识和参考。

以下，我们将结合典型案件，分别从民事纠纷和刑事纠纷两方面，对2010～2016年期间收集到的互联网金融案件（以北大法宝法律数据库、中国裁判文书网数据为主）及相关的司法政策进行述评。

一、互联网金融民事案件

互联网金融民事案件目前主要集中在虚拟货币、互联网支付、股权众筹融资、网络借贷、互联网征信等方面。笔者通过分析整理互联网金融民事案件发现，纠纷形式主要表现为合同纠纷和侵权纠纷。在合同纠纷案件中，主要涉及的法律问题有第三方支付公司担保责任的认定、众筹融资协议的法律效力和性质认定及违约责任的

〔1〕 本文为国家社科基金青年项目（13CFX079）的阶段性研究成果。

* 华东政法法学互联网金融法律研究中心副教授。

** 华东政法大学互联网金融法律研究中心2015级法学硕士研究生。

*** 华东政法大学互联网金融法律研究中心2015级法学硕士研究生。

承担、P2P借款人资格认定、P2P贷款人预期还款利息认定、P2P平台促成借款协议的咨询费、管理费、服务费界定等;在侵权纠纷案件中,主要涉及的法律问题有网贷征信行业评级资格认定和评级结果过低是否构成商业诋毁、互联网金融商标侵权的认定等。

(一)合同纠纷所涉法律问题认定分析

1.第三方支付平台在交易中的责任承担

第三方支付是互联网支付的主要表现形式,其直接涉及用户的财产安全。据了解,仅2016年"双十一"这一天,天猫总交易额超1207亿元。第三方支付如此大规模的交易额度,不可避免地会导致纠纷的产生。以支付宝为例,笔者从北大法宝法律数据库上已检索到的案例来看,其涉诉案件的法律问题主要集中在支付宝公司担保责任的认定。在淘宝商户张某与支付宝公司线上支付服务合同纠纷案,[1]法院结合相关法律法规及互联网金融的特点认定第三方支付公司主动创设的对持卡人先行赔付功能,具有一定的担保性质,但现行赔付的金额不具有司法裁判所确定的效力,法院判决商户承担责任时不能以此赔偿额为标准,而应以案件的实际情况进行具体分析。在余某诉支付宝(中国)网络技术有限公司网络服务合同纠纷案[2]中,杭州西湖区人民法院审理认定支付宝的担保交易功能并不是担保法意义上的担保,根据我国现有法律、法规以及支付宝服务协议,支付宝公司并无对交易详情进行实质审核、担保交易安全的义务,其只对交易进行形式审查、确保支付安全的义务。即支付宝仅通过账户名和密码识别用户的指示,对授权的支付指令和所提供的数据进行处理,而不考虑支付行为本身的有效性、支付主体即为真实交易主体以及相关信息的真实性、合法性。而用户在支付宝担保交易时,未通过其他线下途径确认支付主体身份,被欺骗是因自身存在过错。因此用户在使用支付宝进行担保交易时,确有必要提高自己的警惕性,避免类似案件的发生,产生不必要的损失。

2.众筹融资协议的法律效力、性质及违约责任的承担

股权众筹融资主要是指通过互联网行使进行公开小额股权融资的活动。根据中国人民银行等十部门2015年发布的《关于促进互联网金融健康发展的指导意见》,股权众筹融资必须通过股权众筹融资中介机构平台(互联网网站或其他类似的电子媒介)。[3] 股权众筹作为一种新兴融资模式在我国发展迅速,但我国由于缺乏法律环境和信用基础的原因,现已出现首例股权众筹纠纷案——北京飞度网络科技

[1] 参见《最高人民法院商事裁判观点》(总第1辑)第八部分"互联网金融"。

[2] 参见北大法宝法律数据库:余某诉支付宝(中国)网络技术有限公司网络服务合同纠纷案[案件字号:(2012)杭西民初字第1715号]。

[3] 参见中国人民银行等十部门发布的《关于促进互联网金融健康发展的指导意见》。

有限公司与北京诺米多餐饮管理有限责任公司居间合同纠纷案。[1] 该案存在的争议焦点为《委托融资服务协议》的法律效力和性质认定及违约责任的承担。

在《委托融资服务协议》的法律效力方面，目前实务界存有两种不同的意见：一种观点认为，根据我国《合伙企业法》规定有限合伙人数不得超过 50 人，该案已有 87 位合伙人，且飞度公司公开融资未取得中国人民银行批准，其融资行为系违法；另一种观点认为，股权众筹行业作为新生事物和业态，很多模式和流程都是摸着石头过河，即使投资人数超过 50 人，但在我国现行法律框架内，人数未超过 200 人应视其合法。二审法院认为，目前我国出台的《关于促进互联网金融健康发展的指导意见》（银发〔2015〕221 号）等规范性文件，对包括众筹融资交易在内的互联网金融创新交易予以鼓励和支持，为上述交易的实际开展提供了空间；本案中的投资人均为经过"人人投"众筹平台实名认证的会员，且人数未超过 200 人上限。在此种情况下，从鼓励创新的角度来看，本案所涉众筹融资交易不属于"公开发行证券"，其交易未违反《证券法》第 10 条[2]的规定。

关于《委托融资服务协议》的性质，有观点认为其是居间合同和委托合同的混合体。"人人投"作为信息流中介撮合融资方和投资人达成合作是居间合同部分，诺米多公司委托飞度协助撮合前后的资金流、对接投资人等服务是委托合同部分。[3] 二审法院认为，虽然双方签订的合同名为《融资协议》，但委托融资只是双方当事人整体交易的一部分，相对于项目展示、筹集资金等服务，飞度公司还提供信息审核、风险防控以致交易结构设计、交易过程监督等服务，其核心在于促成交易。从该角度来分析，双方当事人之间的法律关系主要系居间合同关系。笔者认为，二审法院的认定有其自身的合理性，但需说明的是，界定为居间合同关系是基于对本案争议的相对概括，但众筹融资作为一种新型金融业态，众筹平台提供的服务以及功能仍在不断创新、变化和调整中，其具体法律关系也会随之而发生变化。

至于违约责任的承担，二审法院认为，飞度公司依据《融资协议》第 7.1 条的规定："在与'人人投'接触、项目预热、融资阶段，如发现甲方出现隐瞒财务状况，提供不真实信息等情况，乙方有权终止与甲方的合作，乙方因甲方的行为所受的损失，由甲方赔偿。"据此，飞度公司解除合同，具有相应依据。纵观合同履行的全部过程，二

〔1〕 参见中国裁判文书网：(2015)一中民(商)终字第 09220 号民事判决书。

〔2〕 我国《证券法》第 10 条规定：公开发行证券，必须符合法律、行政法规规定的条件，并依法报经国务院证券监督管理机构或者国务院授权的部门核准，未经依法核准，任何单位和个人不得公开发行证券。有下列情形之一的，为公开发行：(1)向不特定对象发行证券的；(2)向特定对象发行证券累计超过 200 人的；(3)法律、行政法规规定的其他发行行为。非公开发行证券，不得采用广告、公开劝诱和变相公开方式。

〔3〕 参见肖飒：《首例股权众筹纠纷案——"人人投"被诉法律分析》，原文载于肖飒 lawyer 微信公众号。

审法院认为,诺米多公司应就合同的不能履行承担更大的责任。

该案作为我国审理的第一起股权众筹案例,法院对该案的判决具有典型意义。该判决在一定程度上对众筹行业的发展具有指导意义,其支持和鼓励众筹交易发展的结论为众筹行业发展留下了空间。从这个案件的审理我们可以看出,法院在处理涉互联网金融新生事物是持谨慎态度的。法律本身具有滞后性、不周延性,用已有的法律法规去评价日新月异的互联网金融显然有些困难,但应该坚持的是鼓励交易和创新原则。只有明显逾越、违背了法律规定,才会受到否定性评价。

3. P2P网络借贷借款人资格认定、预期还款利息认定及P2P平台咨询费、管理费、服务费界定

P2P网络借贷即个体网络借贷,是指个体和个体之间通过互联网平台实现的直接借贷。在当前法律环境下,在个体网络借贷平台上发生的直接借贷行为属于民间借贷范畴。个体网络借贷由于法律规定不明确,监管不严,致使该行业存在诸多监管漏洞和监管空白。个体网络借贷作为互联网金融领域案件多发之地,迫切需要国家完善相关法律,加强监管。从北大法宝法律数据库检索到的已审结案件来看,涉及个体网络借贷的争议有借款人的认定、预期还款利息的认定以及P2P平台促成借款协议的咨询费、管理费、服务费界定。

在借款人的身份认定方面,法院根据"谁主张,谁举证"的规则分配举证责任,通常情况下都是由出借人组织证据证明自己是该笔P2P借款的出借人。在上海市第一中级人民法院审理的出借人丁某诉借款人李某、担保人上海星猫明星品牌管理有限公司、盛某、姚某、李某、郭某、冯某民间借贷纠纷案〔1〕中,借款人及担保人和原告就出借人的身份认定产生争议。原告出示有双方签字的借款担保协议,以及李昱诚与上海A信息服务有限公司签订的《接受服务和付款承诺书》和上海A信息服务有限公司出具的出借证明拟证明其系该笔借款的出借人,法院最终对之予以认可。这个案例告诉我们P2P网络借贷的出借人必须好好保存相关借款协议等相关材料,以备不时之需通过法律手段维护自己的合法权益。

在预期还款利息方面,由于2015年9月1日最高人民法院发布了《关于审理民间借贷案件适用法律若干问题的规定》取代了1991年版的《关于人民法院审理借贷案件的若干意见》,因此涉民间借贷案件以2015年9月1日为界限,适用前后不同的司法解释。据笔者了解,现在审理法院都是根据2015年最高人民法院《关于审理民间借贷案件适用法律若干问题的规定》预期还款利息不超过年利率24%的部分予以保护。上海市浦东新区人民法院审理的上海人企金融信息服务有限公司诉刘

---

〔1〕 参见(2014)沪一中民一(民)终字第1882号(二审判决书);(2013)徐民一(民)初字第8215号。

某案[1]中,法院支持了原告要求被告按年利率24%计算逾期还款利息的请求。在P2P平台促成借款协议的咨询费、管理费、服务费界定方面,法院通常会类推适用最高人民法院《关于审理民间借贷案件适用法律若干问题的规定》对咨询费、管理费、服务费进行界定。在A公司与蒋某、丁某民间借贷纠纷案[2]中,居间方A公司以咨询费、管理费、服务费向出借人蒋某、借款人丁某催要无果为由将之诉至法院。法院在对咨询费、管理费、服务费界定时认为借款标的额为60万元的情况下要求出借人和借款人支付高达19万元的居间报酬,性质上属于通过收取高额服务费、咨询费,变相收取远远超出法律规定的高额利息,严重损害借贷双方的利益。因为该案是在2015年9月1日审结的,法院认为鉴于其民间借贷法律关系的实质,根据1991年版的最高人民法院《关于人民法院审理借贷案件的若干意见》对于超过银行同类利率4倍的部分,法院不予支持。法院将咨询费、管理费、服务费等认定为金钱债务的利息及利息的变相形态,从而适用民间借贷的利率最高不得超过银行同类利率4倍的规则予以了调整,超出部分不予支持。该案后来被作为江苏省十大典型民间案例予以推广,说明这个案件的审理效果尚佳,得到了上级法院的肯定。法院类推适用最高人民法院《关于关于人民法院审理借贷案件的若干意见》对借款利率的规定,进而对居间方的报酬限定为以不得超过银行同类利率4倍的规则予以调整,使三方都能接受,恰到好处地解决了纠纷,为其他法院审理此类似案件提供了经验。

(二)侵权纠纷所涉法律问题认定分析

1. 网贷征信行业评级资格认定和评级结果过低是否涉及商业诋毁认定

网贷评级是指征信公司根据公开可查的信息、数据,依据一套公开透明的模型,进行量化计算得出研究成果,根据一定的级别给相应的网络贷款公司进行评级。随着P2P网贷行业的发展,P2P网贷评级流行一时。目前,我国P2P行业的评级还处于比较早期的阶段,但由于缺乏相应的法律法规及监管机构,网贷行业出现了评级混乱的现象。我国首例网贷评级案久亿恒远(北京)科技有限公司(短融网)诉被告北京融世纪信息技术有限公司(融360)、第三人中国人民大学国际学院(苏州研究院)不正当竞争纠纷案[3]更使网贷评级行业备受关注。笔者通过分析该案件,发现涉及的法律问题主要有网贷评级资格之争,P2P网贷平台认为被评级别过低,评级者是否构成商业诋毁等法律问题。

在网贷评级资格方面,法院审理认为,由于当前没有明确的法律法规对网贷评级主体资质、评级要求和标准作出具体规定,法院判断融世纪公司是否构成商业诋

[1] 参见(2016)沪0115民初52325号民事判决书。

[2] 参见北大法宝法律数据库:江苏十大典型民间借贷案例:A公司与蒋某、丁某民间借贷纠纷案——P2P平台为民间借贷提供居间服务,变相高额收费法院不予支持。

[3] 参见北大法宝法律数据库:(2015)海民(知)初字第32295号民事判决书。

毁,以本案争议行为是否属于捏造、散布虚伪事实为基础,不以其是否具备合法评级资质为考虑因素。

在P2P网贷平台认为被评级别过低,评级者是否构成商业诋毁方面,法院审理认为,一方面,涉案评级报告所采用的评级规则体系和方法是由融世纪公司与苏州研究院合作,主要由苏州研究院组织相关课题组提出评级体系和方法论建议所形成,非随意设定,具备一定的专业性。另一方面,融世纪公司的专家辅助人对涉案评级体系规则的科学性、合理性给予肯定。法院结合双方证据、专家辅助人的意见认定,久亿公司缺乏充分证据证明融世纪公司存在主观恶意,收集的短融网数据信息不真实、不完整,也无法指出涉案评级体系规则存在明显不科学、不合理之处,以及评级结果使久亿公司受到不当的市场冲击而造成商业信誉受损。

"短融网诉融360案"是中国网贷评级的第一案,对推动网贷行业规范评级具有重要意义。短融网就评级状告融360这起诉讼案件揭露了P2P行业的评级乱象。当前P2P行业正处于初级发展阶段,P2P评级更是处于萌芽期,法律监管缺失,行业没有统一标准。在评级资格方面以及同业竞争评级是否构成商业诋毁方面,不同的人从不同的点出发可能会得出不同的结论。不管怎么样,此案审理结果对很多正在做网贷评级或者即将进入网贷评级市场的机构都具有指导意义,究竟哪种机构可以参与网贷评级以及如何评,都可以以此案作为一个参考。希望此案审理结果对互联网金融行业将有所引导,使P2P评级市场逐步走向正轨。

2. 互联网金融企业商标侵权纠纷分析

近年来,随着互联网金融服务的火热开展,一些打着知名企业"擦边球"的互联网金融服务平台不断涌现,与此相伴的诉讼也时有发生。截至2017年2月15日,笔者查找到的相关互联网金融企业商标侵权纠纷有奇虎360诉360贷贷网商标侵权纠纷案、伍伍壹诉拍拍贷商标侵权案、北京农商银行诉北京天盈九州网络技术有限公司商标侵权案、小米状告"小米e贷"商标侵权案、昆明百和文化传播有限公司诉深圳市合拍在线互联网金融服务有限公司商标侵权案。

在合肥伍伍壹网络科技服务有限公司诉上海拍拍贷金融信息服务有限公司侵害商标权纠纷案[1]中,法院认为商标注册人享有的商标专用权受法律保护。商标注册人申请商标注册前,他人已经在同一种商品或者类似商品上先于商标注册人使用与注册商标相同或者近似并有一定影响的商标的,注册商标专用权人无权禁止该使用人在原使用范围内继续使用该商标,但可以要求其附加适当区别标识。据此,法院驳回了合肥伍伍壹网络科技服务有限公司的诉讼请求。据北京市海淀区人民法院官方微博报道,日前海淀区人民法院审理了小米公司起诉"小米e贷"商标侵权

[1] 参见北大法宝法律数据库:合肥伍伍壹网络科技服务有限公司诉上海拍拍贷金融信息服务有限公司侵害商标权纠纷案[案件字号:(2014)浦民三(知)初字第68号]。

案。法院审理认为,被告在其网站及微博中使用的标识,与小米公司的商标近似,且具有相当的显著性与知名度。近似标识易使相关公众对其提供的金融服务来源于小米公司或者与小米公司之间存在授权、投资、合作等关联关系产生混淆或误认,华忠公司的行为存在"搭便车"、攀附他人商标商誉的明显恶意。故法院审理认定被告华忠公司构成侵权,判决其停止侵权,发表声明消除不良影响并赔偿小米公司经济损失 15 万元。

上述案件的背后,反映的是互联网环境中长期存在的山寨文化现象。在互联网金融领域,"搭便车""傍名牌"的做法已成为急功近利公司常用之法,易形成产业,成为社会顽疾。上述案件同时也提醒了广大平台一定要注重商标的查询与注册工作,如不注重知识产权申请,很有可能被一些投机者抢先注册,一旦产品做大,则会引来一系列的诉讼或索赔。同时,针对互联网金融领域傍名牌现象,需要加强市场秩序的重视,加大打击力度,依靠司法、执法、行业自律等多方力量来实现。

二、刑事犯罪

目前,我国的互联网金融平台操作运营模式纷繁复杂,在开展经营活动中会因触犯刑法而获罪量刑。例如,在邓某盗窃案[1]中,行为人利用失灵的网络第三方支付平台获取游戏点数构成盗窃罪。但该案本质上不属于互联网金融刑事案件,因为行为人实际上是利用了第三方支付平台升级期间的系统漏洞进行了盗窃行为,第三方平台在案件中起到的作用类似于出现故障的 ATM 机,不存在平台控制人的意思表示,不涉及平台的犯罪行为。

笔者在查找案例的过程中发现,互联网金融刑事犯罪主要是集中在 P2P 网络借贷平台领域。根据网贷之家统计数据,12 家已宣判的 P2P 网贷平台主要罪名以非法集资犯罪为主。非法集资罪并不是一个独立的罪名,其包括非法吸收公众存款罪和集资诈骗罪。对于非法吸收公众存款罪,由于《刑法》第 176 条的规定[2]在细节上规定得模糊不清,导致在罪与非罪上难以认定。为此,最高人民法院于 2010 年发布的最高人民法院《关于审理非法集资刑事案件具体应用法律若干问题的解释》(以下简称《解释 2010》),将非法吸收公众存款罪的具体行为概括为具有"非法性、公开性、犯罪对象的不特定性和还本付息的获利性承诺"的四大特征并且对非法吸收公众存款罪的具体行为形式进行了列举,对该罪定罪量刑标准分别从公众存款数

[1] 参见上海市浦东新区人民法院(2010)浦刑初字第 2302 号刑事判决。

[2] 我国《刑法》第 176 条第 1 款规定:非法吸收公众存款或者变相吸收公众存款,扰乱金融秩序的,处 3 年以下有期徒刑或者拘役,并处或者单处 2 万元以上 20 万元以下罚金;数额巨大或者有其他严重情节的,处 3 年以上 10 年以下有期徒刑,并处 5 万元以上 50 万元以下罚金。

额、吸收公众存款的人数以及经济损失数额三个方面予以了量化规定。[1] 而对于集资诈骗罪《刑法》第192条规定的构成要件为“以非法占有为目的,使用诈骗方法非法集资,数额较大的”,即强调了集资诈骗罪行为人主观上的非法占有之目的。两罪之间界限不明确,在司法实践中经常发生起诉罪名与判决罪名不一致的情况,如网赢天下案中以集资诈骗罪起诉,最终以非法吸收公众存款罪判决。[2]

(一)非法占有目的

多数学者都认为,是否具有“非法占有目的”是区分非法吸收公众存款罪与集资诈骗罪的关键。有学者指出,在集资诈骗罪中刑法上的非法占有,不仅是指行为人侵犯他人的占有权,而且是指行为人通过侵犯他人的占有权实现自己的所有权。[3] 笔者认为该观点存在合理性,有利于在具体案件中区分非法吸收公众存款罪与集资诈骗罪。因为若将此处的“非法占有目的”单纯理解为支配并使用的意图,则与非法吸收公众存款罪难以区分,应当理解为行为人对于募集资金非法所有的意图,往往体现为不愿归还的行为。在实际案件中,法院在认定是否具有非法占有之目的上主要是根据《解释2010》第4条[4]的规定再结合案件的具体情况。

在“国内P2P非法吸收公众存款案第一案”——邓某等非法吸收公众存款案中,[5]被告人邓某先出资设立了深圳市某有限公司,之后该有限公司创建了“东方创投”网络投资平台,向社会公众推广其P2P信贷投资模式,以提供资金中介服务为名,承诺3%~4%月息的高额回报,通过网上平台非法吸收公众存款。被告人的行为满足非法吸收公众存款的四个特征,法院最终判断其行为构成非法吸收公众存款罪。在该案中,行为人犯罪所得用于支付给某地产公司用于购买房产、扩大企业规模等,并且行为人在平台运营过程中采取一定措施来满足客户的投资提现,法院因此未认定其具有非法占有之目的。

在“国内P2P集资诈骗第一案”——缪某、王某集资诈骗案中,一审法院和二审

---

[1] 参见杨兴培、刘慧伟:《论刑法介入民间金融活动的原则和界限——以集资诈骗罪、非法吸收公众存款罪为切入点》,载《海峡法学》2012年第3期。

[2] 参见广东省深圳中级人民法院(2014)深中法刑二初字第273号刑事判决。

[3] 参见孙国祥:《非法占有目的刍议》,载《南京大学法律评论》2001年第1期。

[4] 《解释2010》第4条第2款规定:使用诈骗方法非法集资,具有下列情形之一的,可以认定为“以非法占有为目的”:(1)集资后不用于生产经营活动或者用于生产经营活动与筹集资金规模明显不成比例,致使集资款不能返还的;(2)肆意挥霍集资款,致使集资款不能返还的;(3)携带集资款逃匿的;(4)将集资款用于违法犯罪活动的;(5)抽逃、转移资金、隐匿财产,逃避返还资金的;(6)隐匿、销毁账目,或者搞假破产、假倒闭,逃避返还资金的;(7)拒不交代资金去向,逃避返还资金的;(8)其他可以认定非法占有目的的情形。

[5] 参见深圳市罗湖区人民法院(2014)深罗法刑二初字第147号刑事判决。

法院都认定行为人构成集资诈骗罪。[1] 在该案中,被告人以优易网从事中介借贷为名,在未取得金融业务许可的前提下,通过编造虚假借款人并在平台上发布虚假的"借款标",承诺即时还本付息,公开利诱投资人,向网民冯某等45名被害人合计非法集资人民币2550万余元。在资金的使用用途上,被告人将资金主要用于个人的期货投资、炒股以及存入个人银行账户。法院最终认定被告具有非法占有之目的,使用诈骗方法非法集资,数额特别巨大,构成集资诈骗罪。法院对其"非法占有的目的"的认定主要从两个方面进行论述:第一,行为人实际控制、占有、处分募集的资金。行为人通过网贷平台将资金筹集供自己占有、支配,并没有用于向投资人承诺的用途,即本质上是虚假的P2P网络借贷平台。第二,客观行为违法,并采用虚构事实、隐瞒真相的诈骗手段。行为人为达到集资的目的虚构借款人、借款标以及其他事实,且不断以高息为诱饵引诱更多资金流入。

在蔡某集资诈骗案[2]中,行为人以银坊公司名义开设"银坊金融"P2P网贷平台,共向1900余人非法集资人民币2亿元,造成1201名被害人实际损失达到8000多万元。最终法院判决平台负责人蔡某犯集资诈骗罪,被判处无期徒刑,剥夺政治权利终身,并处没收个人全部财产,这是目前为止P2P领域最重的刑事处罚。在该案中,法院主要通过款项的使用用途来认定行为人非法占有之目的:行为人将非法集资款主要用于支付高额利息、归还债务、支付运营费用以及个人挥霍等,导致投资人巨大损失,赔付比例只达到3%左右。行为人非法使用募集资金的行为,说明其无归还的意图以及能力,即有非法占有的目的。

(二)共同犯罪

互联网金融刑事案件中往往涉及多个行为主体,对于共同犯罪的认定就显得尤为重要,不同的主体还可能构成不同类型的犯罪。

对于共同犯罪的认定方面,2014年最高人民法院、最高人民检察院和公安部联合发布的《关于办理非法集资刑事案件适用法律若干问题的意见》对于非法集资共同犯罪的认定作出了规定,[3]列举了为非法吸收公众存款提供帮助的几种具体行为类型。在缪某等集资诈骗案中,被告人王某承担网贷平台的客服和会计,负责资金的收与转、返款以及记账等网站运行工作,对于缪某的集资诈骗行为起到了帮助作用,并且其对于平台采用虚假信息募集资金以及资金的实际用途主观上明知,最

---

[1] 参见江苏省如皋市人民法院(2014)皋刑二初字00063号刑事判决;江苏省南通中级人民法院刑事判决书(2015)通刑二终字第00074号刑事判决。

[2] 参见浙江省杭州市中级人民法院(2015)浙杭刑初字第200号刑事判决。

[3] 《关于办理非法集资刑事案件适用法律若干问题的意见》规定:……四、关于共同犯罪的处理问题:当他人向社会公众非法吸收资金提供帮助,从中收取代理费、好处费、返点费、佣金、提成等费用,构成非法集资共同犯罪的,应当依法追究刑事责任。能够及时退缴上述费用的,可依法从轻处罚;其中情节轻微的,可以免除处罚;情节显著轻微、危害不大的,不作为犯罪处罚。

终认定为集资诈骗罪从犯。

对于共同犯罪的定罪方面,共犯之间可能构成不同的犯罪。在网赢天下非法吸收公众存款案(伍某、钟某、龙某集资诈骗罪案)中,犯罪嫌疑人钟某钦预谋通过网络平台非法集资,为此成立了某有限公司,雇请了被告人伍某、钟某和龙某。在运营过程中,钟某钦涉嫌集资诈骗(另案处理),金额高达1.6亿元,法院认定其具有非法占有之目的。法院在判决书中明确提出,被告人是否具有非法占有的目的,是区分非法吸收公众存款罪和集资诈骗罪的主要标准。对于伍某、钟某和龙某,法院认为无充分证据证明其对犯罪嫌疑人钟某钦以虚构事实的手段非法占有投资人钱款的行为知情并予以协助,并且根据《解释2010》第4条第3款[1]的规定,最终对3名被告人以非法吸收公众存款罪定罪处罚。

(三)单位犯罪

由于P2P平台刑事案件中,行为人主要是通过设立公司或者网贷平台的方式向公众集资,如在邓某等非法吸收公众存款案与缪某、王某集资诈骗案中,行为人都是通过设立有限公司从而开设了P2P网贷平台。则案件是否涉及单位犯罪,对其分析也具有实践意义。在邓某等非法吸收公众存款案中,被告人邓某的辩护人就提出"本案系单位犯罪"的辩护意见,法院审理后认为该案犯罪虽以单位名义实施,但涉案单位系被告人邓某为实施非法吸收公众存款犯罪而成立,且成立后主要用于实施犯罪,应认定为个人犯罪。有学者曾提出,互联网金融平台存在"伪"平台风险,"伪"平台是指某些从一开始便抱着"卷钱""吸金"心理的行为人,利用互联网金融的概念,而创立的所谓"平台"。[2] 这种"伪"平台本质上不具有平台的中介属性,只是为了实施非法行为而设立,应当视为行为人的犯罪工具。对于行为人先设立公司,之后以公司的名义开设平台进行非法集资,也应当视为行为人的个人行为,而非单位犯罪。根据对法院判决的梳理,笔者发现法院对于该类案件一般也都认定为个人犯罪。

三、互联网金融司法政策述评

(一)司法解释

据笔者检索,目前现行有效的涉互联网金融纠纷的司法解释主要有最高人民法院《关于审理民间借贷案件适用法律若干问题的规定》和《解释2010》。

---

[1] 《解释2010》第4条第3款规定:集资诈骗罪中的非法占有目的,应当区分情形进行具体认定。行为人部分非法集资行为具有非法占有目的的,对该部分非法集资行为所涉集资款以集资诈骗罪定罪处罚;非法集资共同犯罪中部分行为人具有非法占有目的,其他行为人没有非法占有集资款的共同故意和行为的,对具有非法占有目的的行为人以集资诈骗罪定罪处罚。

[2] 刘宪权:《互联网金融平台的刑事风险及责任边界》,载《环球法律评论》2016年第5期。

最高人民法院《关于审理民间借贷案件适用法律若干问题的规定》于2015年8月6日上午颁布,2015年9月1日正式实施。该解释与互联网金融纠纷相关的法条主要为第11条、第22条、第26条、第30条。

其第11条[1]将企业之间的相互借贷纳入了民间借贷的范畴,放开了对企业间因生产经营需要而产生的借贷融资需要。第22条明确了网络贷款平台的居间地位,借贷双方通过网络贷款平台形成借贷关系,网络贷款平台的提供者仅提供媒介服务,当事人请求其承担担保责任的,人民法院不予支持。第26条对借贷利息作了明确的规定,即借贷双方约定的利率未超过年利率24%,出借人请求借款人按照约定的利率支付利息的,人民法院应予支持。借贷双方约定的利率超过年利率36%,超过部分的利息约定无效。借款人请求出借人返还已支付的超过年利率36%部分的利息的,人民法院应予支持。第30条是对逾期利率的规定,如出借人与借款人既约定了逾期利率,又约定了违约金或者其他费用,出借人可以选择主张逾期利息、违约金或者其他费用,也可以一并主张,但总计超过年利率24%的部分,人民法院不予支持。

最高人民法院《关于审理民间借贷案件适用法律若干问题的规定》的出台为法院审理P2P网络借贷纠纷案件提供了法条依据,有利于民事纠纷的化解。同时,该司法解释的出台也提醒网贷平台在促成借款协议的过程中要注意借款利率、担保责任方面的合规性,对规范网贷行业的发展起着重要的作用。

目前,互联网金融刑事领域的司法政策主要为2010年11月通过的《解释2010》以及2014年3月最高人民法院、最高人民检察院、公安部印发的《关于办理非法集资刑事案件适用法律若干问题的意见》(以下简称《意见2014》)。《解释2010》对非法吸收公众存款罪、集资诈骗罪的具体认定作出了规定,如规定了非法吸收公众存款罪的特征、具体表现形式,并且对于入罪标准以及加重处罚标准予以明确。《意见2014》则主要就实践中办理非法集资案件中遇到的问题提出意见,包括行政认定、"向社会公开宣称"的认定、"社会公众"的认定、共同犯罪的处理、涉案财物的追缴和处置、证据的收集、涉及民事案件以及跨区域案件的处理8个方面,对于处理具体案件具有实践意义。此外,最高人民检察院于2015年发布的6起依法查处金融犯罪典型案例中就包含了一起P2P网络借贷平台集资诈骗案。该典型案例在于提示P2P平台的业务经营"红线",提示投资者要有风险意识,做好合理的资产配置规划。[2]

---

[1] 最高人民法院《关于审理民间借贷案件适用法律若干问题的规定》第11条规定:法人之间、其他组织之间以及它们相互之间为生产、经营需要订立的民间借贷合同,除存在《合同法》第52条、本规定第14条规定的情形外,当事人主张民间借贷合同有效的,人民法院应予支持。

[2] 参见《最高检发布6起依法查处金融犯罪典型案例》,载中华人民共和国最高人民检察院:http://www.spp.gov.cn/zdgz/201509/t20150923_105024.shtml,最后访问日期:2017年3月1日。

(二)其他司法政策

最高人民法院审判委员会副部级专职委员、二级大法官杜万华在第八次全国法院民事商事审判工作会议上的专题讲话中指出高度重视互联网金融案件。对待互联网金融纠纷案件,要结合互联网金融案件的新特点审理此类案件,案件审理过程中要注意保护合法经营,营造公正的互联网金融法制环境,建立诚实守信的互联网金融法律秩序。

2016年10月18日至20日,最高人民法院党组成员、审判委员会委员孙华璞在上海市第一中级人民法院调研时提出,要高度重视互联网金融案件的审判工作,切实加强工作指导,审慎处理互联网金融案件。妥善处理促进金融创新和保护合法权益的关系,妥善处理好契约自由与合同效力的关系,妥善处理好民事纠纷与刑事犯罪的关系,严格按照金融诈骗、非法吸收公众存款罪的构成要件认定犯罪,准确区分民事纠纷与刑事犯罪的界限。

除了最高人民法院的司法政策,地方司法机关也都致力于促进互联网金融健康发展。浙江检察院近期出台的《关于加强互联网金融刑事检察工作的意见》(以下简称《意见》)指出,检察机关既要打击和预防互联网金融犯罪,又要依法保护互联网金融创新,防范互联网金融风险,维护互联网金融安全和稳定,为浙江互联网金融健康发展提供有力的司法保障。《意见》指出,检察机关要依法履行检察职能,营造互联网金融司法保护法治化环境。突出工作重点,依法打击以虚假宣传、虚假担保、自融、设立资金池等方式利用网络借贷平台从事的非法集资犯罪,依法打击以虚假交易、虚开价格等方式利用互联网支付平台实施的诈骗、洗钱犯罪,依法打击以虚假宣传商业模式、财务状况、资金使用等方式利用股权众筹融资平台从事的非法集资、擅自发行股票、公司、企业债券犯罪,依法打击以投资理财为名利用互联网实施的诈骗犯罪和非法经营银行理财、信托、保险、证券、期货等金融业务犯罪,依法打击以金融创新为名利用互联网金融平台实施的组织、领导传销活动等犯罪。通过依法打击互联网金融犯罪,形成有效震慑,确保互联网金融市场安全和整体稳定,为互联网金融从业机构及从业人员营造诚信有序的市场环境,保障互联网金融消费者合法权益。

从上述官方表态我们可以看出,最高人民法院对互联网金融纠纷的重视。但笔者认为,仅有口头上的表态还是不够的,我国的司法机构还需要加快制定相关的司法解释,为基层法院审理涉互联网金融案件提供裁判依据,避免出现同案不同判的问题。互联网金融纠纷虽纷繁复杂,但笔者相信只要我国完善相关法律法规,加强对互联网金融行业的监管,互联网金融行业终将茁壮成长,也势必为我们的万众创新、大众创业添砖加瓦。

欧盟《一般数据保护条例》

胡嘉妮[*] 葛明瑜[**] 译
许多奇[***] 校

译者前言[1]

许多奇 胡嘉妮

一、《一般数据保护条例》制定背景

1995年欧盟即出台过《关于涉及个人数据处理的个人保护以及此类数据自由流动的指令》(以下简称《指令》),为欧盟成员国立法保护个人数据设立了最低标准。而当时,互联网尚未广泛普及,个人数据的收集处理范围仅限于用户名、地址及相对简单的金融信息。之后20余年的技术进步,使互联网从个人电脑时代进入大数据、云计算时代。个体通过各式各样的设备终端进入互联网,在享受便捷网络服务的同时,也不断产生和提供了个人数据。当今世界,数据更加深入地编织于人们的生活网络之中,这也意味着互联网服务提供商和其他商业组织以及政府的管理部门,在收集、储存乃至分析数据的过程中,拥有了更加便利的收集处理个人数据的条件,并享有更大的权力。[2] 在此背景下,个人数据保护面临新的挑战。为迎接挑战,也为了在欧盟消除数据割据、建立统一的数据市场,在历经多年的立法协商后,欧洲议会于2016年4月27日颁布了《一般数据保护条例》(General Data Protection Regulation,GDPR,以下简称《条例》),该条例将在两年过渡期之后于2018年5月25

* 上海交通大学凯原法学院特班2015级硕士研究生。
** 上海交通大学凯原法学院特班2015级硕士研究生。
*** 上海交通大学凯原法学院教授、博士研究生导师。

〔1〕 该翻译是本人主持2016年8月结项的上海市政府信息信用中心“信息信用国外法规大型翻译项目”最终成果之一;2016年国家社会基金项目“我国互联网金融市场准入与监管法制重大理论与实践问题研究”(16BFX098)的阶段性研究成果。

〔2〕 参见Executive Office of the President, “Big Data: Seizing Opportunities”, *Preseving Values*, May, 2014, p. 1。载https://obamawhitehouse. archives. gov/sites/default/files/docs/big_data_privacy_report_5.1.14_final_print. pdf,最后访问日期:2017年3月2日。

日全面实施。《条例》被普遍认为是目前最完善的数据保护立法,其一方面将个人数据重新交还到个人掌控之中,将个人信息保护提升到了前所未有的高度;另一方面又在欧盟内部对数据保护统一监管规制,从而简化了国际商事主体信息交换的监管环境。

二、《一般数据保护条例》的主要框架

《条例》共计 11 章,99 条。第一章(第 1~4 条)为一般规定集合条款,包括阐明该法的目标、适用范围、地域范围,以及本法中需要进一步廓清的定义,并列举了与个人数据处理相关的原则;第二章(第 5~11 条)指明处理数据合法性的条件极其处理方式、处理个人数据中同意的要件、信息社会服务适用于儿童同意的具体要件、特殊种类的个人数据处理、有关刑事定罪和罪行的个人数据处理,以及无须认证的处理;第三章(第 12~23 条)围绕数据主体权利,列举数据收集的权利、数据访问权、错误纠正权、被遗忘权、限制处理权、反对权、拒绝权和自主决定权等权利及其限制性规定;第四章(第 24~43 条)规定数据控制者和处理者的相对义务,包括处理活动的记录义务和监管机构的合作义务、处理过程的安全性保障、关于数据主体的个人数据交流等义务;第五章(第 44~50 条)为了确保本条例项下自然而的保护等级不受到任何侵害,规定向第三方国家或国际组织进行个人数据传输的相关规定;第六章(第 51~59 条)规定独立的监管机构,包括监管机构的成立、职责和权力等内容;第七章(第 60~76 条)规定主导监管机构和其他机构之间的合作和协调、相互协助、联合处理、理事会争端解决机制等内容;第八章(第 77~84 条)为补救措施、责任和处罚部分条款;第九章(第 85~91 条)为特定数据处理相关条款;第十章(第 92~93 条)规定委托行为与执行行为;第十一章(第 94~99 条)为最终条款,规定与其他指令之间的关系、委员会报告义务以及生效适用等事项。

三、《一般数据保护条例》的核心内容

(一)适用范围

《条例》的适用对象不仅包括欧盟内的企业,还包括虽然住所不位于欧盟境内,却向欧盟用户提供互联网和商业服务的所有企业。换言之,《条例》不仅适用于成立地在欧盟的机构,对于成立地在欧盟外的机构,只要其在提供产品或服务的过程中处理了欧盟境内个体的个人数据,就应当适用本条例。在属人加属地主义的双重适用标准下,该《条例》可以随着数据的动态流动应用于全球任何企业。也正因如此,该《条例》的出台直接震慑了向个人提供互联网服务且同时大量收集用户个人数据的互联网巨头们(如 Google、Amazon 和 Facebook)。欧洲和美国的行业组织曾这样预言:《条例》中严格的数据保护约束将极大阻碍数据的商业价值挖掘,并将给企业带来相当大的额外成本。[1]

---

〔1〕 参见李军:《欧盟数据保护新法意义重大》,载财经网:http://news.hexun.com/2016-01-20/181915944.html,最后访问日期:2017 年 2 月 20 日。

(二)个人数据处理的主要原则

《条例》规定了与个人数据处理相关的若干原则,其中的"合法性、公平性和透明性"原则要求任何出于商业目的而使用、处理和交易个人数据,都应当符合法律的规定(合法性原则);在数据的使用处理中,应妥善平衡各主体间的利益,禁止以牺牲数据主体利益的方式来满足个人数据的商用和出于追求经济利益而进行的交易[1](公平性原则);数据使用和交易的目的、范围及具体用途,应当以数据主体知道的方式进行,不得在数据主体不知情或不知道数据被处理、被交易的主要程序的情况下,处理、交易个人数据(透明性原则)。此外,《条例》还规定了"目的限制""数据最小化""精度""存储限制""完整和机密性"以及"问责制"原则。

(三)数据主体的权利

《条例》详细规定了数据主体的知情权、访问权、反对权、数据可携权和数据被遗忘权等权利。"被遗忘权"(right to be forgotten)和"数据可携权"(data portability)是《条例》中最引人注目的权利。"被遗忘权"赋予数据主体要求数据控制者删除与其相关的个人数据及避免数据被传播的权利,这一权利的引入旨在解决当下个人数据大量存储所带来的隐患,充分体现了《条例》对数据主体隐私保护的加强。[2]"数据可携权"的基本理念在于个人能够将其个人数据和资料从一个信息服务者处无障碍地转移至另一个信息服务者处,这一权利意味着数据主体对个人数据拥有了更强的掌控能力与管理能力。《条例》对数据主体权利的补充完善,不仅极大增强了对数据主体的保护程度,同时对企业的制度建设、措施配置、业务流程乃至IT系统设计提出了更高的要求。[3]

《条例》还从数据的收集、使用、加工和处理等方面对数据控制者和数据处理者的义务和责任进行了明确的规定,从而为数据主体行使个人数据的相关权利提供了坚实的法律保障。

(四)监管机制

为了减轻跨国企业的合规成本,《条例》创设了"一站式"监管机制,由数据控制者和处理者主要成立地的监管机构作为主导监管机构,通过与其他监管机构之间的协商合作开展有效监管。此外,《条例》设置了欧盟数据保护理事会(European Data Protection Board)作为欧盟数据监管的最高权力机构,并详细规定了该理事会的成员结构、独立性、决策程序和职责等内容。针对大数据时代数据的跨境转移将会成

[1] 参见王四新:《〈欧盟数据保护一般规则〉简评》,载《中国信息安全》2016年第3期。

[2] 参见典型案例:Google Spain SL, Google Inc. v. Agencia Española de Protección de Datos, Mario Costeja González, Judgment of the Court(Grand Chamber), 13 May 2014, 载 http://curia.europa.eu/juris/document/document_print.jsf? doclang = EN&text&pageIndex = 0&part = 1&mode = DOC&docid = 152065&occ = first&dir&cid = 437838,最后访问日期:2017年3月2日。

[3] 参见王融:《〈欧盟数据保护通用条例〉详解》,载《大数据》2016年第4期。

为常态的发展趋势,《条例》简化了数据跨境流通规则。[1] 此外,《条例》还对个人数据处理违法行为规定了严格的处罚措施,如高额的罚款等内容。

四、结语

欧盟委员会在一份声明中称,《条例》"提供了清晰、统一的规则,将在在线服务领域培育消费者信心,为企业带来更多法律上的确定性,这有助于欧盟打造单一数字市场"。[2] 我们注意到,在《条例》的约束与引导下,欧盟对个人数据使用的监管已走上与美国松散式监管具有极大差异的道路。美国在个人隐私保护方面始终对国家等公权力保持警惕,而对于商业主体个人数据使用的规制却相对宽松,此抑或是出于试图解决大数据利用与公民信息保护价值之间冲突的考虑,力求以释放大数据为经济社会发展带来新动能与创新之可能。当然,美国也关注到互联网、物联网与数据之间的紧密联系势必带来数据风险提高,从而引发隐私权利保护方面的变革。[3] 这不仅表现在"纸面上"的法律在个人数据保护方面饱受争议,而且自1994年以来美国"现实中"防御公司掌握个人隐私方面更是存在极大的法律风险敞口。[4] 事实上,在数据监管领域,个人隐私保护与激励社会创新的动态平衡是一个永恒的命题,在欧盟《条例》的约束下,复杂的数据使用授权和监管机构的严格监管无疑会保护个人数据信息,同时亦会大幅度地增加企业的合规成本。《条例》付诸实施之后的执行效果究竟如何,只能留待时间检验。

(立法法案)《条例》

欧洲议会和理事会于2016年4月27日颁布关于在个人数据处理与自由流通的自然人保护法案,并废除第95/46/EC号指令(《一般数据保护条例》)

胡嘉妮　葛明瑜　译　许多奇　校

(EEA相关性文本)

欧洲议会和欧盟理事会依据《欧盟运作条约》,尤其是第16条之规定,根据欧盟

〔1〕 参见彭星:《欧盟〈一般数据保护条例〉浅析及对大数据时代下我国征信监管的启示》,载《武汉金融》2016年第9期。

〔2〕 晓镜:《欧盟通过最新〈数据保护法〉》,载中国信息产业网:http://www.cnii.com.cn/internation/2016-04/20/content_1719060.htm,最后访问日期:2017年2月21日。

〔3〕 参见FTC Staff Report, Internet of Things: Privay & Security in a Conect World, January 2015, pp. 7-55。

〔4〕 See Kenneth A. Bamberger & Deirdre K. Mulligan, "Privacy on the Books and on the Ground", *Stan. L. Rev.*, 2011, pp. 247-248.

委员会的提案,向国家议会移交立法法案草案后,参照欧洲经济和社会委员会的意见,参照地区委员会意见[1]按照一般立法程序[2]鉴于:

(1)自然人的个人数据处理受保护的权利是一项基本权利。根据《欧盟基本权利宪章》(以下简称宪章)第8(1)条和《欧盟运作条约》(the Treaty on the Functioning of the European Union,TFEU)第16(1)条,每个人都有权保护其个人数据。

(2)不论自然的人国籍或居住地,保护其个人数据的原则和规则应该尊重他们自身的基本权利和自由,尤其是保护个人数据的权利。本条例旨在促进地区的自由、安全和公正,促进经济联盟,促进经济和社会进步,加强内部市场经济融合,并造福人类。

(3)欧洲议会和理事会第95/46/EC号指令[3]旨在协调基本权利保护与个人自由之间的平衡,以确保个人数据在成员国之间的自由流通。

(4)个人数据处理旨在为人类服务。根据比例原则,保护个人数据的权利并非一项绝对权利,须考虑其在社会中的作用,并与其他基本权利保持平衡。本条例尊重所有基本权利,并遵守宪章及条约中所确立的自由与原则,尤其关注个人和家庭生活、家庭和通信、个人数据保护、思想、道德意识和宗教自由、言论自由与信息自由、业务开展自由、有效救济权、公平审判权以及文化、宗教和语言多样化等领域。

(5)内部市场运作产生的经济和社会一体化导致个人数据跨境流通机会大幅增加。公共和私营部门(包括自然人、欧盟协会和成员)之间的个人数据交换机会已经增加。依据欧盟法召集成员国国家主管部门进行合作与交换个人数据,以便该国的主管机构能够代表另一成员国的主管部门履行职责、执行任务。

(6)科技快速发展和全球化给个人数据保护带来了新挑战。个人数据的采集和分享规模已经明显增加。科技允许私营企业和公共机构在史无前例的范围内利用个人数据来开展活动。自然人的信息可越发频繁地通过公开的、全球化的途径获得。科技改变着经济和社会生活,其不仅促进了个人数据在欧盟范围内的自由流通,使个人数据能够转移给第三方国家和国际组织,同时还确保了对个人数据进行高水平的保护。

(7)鉴于建立信任的重要性(建立信任的目的在于允许内部市场发展数字经济),前述发展需要一个稳固且更为统一的欧盟保护框架,同时,该等保护框架还应得到有力的执行。自然人应对其个人数据拥有控制权。此外,应增强关于自然人、

---

[1] 载OJC,391,18.12.2012.,p.127。

[2] 欧洲议会于2014年3月12日的立场(尚未在官方刊物上公布)和理事会于2016年4月8日一审通过的立场(尚未在官方刊物上公布)。欧洲议会于2016年4月14日的主张。

[3] 欧洲议会和理事会1995年关于个人数据处理与自由流通的个人保护法案第95/46/EC号指令(载OJ L 281,23.11,1995,p.31)。

经济营运者和公共部门的法律和实践确定性。

(8)倘若本条例对成员国的法律进行了规范或限制,那么,基于一致性原则以及便于国内法适用对象理解的必要,成员国可将本条例中的要点合并到其国内法中。

(9)第95/46/EC号指令的目标和原则具有合理性,但仍未能防止欧盟内部数据保护措施分散、法律不确定性,或公众普遍认为自然人保护具有显著风险,尤其在网络活动领域等情况的产生。若缺乏欧盟的支持,对自然人权利和自由保护的差异,尤其是个人数据保护的权利(涉及成员国的个人数据处理),可能会阻碍个人数据在整个欧盟范围内的自由流通,此类差异可能会成为开展经济活动的绊脚石,甚至可能会扭曲竞争或妨碍主管部门履行其在欧盟法律项下的职责。这种保护水平上的差异是由第95/46/EC号指令的实施和应用差异导致的。

(10)为确保对自然人进行统一一致且高水平的保护,消除欧盟范围内个人数据自由流通的障碍,在所有成员国中,对自然人个人数据处理的权利和自由的保护水平应当同等对待。欧盟内部应确保对于自然人个人数据处理的基本权利和自由保护规则具有一致性和同质性。对于为履行法律义务、执行基于公共利益的任务、行使官方授权的管理职权而进行的个人数据处理控制者,成员国有权维持或保留国内条款,以便进一步指明本条例规则的适用范围。为执行第95/46/EC号指令,除了关于数据保护的一般和横向法律,成员国还需要针对具体条款指定相应的部门法或实施细则。本条例为成员国制定更详细的规则留有余地,包括处理特殊类别的个人数据("敏感数据")。就此而言,本条例并未排除那些列明特殊处理情况的成员国法律,包括更准确地判断个人数据处理行为在何种情况下是合法的。

(11)在整个欧盟范围内,应对个人数据进行有效保护,加强和明确数据主体的权利以及数据处理者或决定处理个人数据者所应履行的义务,并监督和确保遵守同样的权力保护规则和对成员国侵权行为的同等制裁。

(12)《欧盟运作条约》第16(2)条授权欧洲议会和理事会制定关于自然人个人数据处理与个人数据自由流通方面的保护规则。

(13)为确保整个欧盟范围内对自然人的保护维持一致水平,防止保护水平差异影响个人数据在内部市场的自由流通,本条例有必要为经济经营者(包括微型、中小型企业)提供法律确定性与透明度,并向所有成员国的自然人提供同等水平的法律强制执行权,赋予所有处理者和控制者同等水平的义务和责任,以确保不同成员国对个人数据处理保持的一致监管,并促使不同成员国之间的监管部门之间开展有效的合作。内部市场的正常运作要求个人数据在欧盟内的自由流通不受限制和禁止,因为个人数据处理中的自然人会受到保护。考虑到微型和中小型企业的特定情况,本条例为那些员工人数少于250人的组织在记录留存问题上设定了例外情况。此外,欧盟机构和实体,以及成员国和他们的监管机构,都应考虑微型和中小型企业在本条例适用的具体需求。微型和中小型企业的概念参见第 2003/361/EC 号委员会建议附件第 2 条。

(14)本条例项下的保护适用于有关自然人(不论其国籍或居住地)的个人数据处理。本条例不适用于涉及法人的数据处理,尤其是以法人名义成立的企业的数据处理,该等数据包括法人名称和形式,以及法人的联系方式。

(15)为了防止产生严重的规避风险,对自然人的保护应该是技术中立的且不应依赖已采用的技术。对自然人的保护应适用于通过自动化手段处理个人数据,如果个人数据包含或拟包含在申请系统中,则适用于人工处理。本条例不适用于未按特定标准编制的文件或文件集及其封面。

(16)本条例不适用于欧盟法律范围外的基本权利和自由保护,或相关个人数据自由流通的问题,如与国家安全有关的活动。本条例不适用于成员国在开展与欧盟共同外交和安全政策相关活动时处理的个人数据。

(17)欧洲议会和理事会第 45/2001 号条例[1]适用于欧盟机构、法人、办事处及代理机构处理个人数据。第 45/2001 号条例(EC)及欧盟其他适用于个人数据处理的法案应采用本条例项下的原则和规则,并依照本条例予以适用。为了提供稳固而统一的欧盟数据保护框架,适用本条例后,必须对第 45/2001 号条例(EC)进行必要的修改,以便于与本条例同时适用。

(18)本条例不适用于自然人在开展纯属私人或家庭活动中处理的个人资料,其与专业或商业活动无关。私人或家庭活动可能包括通信和举办地点,或在该等活动范围内进行的社交网络和在线活动。但本条例适用于为个人或家庭活动提供处理家庭和个人数据手段的控制者和处理者。

(19)为了预防、调查、侦查或起诉刑事犯罪或执行刑事处罚(包括维护公共安全与数据流通自由、预防对公共安全与数据自由流通可能产生的威胁)而实施的对自然人个人数据处理的保护,它适用于另一更具体的欧盟法案。因此,本条例不适用于以此为目的的数据处理活动。当公共部门出于前述目的而按照本条例处理个人数据时,这类个人数据处理应该遵循更具体的欧盟法案,即欧洲议会和理事会第 2016/680 号指令(EU)。成员国可以委托第 2016/680 号指令[2](EU)下的主管机构从事基于其他目的(非基于预防、调查、侦查或检举刑事犯罪或执行刑事处罚之目的,包括维护公共安全与数据流通自由及预防对公共安全与数据流通自由可能产生

---

〔1〕 欧洲议会和理事会第 45/2001 号条例(2000 年 12 月 18 日)涉及社区机构和法人的个人数据处理保护及这些数据的自由流动(载 OJ L 8,12.1.2001,p.1)。

〔2〕 欧洲议会和理事会 2016 年 4 月 27 日第 2016/680 号指令(欧盟),该指令与主管机构为预防、调查、侦查或起诉刑事犯罪或执行刑事处罚而实施的个人数据,以及此类数据的自由流动,并废除理事会框架决定 2008/977/JHA。

的威胁)的个人数据处理活动,这些活动只要属于欧盟法律适用范围内,即也属于本条例规制范围。

对于前述主管机构所进行的属于本条例规制范围内的个人数据处理活动,成员国可通过保持或采用更具体的条款以协调本条例规制的适用。这些条款可更明确地确定主管机构出于其他目的时处理个人数据的具体要求,同时考虑到各成员国的宪法、组织和行政结构。当私人机构处理个人数据落入本条例的规制范围时,本条例规定成员国在特定条件下可以限制某些权利和义务,这类限制构成民主社会一项旨在保护特殊的重要利益(包括公共安全)以及预防、调查、侦查或检举刑事犯罪或执行刑事处罚(包括维护公共安全与数据流动自由及预防对公共安全与数据自由流通可能产生的威胁)的必要且适当措施。例如,与反洗钱框架或法医实验室相关的活动。

(20)尽管本条例适用于法院和其他司法机关的数据处理活动,但欧盟或成员国的法律可以另行规定法院和其他司法机关处理个人数据的操作和程序。为保障司法部在履行其司法任务时候的独立性(包括决策制定),当法院在为发挥司法职能而进行个人数据处理时,监管机关不应干涉,其可以将这种数据处理监督的职责委托给成员国司法系统范围内的特定机构,该特定机构应当确保遵循本条例的规则,提高司法机构成员对各自在本条例项下义务的理解意识,并妥善处理此类数据处理操作产生的相关投诉。

(21)本条例不会影响欧洲议会和理事会第2000/31/EC[1]号指令的应用,尤其是该指令第12~15条中间服务提供商的责任规则。该指令旨在通过确保信息社会服务在成员国之间的自由流通,促进内部市场的正常运作。

(22)任何欧盟内的由控制者或处理者建立的个人数据处理活动应当遵守本条例,不论数据处理本身是否是在欧盟范围内进行。“建立”意味着通过稳定的安排,有效且真正地开展活动。这种安排的法律形式(无论是否通过具有法人资格的分支机构或附属机构),都不是此方面的决定性因素。

(23)为确保自然人不被剥夺他们在本条例项下所拥有的受保护的权利,由非欧盟设立的控制器或处理者处理欧盟数据主体的个人资料应受制于本条例,其中,处理活动与向该等资料当事人提供物品或服务的行为(不论是否涉及付款)有关。为确定该等控制者或处理者是否向欧盟中的数据主体提供物品或服务,应确定控制者或处理者是否计划向欧盟中的一个或多个成员国的数据主体提供服务。鉴于控制者,处理者或中介的网站,电子邮件地址或其他联系方式的可访问性,或控制者所在地的第三方国家惯用语言不足以确定意图。例如,使用在一个或多个成员国中通常

〔1〕 欧洲议会和理事会第2000/31/EC号指令(2000年6月8日),针对国内市场信息社会服务,特别是电子商务在内部市场方面的某些法律(《电子商务指令》)。

使用的语言或货币,有可能以其他语言订购商品和服务,或者提及欧盟中的客户或用户,可能会使控制者向欧盟中的数据主体提供商品或服务的意图变得显而易见。

(24)未设立在欧盟境内的控制者与处理者处理欧盟内数据主体的个人数据监测活动,也应受制于本条例。为确定是否将处理活动视为对数据主体的监测行为,应确定是否在互联网上追踪这些自然人,包括通过剖析自然人的个人偏好、行为和态度开展个人数据处理,包括潜在的后续适用个人处理技术。

(25)如果成员国法律依据国际公法被予以适用,则本条例也应适用于欧盟之外的非成员国国家,如外在成员国中的外交使团或领事馆。

(26)数据保护原则应适用于任何关于已识别或可识别的自然人信息。个人数据经历假名编制阶段,其由于自然人使用附加信息而导致,这类个人数据应视为可识别自然人的信息。为确定自然人是否具有可识别性,必须考虑可能使用的所有方法,如控制者或另一人为直接或间接地识别自然人而采取的筛选方法。为确定某一方法是否可合理地用于识别自然人,必须考虑所有客观因素,如识别所需的成本和时间,还需考虑处理和技术开发过程中可用的技术。因此,数据保护的原则不应适用于匿名信息,即与所识别或可识别的自然人无关的信息,或者以使数据主体不可识别或不再可识别的方式匿名的个人数据。本规则不涉及处理此类匿名信息,包括用于统计或研究目的。

(27)本条例不适用已逝自然人的个人数据。成员国可能会另行提供已故人员的个人数据处理规则。

(28)个人数据假名编制的应用可能会减少数据主体风险,并帮助控制者和处理者履行其数据保护义务。本条例中明确介绍的"假名编制"不应排除任何其他数据保护措施。

(29)在处理个人数据时,为了激励对假名信息编制的应用机制,在控制者采取必要技术和组织措施确保处理安全,如果测量措施允许在同一控制者内进行一般分析,而关于这项措施的实施及其附加信息应分开曝出。处理个人数据的控制者应只是同一控制者内获得授权的人员。

(30)自然人可以与由他们的设备、应用程序、工具和协议生成的在线标识符相联系,如互联网通信协议地址、网络跟踪器识别符或其他标识符(如射频识别标签)。该等标识符可能会留下痕迹(尤其是与唯一标识符和服务器接收的其他信息组合在一起时),这些痕迹可能被用于创建自然人分析图并识别他们。

(31)根据欧盟或成员国法律,为履行官方使命依据法定义务披露个人数据披露的公共机构,如税务机关和海关、金融调查单位、独立行政机构或负责监管和监督证券市场的金融市场主管部门,倘若该等机构接收个人数据是为了开展基于公众利益的特定查询,那么,该等机构不应被视为数据的接收方。公共机构应该始终以书面形式发出披露申请,且应当是合理的与偶尔的,不应涉及整个申报系统或导致申请系统的互连。该等公共机构对于个人数据的处理行为应根据处理目的适用的数据保护规则。

(32)数据主体应通过具体而明确的肯定行为予以同意,如通过书面声明(包括电子方式)或口头声明。该等同意方式可能包括在浏览网站时标记选择框,在信息社会服务中进行技术设置或在另一项本文中清楚显示数据主体接受处理其个人数据的意图。因此,默认、提前勾选选项框或未采取行动不得被视为同意。一项同意可覆盖所有基于同一目的而实施的处理活动。当处理活动有多种目的时,应对该等多种目的均作出同意的表示。倘若根据要求,数据主体的同意需要以电子方式给出,则该等要求必须清楚、简明且在没有必要的情况下不得影响所提供的服务的用途。

(33)在收集数据时,通常不可能完全确定收集数据是用于科学研究的目的。因此,在符合公认的科学研究伦理标准时,应允许数据主体同意某些科学研究领域。同时,数据主体应应有机会在预期目的允许的范围内,仅同意某些研究领域或部分研究项目。

(34)基因数据应定义为个人数据,基因数据是指与自然人的遗传或获得性遗传特征有关的个人资料,这些遗传特征是通过对自然人的生物样本,特别是对染色体、脱氧核糖核酸(deoxyribonucleic acid,DNA)或核糖核酸(ribonucleic acid,RNA)进行分析得来的数据,或通过对能够获得等效信息的另一元素的分析。

(35)关于健康的个人数据应包括与数据主体健康状况有关的所有数据,该数据信息揭示了数据主体过去、当前或未来的身体或精神健康状态。该等数据包括自然人在登记或接受医疗服务(详见欧洲议会和理事会第 2011/24/EU 号指令)过程中被收集的信息。对于该自然人,包括确定自然人健康状况所需的唯一识别编号、符号或特定信息;通过身体检查或身体物质的测试或检查衍生出的信息,包括从基因数据和生物样本中获得的信息;以及任何其他信息,如疾病、残疾、患病风险、病史、临床治疗状况或数据主体的生理或生物状况,该等信息的来源应当独立,如来自医生或其他保健专业人员、医院、医疗装置或体外诊断测试。

(36)除非另行有关处理个人资料目的和方法的决策时再联盟控制者的另一个作出,控制者应位于欧盟核心行政管理场所。在这种情况下,该等其他营业场所应被视为依据欧洲议会和理事会针对患者跨境享受医疗服务的应用而建立的第 2011/24/EU 号指令(参见 OJ L 88,4.4.2011,p.45)。位于欧盟范围内控制者的主要住所应该根据客观标准予以确定,控制者在该等主要住所内从事有效和实际的管理活动,并通过这类管理活动作出与数据处理目的和方式相关的主要决策。个人数据的实际处理活动是否在该等营业所内进行并不是认定主要住所的标准。处理个人数据或处理活动所需的技术手段和技术的用途本身并不成为主要住所的构成部分,因此,不会成为主要住所的判断标准。处理者的主要住所应该是其在欧盟的核心行政管理场所,若没有核心行政管理场所的,则其在欧盟范围内开展主要处理活动的场所为其主要住所。在同时涉及控制者与处理者的情况下,控制者主要住所所在地成员国的主管部门应当是主管部门,但是处理者的主管部门同样享有监管权限,且该等主管部门应当参与本条例的合作程序中。在任何情况下,不应认为处理者一个或多个营业所所在地的成员国的主管部门是仅起草关于控制者的决策的主管部门是处理者的主管部门。倘若处理任务是由集团公司实施的,则集团公司的控股公司的主要住所应该被视为该集团公司的主要住所,除非处理任务的目的和方式由该集团公司中的另一公司确定的。

(37)集团公司应包括控股公司及受该等控股公司控制的公司,控股公司可以凭借其所有权、财务参与、管理规则对分支机构施加主导影响或实施个人数据保护规则的权利。控制其关联企业个人数据处理行为的公司及相关公司组成了一组集团公司。

(38)需对儿童的个人数据实施特殊保护,因为他们并不了解相关风险、后果、安全防护,以及个人数据处理的其他相关权利。该等特殊保护尤其适用于基于市场营销、创建个性化风格或用户配置文件之目的而使用儿童个人数据的情况。(在使用面向儿童服务的情况下)在预防或咨询服务直接提供给儿童时,并不必然需要获得该儿童监护责任人的同意。

(39)任何个人数据处理应该是合法且公平的。对于自然人而言,当他们的数据正在或即将被收集、使用、咨询或以其他方式处理时,该处理行为应当是透明的。透明度原则要求与这类个人数据有关的任何信息和通信都应易于存取,并易于理解,并使用清晰、简明的语言。透明度原则尤其应当适用于数据主体识别控制者的信息、与数据处理目的相关的信息、公平、透明地处理数据的信息,以及数据主体在他们的个人数据被处理时进行确认和沟通的权利。自然人应该了解个人数据处理的相关风险、规则、安全保障和权利,以及如何行使这种处理权利。尤其是待处理的个人数据的特殊目的应该明确且合法,并应在收集个人数据时予以明确。个人数据应当是充分且与数据处理目的具有相关性,应提供的个人数据仅限于基于数据处理目的所必须提供的个人数据。因此,应确保个人数据的存储时间被控制在最低限度内。在通过其他方式无法达成相应目的时,才应该采取数据处理的方式。为确保个人数据的存储时间不超过必要时间,控制者应建立时间限制,以便进行删除或定期审查。应采取所有合理措施,以确保修订或删除不准确的个人数据。个人数据应按照一种能确保个人数据安全性和保密性的方式予以处理,包括防止未经授权的访问或使用个人数据和处理设备。

(40)为确保处理程序合法,应基于相关数据主体的同意书,或其他合法依据、法定原则(依据本条例或本条例中提及的其他欧盟或成员国法律)进行数据处理,包括履行法律义务的必要性(其中,控制者是义务主体,数据主体是合同当事人),或在签订合同前采取数据主体所要求的措施。

(41)若本条例涉及法律依据或法律措施,在不影响成员国宪法秩序要求的情况下,并不必然需要议会通过立法。但是,该等法律依据或法律措施应当清楚而严密,并且其应用应当为规制主体依据欧盟法院和欧洲人权法院的判例所能预见。

(42)若数据处理行为是基于数据主体的同意书,则控制者应能证明数据主体已同意处理操作。尤其是,当数据主体就另一事项作出了书面声明,应确保数据主体认知到同意书所述的事实以及明确自己所作出的同意的范围。根据理事会第93/13/EEC号指令〔1〕,控制者应提供一份预先制定的同意声明书,该声明书应该采用易懂的形式编制,并使用清晰、通俗易懂的语言,并且不得包含不平等条款。对于该等同意书,数据主体至少应知晓控制者的身份及个人数据处理目的。倘若数据主体没有作出真正或自由的选择,或无法在不受损害的情况下拒绝或撤销同意书,则该同意书不得视为其自愿作出。

(43)为确保同意书是自愿作出的,同意书不应在数据主体与控制者权利义务明显不平衡的情况下,使数据处理行为发生法律效力,尤其当控制者为公共机构,且在任何情况下该同意书都不可能自愿作出的情况下。若在一份同意书中不允许对不同的数据处理操作分别作出单独的同意,则应认为该同意书并非数据主体自愿作出(尽管如果在单独的情况下,该同意书会被认为有效)。或者,若合同(包括提供服务的条款)的履行依赖于同意书(尽管该同意书对于履行合同并非必要),则也应认为该等同意书非数据主体自愿作出。

(44)若依据合同或订立合同的意图中确有必要实施数据处理,则该处理应当是合法的。

(45)若按照法律义务(控制者是义务主体)实施数据处理,或基于公众利益或行使职务权限的必要,则该数据处理行动应在欧盟或成员国法律中有据可循。本条例不要求针对每一个人处理行为制定特定的法律。只需要对为履行法律义务(控制者是义务主体)而实施的数据处理,或基于公众利益或行使职务权限的必要,其所实施的数据处理有相应的规制法律即可。它可能是用于确定处理目的的欧盟或其成员国法律。此外,该等法律可对本条例中用于规制数据处理合法性的一般条款进一步明确,建立用于确定控制者的规范、待处理的个人数据类型、相关数据主体、接收所披露的个人数据信息的实体、目的限制条件、信息存储期限及其他用于确保合法

〔1〕 理事会第93/13/EEC号指令(1993年4月5日)关于消费合同中不公平条款。

公平的处理的措施。该等欧盟或成员国法律应当确定某一基于公众利益或行使职务权限进行数据处理的控制者,是否是一个公共机构或是其他受到公法或私法管辖的自然人或法人,其中,受到私法管辖的自然人或法人(如专业协会)应基于公共利益而从事这类包括健康目的的管理,如公共健康、社会保护、医疗服务等事项。

(46)如果个人数据处理对于保护数据主体或另一自然人的生命,具有至关重要的利益,也应视为合法。

当数据处理活动的开展缺乏其他合法性依据时,才能以保护某一自然人利益作为开展数据处理的依据。某些类型的数据处理活动可能同时服务于公共利益和保护数据主体切身利益,例如,出于人道主义目的需要进行数据处理,包括监控传染病的蔓延及扩散、人道主义危机,尤其是在自然和人为灾难的情形下。

(47)控制者(包括那些可能获得个人数据披露的控制者)的合法权益,或是第三方的合法权益,可为处理活动提供合法性基础。其前提是,基于数据主体与控制者之间的关系,该数据主体具有这样的合理预期,即其利益或基本权利与自由不可超越。当数据主体与控制者之间存在一种相互关联的适当关系时,可能产生该等合法权益,如数据主体是控制者的客户或为控制者提供服务等。在任何情况下,均需对是否存在合法权益进行认真评估,包括数据主体是否可在进行数据收集的背景下进行合理预测。数据主体的利益和基本权利应当优先于数据控制者的利益,尤其在数据主体尚无预期就已经开展了数据处理活动的情况下。鉴于立法者所提供的法律依据适用于公共机构处理个人数据,该等法律依据不得适用于公共机构执行任务时的数据处理活动。为防止欺诈而开展的个人数据严格处理活动,同样可构成相关数据控制者开展数据处理活动的一项合法性基础。用于直接促销目的开展个人数据处理活动必须具有合法性基础。

(48)附属于某一中央机构的企业或作为机构集团一部分的控制者,对以内部管理为目的的集团公司内部的个人数据传输享有合法权益,包括处理客户或雇员的个人数据。集团公司内部或向位于第三方国家的企业转移个人数据的总体原则不受影响。

(49)基于确保网络和信息安全的需要而开展的个人数据处理活动,是数据控制者的一项合法权益。其中,确保网络和信息安全是指,在既定置信水平下,网络或信息系统对危害储存或传输个人数据可用性、真实性、完整性和保密性以及由上述网络和系统、公共机构、计算机紧急响应小组(computer emergency response teams, CERTs)、计算机安全事故响应小组(computer security incident response teams, CSIRTs)、电子通信网络和服务供应商、安全技术和服务供应商提供或经其可用的相关服务安全性的意外事件或非法或恶意行为的抵御能力。该合法权益包括防止未经授权进入电子通信网络的行为、恶意代码的传播,阻止“拒绝服务”攻击、损害计算机和电子通讯系统。

(50)除了最初收集个人数据时,具有目标以外的目的进行数据处理,只有当这个目的与最初收集个人数据的初衷一致时,才能进行数据处理。在此种情况下,无须提供除最初收集数据以外的法律依据。如基于执行公共利益任务或履行控制者的职务权限进行必要的处理,欧盟或成员国法律可确定和规定进一步处理的任务和目的,该目的应被视为是兼容与合法的。基于公共利益、科学或历史研究或统计目的的进一步处理,应视为是兼容和合法的。欧盟或成员国法律为个人数据的规定,可同样为进一步处理数据的目的提供法律依据。为确定进一步处理目的是否与个人数据最初收集的目的一致,满足关于初始处理合法性所有要求后,控制者应额外考虑:上述目的与预期与进一步处理目的之间的一切联系;个人数据采集的环境,尤其是数据主体基于其与控制者关系,对其后期使用的合理预期;个人数据的性质;数据主体预期进一步处理的结果;原始、预期后期处理操作相应的保护措施。

若已经获得数据主体的同意,或处理行为以欧盟及其成员国法律为依据(该等法律依据为保护民主社会,尤其是整体公共利益重大目标,是必要和适当的措施),应允许控制者在忽略用途一致的情况下,进一步处理个人数据。在任何情况下,本条例所列的原则应保证得到应用,尤其关于数据主体其他目的的信息和数据主体权利的信息(包括拒绝的权利)。控制者揭示潜在犯罪行为或公共安全威胁,将一个案子或多个案子中传输与之相关的个人数据给主管监管机构应被视为追求合法利益。但是,如果处理与合法、专业或其他具有约束力的保密义务不相容,则控制者基于合法利益的传输以及进一步处理个人数据的行为应被禁止。

(51)由于个人数据处理环境,可能会对基本权利和自由造成重大风险,因此,应对个人数据(依其性质而言,尤其对基本权利和自由甚为敏感的个人数据)进行特定保护。上述个人数据应包括揭示种族或民族起源的个人数据,其中,本条例使用术语"种族起源"并不意味着欧盟接受试图确定不相关种族存在的理论。因生物计量数据的定义,包括照片处理,不应将照片处理系统地视为特殊类别个人数据处理;只有在经过特定技术手段处理的条件下,允许对自然人进行唯一识别或验证。考虑到成员国法律可就数据保护制定具体规定,为使本条例规则应用符合法律义务、公共利益任务执行或控制者的职务权限的行使,该个人数据不应进行处理,除非本条例所列具体情形允许进行处理。除该等处理的具体要求外,本条例一般原则和其他规则也应适用,尤其是涉及合法处理条件时。对于处理特殊类别个人数据的一般禁令的例外情况影响进行明文规定,例如,基于数据主体的明确同意或基于特定需求(尤其是在某些情况下,处理行为是在合法活动过程中,由某些协会或基金会以允许行使基本自由为目的进行处理时)。

(52)尽管受限于欧盟或成员国法律或适当安全措施,若基于公共利益,尤其是在劳动法、社会保障法(包括养老金和健康安全)、监控预警目的、传染病防控以及其他严重健康威胁领域的个人数据处理,应允许适用特殊类别个人数据处理禁令的例外情况,以此保护个人数据和其他基本权利。该例外情况可适用于健康目的,包括公共健康和医疗服务管理,尤其是为确保医疗保险系统中福利、服务理赔所用程序的质量和成本效益,或基于公共利益、科学或历史研究目的或统计目的。无论在法庭审理程序中还是在行政管理、庭外程序中,设立、行使或维护合法要求需要时,应允许适用该等个人数据的处理的例外情况。

(53)需要更高层级保护的特殊类别的个人数据,应当基于健康相关目的(仅指基于自然人和社会整理健康福利的健康目的)加以处理,尤其在健康管理与社会护理服务与系统环境下(包括根据欧盟或成员国中,符合公共利益目标的法律,以及在公共健康领域基于公共利益的研究,依据以下目的所开展的处理:管理层和中央国家卫生机构对该数据进行质量控制、管理信息、国家和地方对整体健康或社会护理系统的监管、确保健康或社会护理、跨境医疗或健康保障、监控及预警目的存续性、基于公共利益、科学或历史研究目的或统计目的)。因此,涉及特殊需求时,尤其是该数据受限于职业保密法律义务的人士,按与健康相关的特定目的进行处理时,本条例应规定与健康相关的特殊类别个人数据处理协调条件。欧盟或成员国法律应规定具体适用措施,以便保护自然人基本权利和个人数据。允许成员国保持或引入关于基因数据、生物数据或健康相关数据的附加条件,包括限制性条件。但当上述条件适用于跨境数据处理时,不应妨碍个人数据在欧盟境内的自由流通。

(54)为了公共卫生领域内的公共利益处理特殊类别个人数据,可无须获得数据主体的同意。此类处理应当受适用特定措施的限制,以保护自然人的权利和自由。在此背景之下,"公共卫生"应当解释为欧洲议会和理事会第1338/2008号条例[1]中给出的定义,即所有健康相关要素,即健康状况,包括发病率和致残率、影响健康状况的决定因素、医疗保健需求、向医疗保健分配的资源、提供医疗保健、医疗保健的普及以及医疗保健支出和资金支持及发病原因。为公共利益对有关健康数据的处理不可导致雇员或保险公司及金融公司等第三方为其他目的处理个人数据。

(55)此外,官方机构为实现宪法性法律或国际公共法所规定的目的,而对经官方认可的宗教组织个人数据的处理,应当认为基于公共利益开展。

(56)在选举活动中,某个成员国民主制度的实施,需要各政党编译关于民众政治主张的个人数据。在建立适当保护措施的前提下,准许基于公共利益处理此等数据。

(57)如果由控制者处理的个人数据使控制者无法确认自然人的身份,基于遵从

〔1〕 2008年12月16日颁布的欧洲议会和理事会关于欧洲议会和理事会关于共同体公众健康和工作健康和安全统计数据第1338/2008号条例(EC)(OJ L 354,31.12.2008,p.70)。

本条例任何条文的唯一目的,数据控制者应当无义务获取确认数据主体身份的附加信息。但是,控制者不可拒绝接收数据主体提供的用以支持其权利行使的附加信息。身份识别应当包括以数字方式对数据主体进行的身份识别,如通过与该数据主体用以登录至数据控制者提供的在线服务的凭证相同的凭证的认证机制。

(58)透明原则要求向公众或数据主体传递的任何信息是简洁、易于获取和易于理解的,并使用表意清晰、明确的语言,除此之外,还应实施可视化。该等信息可以以电子格式提供,如向公众进行传递时,可以在网站上进行公布。当扩散广泛且实践起来技术难度较大时,数据主体难以辨识和理解是谁为了何种目的在采集他/她的个人数据,如在网络广告这类情况下,透明原则具有特殊意义。考虑到儿童需要特定保护,处理向儿童进行传递的任何信息及函件后,应当采用儿童易于理解的表意清晰且明确的语言。

(59)应当为数据主体行使本条例项下权利提供便利,包括请求以及免费获得(如适用)对个人数据的访问权、行使修改权、删除权以及拒绝权。控制者还应当允许以电子方式发出请求,特别是在以电子方式处理个人数据的情况下。控制者有义务在无任何不当延迟的情况下,对数据主体的请求作出回复,并且最迟应当在一个月内给出其无意遵守上述请求的原因。

(60)公平透明处理原则要求将处理操作的程序及其目的告知数据主体。在特定情况和背景下,控制者应当向数据主体提供进行公开透明处理工作所需的任何补充信息。此外,还应将数据材料的存在及其影响告知数据主体。若个人数据是从数据主体处收集获得的,则还应当告知数据主体其是否有义务提供个人数据及其不提供该等数据的后果。该等数据的提供可配合使用标准化图标(清晰可见、易于理解及清晰可辨的,显示拟进行处理的概述)。若图标是以电子形式呈现,则应具备机读性。

(61)与数据主体相关的个人数据处理信息,应当在向数据主体进行采集之时,或若从另一来源获取个人数据,则应在合理期限内(视情况而定)提供给数据主体。如依法可向另一接收方披露个人数据的,则在向接收方进行首次披露时,应当告知数据主体。若控制者有意基于收集数据时以外其他目的处理个人数据,则应当在作进一步处理之前,向数据主体提供其他目的相关信息及其他必要信息。若因使用多个来源,导致无法向数据主体提供个人数据来源的,则应当提供一般信息。

(62)若数据主体已获得信息、个人数据的记录或披露已由法律明确规定,或数据主体提供信息经证明不可行,或者提供信息会涉及不成比例的努力,则不必要履行提供信息的义务。尤其是在基于公共利益归档目的、科学或历史研究目的或统计目的进行处理的情况下,应当考虑数据主体的数目、数据龄期及采用相应保护措施。

(63)数据主体有权访问与其相关的被收集的个人数据,并按照便捷方式及合理期限行使该项权利,确保了解处理工作的合法性并加以验证。该项权利包括数据主体访问与其健康相关数据的权利,如医疗档案中涉及诊断、检查结果、治疗医生评估及提供的任何治疗或干预等信息数据。各数据主体因此有权知悉和获取信息,特别是与个人数据收集目的、个人数据采集期限(若有可能)、个人数据接收方、任何个人数据自动处理工作涉及的逻辑,以及至少根据分析确定的该项处理工作影响等有关函件。若有可能,控制者应当提供对安全系统的远程访问服务,以便数据主体能够直接访问其个人数据。该项权利不可对他人的权利或自由产生不利影响,包括商业秘密或知识产权,特别是保护软件的版权。但是,上述考虑的结果不得拒绝向数据主体提供全部信息。若控制者占用与数据主体相关的大量信息,则应当有权要求控制者,在数据主体在交付信息之前,明确与请求有关的信息或处理活动。

(64)控制者应当运用所有合理措施,来验证请求访问的数据主体身份,特别在在线服务和网络识别符的背景下。控制者不可基于只是为了能够回复潜在请求的目的,而保留个人数据。

(65)数据主体应当有权获取与其有关的经修改的个人数据。若数据的留存违反本条例或控制者应遵守的欧盟或成员国法律,数据主体应当享有"被遗忘权"。特别是,当个人数据依据最初收集或处理时的目的,不再需要处理,或者当数据主体撤销对处理其相关个人数据的同意,或反对处理其相关个人数据,或对其个人数据的处理不符合本条例规定时,数据主体应当有权删除其个人数据并不再处理该等数据。在数据主体以儿童身份表示同意,并在没有完全认识到处理所涉及风险,以及在后期希望删除此类(特别是在互联网上)个人数据时,该项权利尤为重要。即使已不再是儿童,数据主体仍应当能够行使该项权利。不过,如为行使言论自由权和知情权、遵守法定义务,或为公共利益、控制者职务权限范围内实施某项任务、以公共卫生领域的公共利益、为科学或历史研究或统计目的,或为法定求偿权的建立、行使或辩护等所必需时,个人数据档案留存应当具有合法性。

(66)为进一步强化网络环境中的被遗忘权,还应当扩大删除权。使公开个人数据的控制者能够让处理此类个人数据的管理人删除此类个人数据的任何链接、副本或复制品。在此情况下,该控制者应当在考虑可用技术及其可用方式的基础上,采取合理措施(包括技术措施),将数据主体的请求告知处理个人数据的管理者。

(67)限制个人数据处理的方式,可包括暂时将所选数据移动到另一个处理系统、让用户无法使用所选个人数据,或者暂时删除网站上的已发布数据。在自动归档系统中,处理限制原则上应当利用技术方式加以保证,这样个人数据无须进一步处理操作,且不会发生改变。个人数据处理受限应当在系统中明确说明。

(68)为进一步强化对个人数据的控制权,当个人数据处理以自动方式完成时,还应当准许数据主体接收,以确保数据可移植性的结构化常用机读操作格式,向另一控制者提供与其有关的个人数据。应当鼓励数据控制者开发可确保数据可移植性的交互操作格式。在数据主体根据其同意提供个人数据,或其处理为合同履行所必需的情况下,应当适用该项权利。就其本质而言,不可向行使其公共职责时对个人数据进行处理的控制者主张该项权利。当个人数据处理,为遵守约束控制者的法定义务,或为公共利益,或控制者职务权限的形式中所开展某项任务的实施所必需时,应当不适用该项权利。数据主体传输或接收与其有关的个人数据的权利,不可对控制者创设采用或维护技术兼容处理系统的义务。如在某些个人数据集中,涉及不止一个数据主体时,根据本条例规定,接收个人数据的权利不可损害其他数据主体的权利和自由。此外,该项权利不可损害数据主体获取本条例中规定的删除个人数据及限制该项权力的权利。特别是在个人数据为合同履行所必需的情况下,该项权利不可理解为,将数据主体为该项合同履行提供的相关个人数据删除。如在技术上可行,数据主体应当有权命人将个人数据直接从某个控制者传输至另一位控制者。

(69)若为处理基于公共利益,或行使控制者职务权限实施某项任务所必需,或以控制者或第三方合法权益,应允许依法处理个人数据。尽管如此,数据主体应有权拒绝处理,特别与其有关特定领域内的个人数据。控制者应当证明其令人信服的合法权益优先于数据主体的权益或基本权利和自由。

(70)若为直接营销的目的处理个人数据,则数据主体有权反对此类处理,包括在任何时间免费对其与此类直接营销的关联性作出分析,不论其涉及初步处理,还是涉及进一步处理。该项权利应当明确引起数据主体注意,并且应当与其他任何信息加以区分。

(71)数据主体应当享有不受某决定限制的权利,包括仅在自动处理的基础上完成有关个人情况的评估,且该评估会产生相关法律后果或产生类似严重影响(如在无任何人为干预的情况下,自动拒绝网上贷款申请或开展电子招聘工作)的措施。此类处理包括构成任何形式的评估自然人有关个人情况的个人数据,自动处理的“数据画像”,特别是分析或预测与数据主体的工作表现、经济状况、健康、个人喜好或兴趣、可靠性或行为、位置或流动等相关的方面,可能产生与其相关法律后果,或对其产生类似的严重影响。但是,若控制者遵循欧盟或成员国法律明确授权,那么依据该等处理所作出的决策(包括数据画像)应当许可,包括根据欧盟机构或国家监管机构的条例、标准及建议,为欺诈与逃税监控及预防目的,以及确保控制者提供服务的安全性及可靠性所作出的决策,或是为数据主体和控制者签署或履行某项合同所必需的决策,或是在数据主体表示明确同意时所做出的决策。在任何情况下,此类处理应当受到适当保护措施的限制,应当包括将具体情况告知数据主体以及获得人为干预的权利、表达其个人观点的权利、获得在评估后作出决定的解释的权利,以及质疑此决定的权利。此类措施不应涉及儿童。

为确保对数据主体进行公平、公开的处理，在考虑具体情况和个人数据处理背景后，控制者应当采用合适的数学或统计程序进行数据画像活动，实施技术和组织措施，确保(特别是)导致个人数据不准确的因素得到纠正，使错误风险得到消除，考虑数据主体的利益及权利的潜在风险，确保个人数据安全，防止因种族或民族起源、政治主张、宗教或信仰、工会会员身份、遗传或健康情况或性取向等原因，对自然人造成歧视影响。基于特殊类别个人数据的自动决策和数据画像，仅可在特定条件下进行。

(72)数据图像应当符合本条例中有关个人数据处理的规则，如处理的法律依据或数据保护原则。在此背景之下，根据本条例建立的欧洲数据保护委员会("数据保护委员会")应当能够提供指导。

(73)对特定原则的限制和知情权、个人数据访问权、修改或删除个人数据权、数据移植权、拒绝权、基于数据图像作出的决策将个人数据泄露告知数据主体，以及控制者某些相关义务的限制，可由欧盟法律或成员国提出。只要为民主社会所必要并在该社会中得以适用，可以保证公共安全，包括在应对自然灾害或人为灾难时，保护人身安全、防止、调查和起诉刑事犯罪或执行刑事制裁，包括防止公共安全受到威胁或防止违反受管制行业道德、欧盟或成员国一般公共利益的其他重要目标，特别是欧盟或成员国的重要经济或金融利益、保管为一般公共利益而保存的公众登记册、进一步处理已归档个人数据(以提供有关前极权国家制度下政治行为的具体信息)或是保护数据主体或他人的自由权，包括社会保障、公共卫生和人道主义目的。上述限制应当满足宪章和《欧洲保障人权和基本自由公约》中规定的要求。

(74)控制者应当对由其或代理人完成的任何个人数据处理工作承担责任与义务。特别是，控制者应当有义务实施适用有效的措施，能够证明处理活动符合本条例，包括措施的有效性。此类措施应当考虑处理工作的性质、范围、背景与目的，以及自然人的权利和自由存在的风险。

(75)个人数据处理可能导致不同的程度自然人权利和自由的风险，个人数据处理会导致出现物理的、物质的或非物质损害，特别是导致出现歧视、身份盗窃或欺诈、财务损失、名誉受损、受职业性秘密保护的个人数据泄密、未经授权撤销化名，或是任何其他重大经济或社会不利事件；数据主体的权利和自由被剥夺，或被禁止行使对其个人数据的控制权；处理个人数据会导致种族或民族起源、政治主张、宗教或哲学信仰、工会成员身份；处理遗传数据，涉及健康、性生活、刑事定罪和罪行或相关安全措施的数据；个人情况被评估，特别是分析和预测有关工作表现、经济状况、健康、个人喜好或兴趣、可靠性或行为、位置或流动的情况，其目的是确定或使用个人档案；处于弱势的自然人，特别是儿童的个人数据被处理；或处理涉及大量个人数据并且会影响到很多数据主体。

(76)数据主体权利和自由的风险可能性与严重性,应当参照处理的性质、范围、背景和目的确定。应当根据数据处理内部的操作,客观评价其风险。

(77)执行适当措施的指南、和控制者或处理者合规分析的指南,尤其是关于确定处理相关风险、风险来源、性质、可能性和严重性评估及消除风险最佳实践的指南,可以通过数据保护委员会颁布批准的行为守则、经批准的认证及指南,或数据保护专员的指示加以提供。数据保护委员会还可以发布不可能使自然人的权利和自由存在高风险的处理操作的指南,以及明确在此情况之下解决此类风险措施的指南。

(78)对于涉及个人数据处理相关的自然人权利和自由的保护要求,通过采取适当技术和组织措施来确保满足本条例的要求。为了能够证明符合本条例,控制者应当制定内部机制和自律原则,并实施能够满足按设计和默认方式分类的数据保护原则和措施。该等措施包括减少对个人数据的处理、使数据主体能够监控数据处理、使控制者能够确定和完善安全特征。开发、设计、选择和使用根据个人数据处理完成的应用、服务以及产品时,或在为执行任务处理个人数据时,应当鼓励产品、服务和应用的生产者,在开发和设计此类产品、服务及应用时考虑数据保护权,并适当考虑现有技术水平,确保控制者和处理者能够履行各自的数据保护义务。同时,在公开招标背景下,还应当考虑按设计和默认方式分类的数据保护原则。

(79)对数据主体权利和自由的保护,即控制者和处理者的职责和责任,同样关系到监管机构的监控及其措施应在本条例中作出明确分配,包括在某位控制者与其他控制者共同确定处理目的和方式,或由代理人代表控制者完成处理操作。

(80)若控制者或处理者不位于欧盟境内,但其在向位于欧盟境内的数据主体提供货物或服务的(无论是否要求数据主体付费)过程中处理了该等数据主体的个人数据,或者监控了发生于欧盟境内的个人活动,控制者或处理者应当指定一名代理人,除非处理活动是偶然发生的,且在很大程度上不包括对特殊类别个人数据的处理,或不涉及对刑事定罪和犯罪相关个人数据的处理,且不可能对自然人的权利和自由造成风险(考虑到处理行为的性质、背景、范围和目的),或者控制者是公共机构或公共机关。代理人应当代表控制者或处理者履职,并且可受任何监管机构监管。代理人应当通过控制者或处理者书面授权的方式明确委任。委任代理人不影响控制者或处理者于本条例项下的职责或责任。代理人应当根据控制者或处理者的授权开展工作,包括为确保符合本条例而采取的任何措施方面协助主管监管机构。若控制者或处理者不遵守规定,指定代理人将受到强制执行程序的限制。

(81)为确保处理者代表控制者完成的处理满足本条例要求,授权处理者负责处理活动时,控制者只能使用那些提供了充分保证的处理者,尤其是关于专业知识、可靠性和资源的保证,以实施满足本条例要求的技术和组织措施,包括确保处理安全的措施。处理者对经批准行为守则或经批准认证机制的遵守可作为证明履行了控制者义务的一个要件。处理者开展处理应当适用根据欧盟法律或成员国法律制定的合同或其他法令,此类合同或法令使处理者对控制者负有义务,该等合同或法令规定了处理的主题和期限、处理工作的性质和目的、个人数据的类型和数据主体的分类,考虑了处理者在处理背景之下的具体任务和责任以及数据主体的权利和自由风险。控制者和处理者可选用个人合同或者标准合同条款(由委员会制定或监管机构根据一致性机制制定并随后由委员会通过)。代控制者完成处理工作后,除处理者应遵守的欧盟法律或成员国法律要求存储个人数据外,处理者应当根据控制者的选择交还或删除个人数据。

(82)为证明符合本条例的规定,控制者或处理者应当做好其职责范围内的处理活动记录。每位控制者和处理者均有义务配合监管机构,根据要求将记录提交至监管机构,确保记录可以在处理监控中发挥作用。

(83)为了维护安全和防止处理工作违反本条例,控制者或处理者应当评估处理工作的固有风险,采取减轻此类风险的措施,如加密。该等措施应当在考虑现有技术水平和与风险有关的实施成本及需要保护的个人数据的性质的前提下保证适用安全等级,包括保密。评估数据安全风险时,应考虑个人数据处理所带来的风险,如意外或非法毁损、丢失、修改、未经授权披露或访问传输的、保存的或处理的个人数据,此类活动尤其会导致出现物理、物质或非物质损害。

(84)为加强对本条例的遵守,若处理操作有可能导致自然人的权利和自由出现高风险,则控制者应当负责开展数据保护影响评估,以评估此类风险的根源、性质、特殊性和严重性。确定适用措施来证明个人数据处理符合本条例规定时,应当考虑评估结果。若数据保护影响评估表明数据处理的操作涉及控制者无法在可用基础和实施成本的基础上通过采取适用措施对其进行缓解的高风险,则应在处理工作开始之前与监管机构进行协商。

(85)个人数据泄露如未得到恰当、及时的解决,会对自然人造成物理、物质或非物质损害,如使相关自然人遭受失去对其个人数据的控制权,其权利受限、歧视、身份盗窃或欺诈、财务损失、未经授权撤销化名、名誉受损、受职业性秘密保护的个人数据泄密,或是任何其他重大经济或社会不利等影响。因此,控制者在获知发生个人数据泄露情况后,除控制者能够根据责任原则证明个人数据泄露不会导致自然人的权利和自由出现高风险外,应当尽快将个人数据泄露上报监管机构,不得有任何不当延误,如有可能,应当在不晚于获知泄露后的 72 小时内上报。若未能在 72 小时内收到通知,应当随通知提交一份延误原因,同时分阶段提交有关信息,不得有任何不当延误。

(86)个人数据泄露可能导致自然人的权利和自由产生高风险,为使自然人采取必要预防措施,控制者应当将个人数据泄露情况告知数据主体,不得有任何不当延误。函件应当描述个人数据泄露的性质以及向有关自然人提出的减轻潜在不利影响的建议。向数据主体发出的函件应当在合理可行的情况下尽早发出,并且密切配合监管机构,遵守监管机构或其他有关主管部门(如执法部门)发布的指南。举例而言,减轻即时损害风险的需求需要数据主体的及时通知,而针对持续的或类似的个人数据泄露实施相应措施则需要证明需要更长的沟通时间。

(87)应当确定所有适当的技术保护和组织措施是否已落实到位,以便及时确定是否发生个人数据泄露情况和及时知会监管机构和数据主体。应当编制一份在无任何不当延误的情况下发出的通知,特别应考虑个人数据泄露的性质和严重性及其给数据主体带来的后果和不利影响。根据本条例中规定的监管机构的工作和权力,该等通知可能会使监管机构进行干预。

(88)设定关于个人数据泄露通知格式和程序的细则时,应当适当考虑泄露情况,包括个人数据是否受到相应技术保护措施的保护,以有效地限制发生身份欺诈或其他形式的误用情况的可能性。此外,若提前披露会不必要地阻碍对个人数据泄露情况的调查时,此类规则和程序应当考虑执法部门的合法权益。

(89)第95/46/EC号指令规定了将个人数据处理上报监管机构的一般义务。尽管该项义务给管理和财务造成了负担,但该义务并非在所有情况下都能够完善个人数据保护。因此,应当取消这种不加选择的一般通知义务,替代以注重可能导致自然人的权利和自由出现高风险的处理工作的性质、范围、背景和目的之类的有效程序和机制。此类处理操作可能特别涉及使用新技术的处理操作或是新型处理操作,并且控制者之前没有开展过数据保护影响评估工作,或者是根据初步处理后到期的时间,有必要开展这类处理操作。

(90)在上述情况下,为评估高风险的具体可能性和严重性,控制者应当在考虑处理工作的性质、范围、背景和目的以及风险来源的前提下,于处理工作完成之前完成数据保护影响评估。影响评估应当包括,尤其是为减轻此类风险制定的措施、保护措施以及机制,以确保个人数据得到保护,证明遵从本条例。

(91)该项工作尤其适用于大规模处理操作,此类处理操作的目的是从区域、国家或超国家层面处理大量个人数据,会影响到很多的数据主体,并且有可能导致高风险的产生。例如,因处理操作具有敏感性,根据已实现的技术知识状态,新技术得到大规模的应用,并且被应用于导致数据主体的权利和自由存在高风险的其他处理操作,特别是在此类操作使数据主体难以行使其权利的情况下。若为了在完成数据分析的基础上对特定自然人的相关个人情况展开的任何系统、详细评估后做出与特定自然人有关的决定的目的处理个人数据,或是为在特殊类别个人数据、生物辨识数据或刑事定罪和犯罪或安全措施相关数据处理完毕后做出与特定自然人有关的决定的目的处理个人数据,还应当开展数据保护影响评估。可公开访问区域的大规模监控,尤其是在使用光电设备时或是主管监管机构认为处理有可能使数据主体的权利和自由存在高风险的任何其他作业同样需要进行数据保护影响评估,原因在于,这些活动会阻止数据主体行使权利或使用某项服务或合同,或是由于其是在大规模基础上系统实施的。如果处理的是除医疗保健专业人士或律师外的单个医师的患者或客户的个人数据,那么个人数据不可被视为大规模实施。在上述情况下,数据保护影响评估并非强制要求。

(92)存在数据保护影响评估比单个项目更合理和经济的情况,例如,公共主管部门或机构计划建立一个公共应用或处理平台,或多名控制者计划计划引入公共应用或处理环境设计行业部门或为了一个广泛使用的活动。

(93)若公共机构或公共机关据以履行职责的成员国法律正在就处理操作或一系列操作进行考虑,成员国应当认为在开展处理活动之前必须进行该等评估。

(94)若数据保护影响评估表明在没有减轻风险的保护措施、安全措施和机制的情况下,处理将会给自然人的权利和自由带来高风险,并且控制者认为无法通过在考虑可用技术及和实施成本的基础上采取的合理措施来减轻风险,则应当在处理活动开始之前同监管机构进行协商。此类高风险有可能是某些类别的处理工作及其范围和频率导致出现的,还会导致损害发生或干预自然人的权利和自由。监管机构应当在规定期限内对协商请求作出回复。监管机构未在此期限内给予回复不得妨碍监管机构根据本条例规定的监管机构的工作和权力实施的任何干预,包括禁止进行处理操作的权利。作为协商过程的一部分,就讨论中的处理工作展开的数据保护影响评估的结果应当提交至监管机构,特别是为减轻自然人的权利和自由的高风险设定的措施。

(95)在必要时,处理者应当根据控制者的要求协助控制者确保开展数据保护影响评估和遵守监管机构事前协商得出的义务。

(96)在编制个人数据处理适用的法律或监管措施时,也应当同监管机构进行协商,确保拟开展的处理工作符合本条例规定,特别是减轻数据主体所涉及的风险。

(97)若处理活动是由公共机构(除了法院或者独立司法机关在行使其司法职能时)开展的,如在私营部门,处理工作是由控制者实施,且其核心活动包括需要数据主体进行定期系统监控的大规模处理操作,或处理者的核心活动包括对特殊类别个人数据及刑事定罪和犯罪的相关数据进行大规模处理,则掌握数据保护法律和规程专业知识的人士应当协助控制者或处理者监控本条例的内部合规情况。在私营部门,管理者的核心活动与其主要活动有关,与作为辅助活动的个人数据处理无关。应当根据处理操作的开展情况确定必要的专家知识水平。

特别是,应当根据开展的数据处理操作以及由控制者或处理者处理的个人数据所需的保护确定专业知识所需达到的等级。数据保护专员,不论其是否为控制者的雇员,应当有能力独立履行其职责和执行任务。

(98)应鼓励代表部分类别的控制者或处理者的团体或其他机构制定本条例限定范围内的行为守则,以便促进本条例的有效应用,同时还要考虑到处理过程在特定环节的具体特点以及微型、小型和中型企业的特定需求,尤其是这种行为守则可以确定控制者和处理者的义务,同时将处理自然人的权利和自由过程中出现的风险一并考虑在内。

(99)制定行为守则,或是修改和扩展这样的守则时,代表部分类别的控制者或处理者的团体或其他机构应向有关利益相关方咨询,包括数据主体(在可行的情况下),并对这种咨询回复中收到的意见和提出的看法予以考量。

(100)为增进本条例的透明度和合规性,应鼓励成立认证机制和数据保护密封和标志,以使得数据主体可以快速得知相关产品和服务的数据保护水平。

(101)个人数据从欧盟以外的国家和一些国际组织的流入和流出是有必要的,因为其可以促进国际贸易和国际合作。此类流动已经为个人数据的保护带来了新的挑战和问题。但是,个人数据从欧盟传到控制者、处理者或是第三方国家的其他接收方或是国际组织时,欧盟中受本条例保证的自然人的保护水平不得因此削弱,包括个人数据从第三方国家或国际组织到同一个或其他第三方国家的控制者、处理者或国际组织的向前传输。在任何情况下,向第三方国家和国际组织的传输只有在完全满足本条例要求的情况下才允许进行。根据本条例的其他规定,只有这些控制者或处理符合本条例中关于将个人数据传输到第三方国家或国际组织的条件时,才可能发生数据传输。

(102)本条例不会损害欧盟和第三方国家之间签订的关于个人数据传输的国际协定,包括对数据主体的适当保护措施。成员国可以纳入国际协定中关于个人数据传输到第三方国家或国际组织的相关规定,前提是此类协定不会影响到本条例的实施或是欧盟法律的任何其他规定的实施,并且包含对数据主体基本权利的适当保护水平。

(103)委员会可以决定第三方国家、该第三方国家的领土或指定地区,或是国际组织提请至整个欧盟的适当的数据保护水平是否生效,从而确定整个欧盟就第三方国家或国际组织所提出的这种数据保护水平在法律上的确定性和统一性。在此情况下,将个人数据传输至第三方国家或是国际组织无须获得任何进一步授权。委员会还可以决定,在已经发出通知和列出给第三方国家或国际组织理由和完整声明的情况下,将此类决议撤回。

(104)在符合欧盟成立时确定的基本价值观的情况下,尤其是人权保护方面,委员会应在评估第三方国家,或是第三方国家的领土或指定地区时将特定的第三方国家是否尊重法治要求、诉诸司法以及国际人权规范和标准及其一般和部门法考虑在内,包括涉及公安、国防和国家安全方面的立法以及公共秩序与刑事法律。对第三方国家的领土或指定地区的充分决定应通过明确和客观的标准,比如,具体处理活动和此第三方国家的现行适用的法律标准和立法的范围等。第三方国家应提供担保,确保数据保护的水平基本上等同于欧盟确定的水平,尤其是在一个或多个特定领域进行处理的个人数据的保护水平。尤其是第三方国家应确保实施有效的独立数据保护监管机制,并提供与成员国的数据保护机构的合作机制,同时,应向数据主体提供有效和可执行的权利,以及有效的行政和司法补救措施。

(105)除第三方国家或国际组织已经作出的国际承诺外,该委员会还应将第三方国家或国际组织参与多边和区域机制,尤其是个人数据保护相关的机制过程中产生的义务考虑在内,并督促此类义务的履行。尤其是还应将第三方国家正式加入1981年1月28日欧洲公约理事会开展个人保护方面的个人数据自动处理及其附加议定书的工作考虑在内。委员会评估第三方国家或国际组织的数据保护水平时还应向数据保护委员会咨询相关事宜。

(106)委员会应对第三方国家、第三方国家的领土或指定地区,或是国际组织的数据保护水平决策的运作进行监控,还应监控根据第95/46/EC指令第25(6)条或第26(4)条采纳的决议的运作。委员会在其充分性方面的决议中应为其功能运作制定一个定期审查机制。这一审查机制可以通过向有问题的第三方国家或国际组织进行协商的方式进行,还应将第三方国家或国际组织的所有有关事态发展考虑在内。为满足监控目的以及实施这一定期审查,委员会还应将欧洲议会和理事会的意见和调查结果,以及其他相关机构和人士的意见和调查结果考虑在内。该委员会还应在合理的时间内对随后作出的决议进行评估,并将本条例制定时成立的欧洲议会和理事会第182/2011号条例[1](EU)所指的委员会的任何相关结果报告给欧洲议会和理事会。

(107)委员会需识别出第三方国家、第三方国家的领土或指定地区,或是国际组织不再确保数据保护的适当水平的情形,并因此应禁止向该第三方国家或国际组织传输个人数据,除非本条例中关于数据传输的要求满足适当的保护措施的规定,包括具有约束力的合作规程,以及针对具体情况的例外得到满足。在此种情况下,应制定委员会和此类第三方国家或国际组织进行协商的规定。委员会还应及时通知该第三方国家或国际组织纠正这种情况的原因并与其协商进行纠正。

(108)在没有充足决议的情况下,控制者或处理者采取措施弥补第三方国家的

[1] 2011年2月16日的欧洲议会和理事会第182/2011号条例(EU)规定了委员会成员国行使实施权力的控制机制方面的规则和一般原则(OJ L 55,28.2.2011,p.13)。

数据保护的缺失情况，即对数据主体提供适当的保护措施。此类保护措施包括利用有约束力的合作规程，该委员会所采纳的标准数据保护条款、监管机构采用的标准数据保护条款，或是监管机构授权的合同条款。这些保护措施应确保满足数据保护的要求，以及数据主体在欧盟内适当处理数据的权利，包括数据主体权利强制执行的有效性，以及有效的法律补救的效力，包括在欧盟或第三方国家内获得有效的行政或司法补救措施以及要求赔偿。这些要求还应尤其符合个人数据处理的一般原则，设计并默认的数据处理的一般原则。数据的传输应由具备相应职责或职能的公共机构或公共机构授权的机构，或是第三方国家的机构或国际组织授权的机构进行，包括以插入行政安排的相关规定为基准，如数据主体的强制执行和有效权限所提供的谅解备忘录。若行政安排中提供的保护措施不具法律约束力，则应获得主管监管机构的授权。

(109)若控制者或处理者使用委员会或监管机构所制定的标准数据保护条款的，则应防止控制者或处理者纳入更广泛的合同(如处理者与另一名处理者签订的合同)的标准数据保护条款，或是添加与委员会或监管机构所采纳的标准合同条款具有直接或间接矛盾的其他条款或附加保障，或是妨碍数据主体基本权利或自由的其他条款或附加保障。应鼓励控制者或处理者通过补充标准数据保护条款的合同承诺提供另外的保护措施。

(110)从事联合经济活动的集团公司或是集团实体应能够利用已经得到批准的公司规程进行在集团公司内部或从事联合经济活动的集团公司中进行从欧盟到组织之间的国际传输活动，前提是此类公司规程包含了所有基本原则和可强制执行的权利，用于确保为个人数据传输或部分类别的个人数据传输提供适当的保护措施。

(111)应制定规定以应对特定情况下数据传输的可能性，例如，针对某次偶然但是有必要的与合同或法律索赔有关的数据传输，数据主体已经给出明确同意，无论是否出于司法程序、行政程序或是法庭之外的程序，包括监管机构介入前的程序。还应制定规定应对欧盟或成员国法律规定的以公共利益为重要理由的传输的可能性，或是此类传输由依法成立的登记册进行，用于具合法利益的公众或个人进行咨询。在后一种情形下，此类传输不应包含个人数据的全部内容或是登记册所含数据的所有类别，以及若登记册用于具合法利益的公众或个人进行咨询，则传输只能在这些人士提出要求后进行，若这些人士为接收方，应将数据主体的利益和基本权利考虑在内。

(112)这些例外应特别适用于以公共利益为重要理由所要求和必需的数据传输，例如，出现于竞争主管机构之间、税务或海关部门之间、金融监管机构之间、社会保障服务部门之间，或是公共卫生部门之间的国际数据交换；传染病的联系追踪，或是减少和消除体育运动中兴奋剂的使用等。若个人数据的传输有保护数据主体的潜在利益或其他人士的重要利益的,包括人身安全和生死攸关的利益,而数据主体没有能力给出同意的,则这种传输应视为合法传输。若无充足决议,以公共利益为重要理由的情形下,欧盟或成员国法律可以明确规定将特定类别数据传输到第三方国家或国际组织的限制条件。成员国应将此类规定通报给委员会。任何基于完成日内瓦公约项下义务或遵守适用于武装冲突的国际人道主义法之目的,而将数据主体(在事实上或法律上无法给出同意的)的个人数据传输给国际人道主义组织的,都应视为维护公共利益的重要原因之一,或是视为关系到数据主体的切身利益而有必要进行的传输。

(113)确定为无重复且仅关系到数量有限的数据主体的传输,在数据主体的利益或权利和自由没有覆盖这些利益、控制者已经评估过数据传输过程中可能出现的所有情形的情况下,基于控制者所追求的合法利益而言,也应当是可行的。控制者尤其应对个人数据的性质、拟议的处理操作或运行的目的和持续时间进行考量,同时还应考量起源国情况、第三方国家和最终目的国的情况,同时还应提供适当的保护措施保护自然人在处理其个人数据过程中的基本权利和自由。在其他情况中,此类传输只有在传输的其他保护措施未能适用的情况下有效。为满足科学或历史研究目的或是统计学目的,还应考虑到公众对于知识增加的合理期望。控制者还应将此类传输情况通知给监管机构和数据主体。

(114)在任何情况下,若委员会未对第三方国家的数据保护采取任何决定,则控制者或处理者可以利用此种情况,在这些数据已经传输出去之后向数据主体提供其在欧盟中数据处理者面的强制执行和有效权限,以便可以继续从基本权利和保护措施中受益。

(115)一些第三方国家采纳了直接规定成员国管辖范围内自然人和法人的数据处理活动的法律、法规和其他法律行为。这可以包括法院或法庭的判决,或是第三方国家要求控制者或处理者传输或公开个人数据的行政机关的决议,而不是基于国际协议,如提出请求的第三方国家和欧盟或是成员国之间现行有效的司法互助条约。这些法律、法规和其他法律行为的域外适用可能违反国际法,并妨碍受到欧盟在本条例项下保障的自然人保护实现。数据传输只有在满足本条例项下关于数据传输到第三方国家的要求时才允许进行传输。在此种情况下,控制者须遵守的欧盟或成员国所认可的公共利益而有必要进行数据公开。

(116)若个人数据在欧盟境外传输,其可能增加自然人行使其数据保护权利能力的风险,尤其是保护其免受非法使用或公开此类信息的损失。同时,监管机构可能无法对其管辖范围外的相关活动寻求控诉或进行调查。他们对跨境协作所作出的努力,可能因不充分的预防和补救权力、不一致的法律制度以及实际障碍如资源约束等而受到阻碍。因此,有必要推动数据保护监管机构之间的密切协作以帮助他们进行数据交换并对他们的国际同行展开调查。为满足发展国际合作机制以促进和提供个人数据保护方面立法的执行方面的国际互助目的,委员会和监管机构应以互惠性为基础,根据本条例规定交换信息并在第三方国家的主管机构进行权力行使方面的活动中开展协作。

(117)成员国中监管机构的成立、获取执行任务和独立完成权力行使的授权,是对自然人在其个人数据处理过程中进行保护的一个重要组成部分。成员国应有能力成立一个以上的监管机构,以显示其宪法、组织和行政结构。

(118)监管机构的独立性不代表其不会受制于其财政支出方面的管理或监控,或是不受制于司法审查。

(119)若成员国成立了多个监管机构,则应根据法律机制成立,以确保这些监管机构在一致性机制内的有效参与。该成员国还应特别指定一个监管机构行使该机制内监管机构有效参与的单一联络点功能,以确保与其他监管机构、数据保护委员会和委员会之间的迅速和顺利合作。

(120)每一监管机构都应配备有效执行其各项任务所必需的资金和人力资源、办公场所和基础设施等,包括与整个欧盟内其他监管机构的互助合作的有关工作。每一监管机构都应有单独的、公开的年度预算,这个预算可以是整个成员国或国家预算的一部分。

(121)监管机构选拔单个或多个成员的一般条件应根据各个成员国的法律确定,应特别规定这些成员的任命需通过一种透明程序确定,不论是以成员国的议会、政府或国家元首以政府或政府成员、议会或议会的议院,还是受成员国法律委托的独立机构提出的议案为基础。为了确保这些监管机构的独立性,成员或多个成员应诚信行事,避免出现任何与其职责不符的行为,并且在其任期内,不得从事任何不兼容的职业,无论是否有报酬。这些监管机构对其员工应由监管机构或按照成员国法律成立的独立机构选择,还应受限于成员或监管机构成员的特定方向。

(122)每一监管机构应能在自己成员国领土内胜任行使权力的工作,执行根据本条例赋予其的各项任务。这些任务尤其应包含成员国自身领土范围内成立的控制者或处理者的机构进行的各种处理活动,领土内的相关数据主体的处理,或是目标数据主体居住在其领土内时控制者或处理者或是欧盟内成立机构所进行的处理活动。还应包括处理数据主体发起的控诉,对本条例的应用展开调查,以及促进公众对个人数据的处理活动相关的风险、规则、保护措施和权利等意识。

(123)监管机构应监控根据本条例制定的各项规定的应用,并促进其在整个欧盟内的一致性应用,以便保护个人数据处理相关的自然人以及加速个人数据在国内市场上的自由流通。为满足此目的,监管机构之间、监管机构与委员会应展开密切协作,针对互助和/或此类协作制定的规定无须获得成员国之间的任何协定。

(124)若个人数据的处理发生情况为控制者或处理者机构在欧盟内成立、控制者或处理者的机构在一个以上的成员国成立,或是控制者或处理者的机构在欧盟内单独成立的活动实质上影响到,或是有可能在实质上影响到一个以上的成员国内的数据主体,应将主要成立的控制者或处理者机构,或是单独成立的控制者或处理者的监管机构视为主管机构。因为控制者或处理者机构已经在其自己的成员国领土上成立,或因为居住在其领土内的数据主体已经受到影响,或是因为他们已经提出了控诉,该机构应与其他相关机构展开协作。同样地,若提出控诉的数据主体没有居住在该成员国,收到此类控诉的监管机构应作为相关的监管机构行事。数据保护委员会有权发布关于本条例应用方面的任何指南的,其尤其需要考虑标准的问题,以便确定有问题的处理活动是否在实质上影响到一个以上成员国内的数据主体,以及如何构成一个相关又合理的异议。

(125)主管机构应有能力作出根据本条例赋予其的权力运用的有关措施的具有约束力的决议。在主管机构的能力范围内,监管机构应积极参与并与决策制定过程中相关的监管机构开展密切协作。若决定不予受理数据主体提出的全部或部分控诉,则该决议应由接收该控诉递交的监管机构作出。

(126)该决议应经过主管机构和相应的监管机构的一致同意,应指向控制者或处理者的主要或唯一的住所,还应对控制者或处理者具约束力。控制者或处理者应采取必要措施确保对本条例的合规性以及主导监管机构发给控制者或处理者的关于在欧盟内进行处理活动的通知的决议的实施。

(127)若控制者或处理者在不止一个成员国内有住所的,主导监管机构以外的其他任一监管机构应能处理本地案件,但具体处理的主题事项仅与单独的成员国内的处理活动有关,涉及的也仅是该成员国内的数据主体,如一个成员国的具体用人方面处理雇员个人数据相关的事项。在此种情况下,监管机构应将此类事项通知给主导监管机构,不得延误。收到通知后,主导监管机构应决定是否根据该主管机构与其他有关监管机构之间的合作("一站式机制")规定受理此类事项,或是向其发出通知的监管机构是否能够在地方层面上受理此类事项。决定是否受理此类事项的过程中,主导监管机构应考虑到向其发出通知的监管机构所在成员国是否成立了控制者或处理者住所,以确保相对于控制者或处理者的决议的有效执行。若主导监管机构决定受理此案件,则向其发出通知的监管机构应能提交一份决议草案,其中主导监管机构应在制备其决议草案的过程中最大限度地将一站式机制考虑在内。

(128)处理活动由公共机关或私营机构基于公共利益进行的,主导监管机构规则和一站式机制不适用。在此种情况下,只有能够胜任根据本条例赋予其的权力的监管机构才能作为公共主管部门或私营机构成立时在该成员国内的监管机构。

(129)为确保本条例在欧盟内得到一致性监控和执行,监管机构应在每一成员国内发布同样的任务、赋予同样有效的权力，包括进行调查的权力，纠正的权力和制裁，以及授权和咨询权，尤其是针对自然人提出控诉的权力，以及未妨碍成员国法律项下检察机关权力的权力，将违反本条例的行为诉诸到司法当局并进入法律程序的权力。这些权力还包括判处一个临时或最终限制令的权力，包括一个处理禁令。成员国可以指定与本条例项下的个人数据保护相关的其他任务。监管机构的权力应根据欧盟和成员国法律中规定的适当程序保障在公正、公平和合理的时间内行使。特别是每一个措施应是适当的、必要的以及确保与本法规合规性相称的，并应将每一个别情况考虑在内，同时尊重可能会对其造成严重影响的个别措施采取之前每一个人的权利，避免多余的成本支出以及对相关人士造成的不便之处。进入办公地点开展调查的权力应根据成员国法律中的特定要求行使，如需事先获得司法授权的要求。监管机构采取的每一项具法律约束力的措施都应是书面形式、清晰明确地显示发出该措施指令的监管机构、发布该措施的日期、监管机构负责人或其授权的成员的签名，采取该措施的理由，并在其中指出有效的补救措施的权利；还应该包含根据成员国的诉讼法提出的附加要求。采纳具有法律约束力的决议意味着采纳该决议的监管机构所在成员国可能引起司法审查。

(130)若接收已经递交的控诉的监管机构不是主导监管机构，则主导监管机构应根据本条例中合作和一致性方面的规定与该监管机构开展密切协作。在此种情况下，主导监管机构应在采取措施以产生法律效力，包括在征收行政罚款的情况下，最大程度上采取收到已递交的控诉的监管机构的意见，该主导监管机构应仍然能够胜任在其自己成员国领土内通过联络有能力的监管机构的方式开展任何调查。

(131)若另一个监管机构应作为主导监管机构监管控制者或处理者的处理活动，但是控诉或可能出现的侵害行为的具体主题事项仅与已经递交控诉或是已经检测到可能出现侵害的成员国内的控制者或处理者的处理活动相关，且该事项并未对其他成员国的数据主体造成实质性影响或有可能对其造成实质性影响，接收该控诉、检测到或通知本条例可能受到侵犯的其他情况的监管机构应寻求与控制者达成和解，若和解不成，应行使其所有权力。应包括：监管机构所在成员国领土内开展的具体处理活动，该成员国领土内数据主体的处理活动；特别以监管机构所在成员国领土内数据主体为目标的商品或服务要约的处理活动；或是已经根据成员国法律中相关法律义务进行评估的处理活动。

(132)监管机构针对公众举办的提高公众认知活动应包括指向控制者或处理者的具体措施，包括微型、小型和中型企业，以及特殊教育背景下的自然人。

(133)监管机构在履行各自任务过程中应互相合作并提供互助措施，以确保本条例在国内市场的一致性应用和执行。监管机构提出互助请求后，若在一个月内未能获得收到此类请求的其他监管机构的回复，可采取临时措施。

(134)在适当情况下,每一监管机构应参加与其他监管机构开展的联合行动。收到请求的监管机构有义务在规定的时间内就此类请求作出回复。

(135)为确保本条例在整个欧盟内的一致性应用,应在监管机构之间的合作方面建立一个一致性机制。该机制应尤其适用于监管机构针对那些对多个成员国内的大量数据主体产生实质性影响的处理操作所采取的措施以产生法律效力的情形。还应适用于相关的任何监管机构或是委员会要求在一致性机制内受理此类事项的情形。该机制不得妨碍委员会为行使其在本条约中的任何权力所采取的措施。

(136)在应用一致性机制的过程中,若大部分成员决定予以应用,或是任何相关监管机构或委员会提出的,数据保护委员会应在规定的时间段内提出意见。数据保护委员会还应有权采纳针对监管机构之间出现的争议的具法律约束力的决定。为满足此目的,数据保护委员会应该以 3/2 成员的同意为原则,发布这一具法律约束力的决定,明确规定监管机构之间出现意见分歧的处理,尤其是主导监管机构与关注此案件进展的监管机构之间的合作机制,尤其是出现违反本条例的情况。

(137)针对可能有迫切保护数据主体的权利和自由的需要,尤其是数据主体的权利行使可能受到侵害的危险,监管机构应能在其领土内以正当理由采取临时措施,此类措施的有效期一般为指定期限,不得超过 3 个月。

(138)在这些应用为强制性的情况下,采用此类机制的应是监管机构所采取的用于产生法律效力的措施是否合法的条件。在其他相关的跨境情形下,主导监管机构和相关监管机构之间的合作机制应可以适用,监管机构之间可以在不触发一致性机制的双边或多边基础上开展互助和联合行动。

(139)为促进本条例的一致性应用,可以在欧盟内成立一个数据保护委员会作为独立机构。为了实现其目的,数据保护委员会可以具有法人资格。数据保护委员会由其主席代表行事,还可以根据第 95/46/EC 号关于建立个人数据处理中的个人保护的指令更换工作组。数据保护委员会包括每一成员国内监管机构的负责人、欧洲数据保护监督员及其各自的代理人,可以参与数据保护委员会的活动,但是没有投票表决权,欧洲数据保护监督员应有具体的投票表决权。数据保护委员会应该帮助本条例在整个欧盟内的一致性应用,包括向委员会提出建议,尤其是在第三方国家或国际组织的数据保护水平方面的意见,并促进监管机构在整个欧盟内的合作。数据保护委员会在执行任务时应可以独立行事。

(140)数据保护委员会由欧洲数据保护监督员提供的秘书处协助工作。欧洲数据保护监督员的员工执行根据本条例赋予数据保护委员会的任务时应专门根据数据保护委员会主席的指令执行任务,并向数据保护委员会主席作报告。

(141)每一数据主体都有权向单独的监管机构递交控诉,尤其是该数据主体惯常居住地所在成员国的监管机构,若数据主体认为其在本条例项下的权利受到侵犯,或是监管机构没有受理其控诉、全部或部分拒绝或驳回其提出的控诉,或是未能采取必要措施保护数据主体的权利的,数据主体还有权根据宪章第47条规定提出一个有效的司法补救措施。根据司法审查的要求,提出控诉后应进行相应调查,以达到特定情况下的满意程度。监管机构应将此类控诉在合理期间内的进展和结果告知数据主体。若出现需要进一步调查或需要与另一监管机构合作的情况,应告知数据主体这一中间信息。为了促进控诉的递交过程,每一监管机构都应采取相应措施,如提供控诉递交格式表,可以通过电子方式完成,也不排除其他通信手段。

(142)若数据主体认为其在本条例项下的权利受到侵害,则其有权要求一个根据成员国法律成立的、不以营利为目的、法定目标符合公共利益、活跃于个人数据保护领域的机构、组织或协会代表数据主体向监管机构递交控诉,以及代表数据主体行使获得赔偿的权利。成员国可为此类机构、组织或协会提供在该成员国递交控诉的权利,该权利独立于数据主体的授权,若成员国有理由认为数据主体的权利受到侵害,其后果为个人数据的处理违反了本条例规定,则成员国还能为此类机构、组织或协会提供一个有效的司法补救权。

(143)任何自然人或法人都有权利根据TFEU第263条提出的条件向法院提起诉讼废止数据保护委员会作出的决议。涉及监管机构的决议,应根据TFEU第263条规定在收到通知的2个月内提起诉讼。当这些数据保护委员会的决议直接指向和关乎控制者、处理者或是控诉人时,后者可根据TFEU第263条的规定,在数据保护委员会将决议发布在其网站后的2个月内提起诉讼废止这些决议。在不妨碍TFEU第263条项下权利的情况下,每一自然人或法人都应向国家主管法院提出针对监管机构作出的产生法律效力的关于该人士的决议采取一个有效的司法补救措施。此类决议尤其与监管机构调查的实施、纠正权和授权能力,或是控诉的拒绝或驳回有关。但是,有效的司法补救权并不包含监管机构采取的不具法律效力的措施,如监管机构发布的意见或提出的建议。权利主体应向监管机构成立时所在成员国的法院提起对监管机构的诉讼,该诉讼应根据成员国的诉讼法审理。这些法院应行使充分的管辖权,包括检查现实存在的所有问题以及与诉诸到法院的争议有关的法律的管辖权。

若监管机构拒绝或驳回提出的控诉,控诉人可向同一成员国的法院提起诉讼。若司法救济的环境与本条例的应用有关,则那些认为有必要对提出的问题做出决议以方便进行审判的国家法院可要求对欧盟法律的解释给出一个初步裁定,或是若在TFEU第263条所述条件之下,则必须要求法院给出一个初步裁定,包括对本条例的解释。除此之外,若监管机构决定实施数据保护委员会的决议在国家法院中遭到质疑,以及数据保护委员会的决议的有效性仍有争议,该国家法院没有权力宣布数据保护委员会决议无效,但是必须将这一有效性问题交至欧盟法院根据TFEU第263

条规定由欧盟法院进行解释,欧盟法院可能宣布该决议无效。但是,该国家法院不能在法人或自然人的请求下提及该决议的有效性问题,因为自然人或法人有机会提起诉讼废止该决议,尤其是该决议指向且关乎此类人士利益但未在 TFEU 第 263 条规定的期限内提起诉讼的情况下。

(144)若审理对监管机构的决议提起诉讼的法院有理由认为该诉讼与同一种处理行为有关,如有同一种主题事项、同一类控制者或处理者的处理、同一种诉讼事由,但是在另一成员国的主管法院提起的,该法院应联系另一法院以确认此类相关诉讼程序是否存在。若这一相关的诉讼程序在另一成员国的法院内悬而未决,除初次审理该诉讼的法院以外的任何法院都可以中止其审理,或是可在当事人一方的请求下,拒绝行使初次审理该诉讼的具管辖权的法院的司法管辖权,以及法律所允许的此类相关诉讼的合并。若诉讼紧密相连,有利于听证和决定的,应视为相关诉讼,以避免单独的诉讼程序出现不可调和的判决风险。

(145)诉讼若是针对控制者或处理者的,原告可以选择是否将诉讼提请到该控制者或处理者有住所的成员国或是数据主体居住地所在成员国的法院进行审理,除非该控制者为该成员国内可行使公权力的公共主管部门。

(146)控制者或处理者应对任何因处理活动违反本条例而遭受损失的任何主体进行赔偿。若证实其无须以任何方式对损害负责的,则控制者或处理者应免除赔偿责任。损害的概念应根据欧盟法院的判例法作广义解释,解释方式应能充分体现本条例的目的。但这并不妨碍任何因为违反欧盟法律或成员国法律派生出的任何损失索赔。违反本条例的处理活动还包括违反根据本条例和成员国法律中规定本条例规程的部分所采纳的授权和执行行为的处理活动。数据主体应获得其所遭受损失的充分有效的补偿。若控制者或处理者卷入在同一处理活动中,每一控制者或处理者都应承担整个损失责任。但是,若根据成员国法律进入同一司法程序,该赔偿可以根据每一控制者或处理者应承担的因处理活动导致的损失责任按比例分配赔偿责任,前提是能确保蒙受损失的数据主体可以获得充分且有效的赔偿。任何已经进行全额赔偿的控制者或处理者都可以在随后期间对同一程序中的其他控制者或处理者提起追索诉讼。

(147)若本条例中包含关于管辖权的具体规则,尤其是寻求司法补救的诉讼,包括对控制者或处理者的求偿,一般管辖权规则如欧洲议会和理事会第 1215/2012 号条例[1]等不得妨碍这些具体规则的应用。

(148)为了加强本条例中各项规则的可执行性,应对任何违反本条例的行为处以罚款,包括行政罚款,除了或是代替根据本条例规定强加给监管机构的适当措施。

---

[1] 2012 年 12 月 12 日欧洲议会和理事会关于管辖权以及民事和商事判决的承认和执行的第 1215/2012 号条例(EU)(OJ L 351,20.12.2012,p.1)。

若违反情节较轻或是可能处以的罚款会对自然人造成不对称的负担的,可发布惩戒措施代替罚款。但是,应适当顾及违反行为的性质、严重程度和持续时间,侵害的人为特质,减轻蒙受的损失而采取的措施,责任或是任何之前发生的违反的程度,将违反情况告知监管机构的方式,控制者或处理者对采取的措施的遵从性,遵守行为准则和其他加重或缓解的因素等。实施的处罚(包括行政罚款)应以根据欧盟法律和宪章的一般原则所制定的适当的程序保障为准,包括有力的司法保障和正当程序。

(149)成员国应能制定违反本条例的刑事处罚的规定,包括对根据本条例限制所制定的国家规定的违反。这些刑事处罚还应包括没收因违反本条例所获得的盈利。但是,根据欧盟法院解释,因违反国家规定所施加的刑事处罚和行政处罚不应导致"违反一事不再理"的原则。

(150)为了加强和协调因违反本条例而施加的行政处罚,每一监管机构都应有判处行政处罚的权力。本条例还应规定违反行为和设定相关行政处罚的上限和标准,这些事项应由每一个案中的主管监管机构决定,同时应考虑特定情况的所有相关情形,还应特别顾及违反的性质、严重程度和持续时间,产生的后果,确保符合本条例项下义务的要求应采取的措施,防止或减轻侵害带来的后果的措施等。若行政处罚施加到一家企业,该企业应理解成根据 TFEU 第 101 条和第 102 条为此目的而成立的企业。若行政处罚施加到非企业人士,监管机构应考虑该人士所在成员国收入的一般水平,以及该人士的经济情况,以便确定罚款的适当金额。为增进行政罚款的一致性应用,还可以使用一致性机制。应该由成员国决定公共机构是否应受到行政罚款,以及具体程度。施加行政罚款或给出警告并不会影响监管机构行使其他权力或是本条例项下的其他处罚。

(151)丹麦和爱沙尼亚的法律制度不允许施加本条例规定的行政处罚。丹麦关于行政处罚的应用规则为该处罚应由主管国家法院作为刑事处罚施加,在爱沙尼亚则是由轻罪程序架构内的监管机构施加,前提是此类规则在成员国内的应用与监管机构施加的行政处罚有同等效力。主管国家法院应将发起处罚的监管机构的建议考虑在内。在任何情况下,所施加的处罚应是有效的、相称的和劝诫性的。

(152)若本条例不能协调行政处罚或是在其他必要情况下时,如本条例受到严重违反的情况下,成员国应实施一套可提供有效、相称和劝诫性处罚的系统。此类处罚、刑事处罚或行政处罚的性质应由成员国法律确定。

(153)成员国法律应协调主管言论自由和信息自由的规定,包括根据本条例规定,保护新闻、学术、艺术和/或文学言论中的个人数据权利的保护。个人数据的处理只为新闻工作目的的,或是为学术、艺术和文学言论的,若有必要协调本宪章第 11 条所规定的言论和信息自由权利和个人数据保护权利的,应以本条例相应规定的例外或豁免规定为准。这一规定应特别适用于视听领域、新闻档案和新闻文库中个人数据的处理。因此,成员国应采取例外或豁免规定中的法律措施在必要时平衡这些基本权利。成员国还应采用一般原则的例外和豁免,关于数据主体、控制者或处理者的权利、个人数据向第三方国家或国际组织的传输、独立监管机构、合作和一致性以及具体的数据处理情况。若成员国各自的豁免和例外规定出现差异,则应采用控制者所遵从的成员国的法律。考虑到每一个民主社会言论和信息自由的重要性,有必要对这种自由,如新闻工作自由等观念,给出广义解释。

(154)本条例的适用过程中允许遵循公众可获取公文的原则。公众对公文的获取可以纳入公共利益。公共管理部门或公共机构所持有文件中的个人数据应可以由该管理部门或机构对公众公开,前提是该部门或机构所遵从的欧盟或成员国法律允许公开。此类法律还应能协调公众对公文的获取规定,并根据个人数据保护的规定对公共部门信息再利用,还能根据本条例对个人数据保护提供必要的和解措施。所参照的公共主管部门和机构应包含欧盟法律中关于公众对公文获取所覆盖的所有主管部门或其他机构。欧洲议会和理事会第2003/98/EC号指令[1]为完整指令,且绝不会影响根据欧盟和成员国法律项下规定进行个人数据处理活动中对自然人的保护水平,尤其是不会改变本条例项下的义务和权利。特别是,该指令不得适用于以个人数据保护为由排除或限制公文的获取制度,以及包含个人数据的部分公文的获取制度,该制度中个人数据已经根据法律进行的再利用与个人数据处理相关的自然人保护有关的法律是不兼容的。

(155)成员国法律或集体协议,包括“工作协议”,应能提供就业环境下雇员个人数据处理的具体规则,尤其在就业环境下个人数据以雇员的同意为基础进行处理的条件下的规则,包括招聘目的、就业协议的履行、法律或集体协议规定的义务的解除、工作管理、规划和组织等、工作地点的平等和多样性、工作期间的健康和安全等、基于个人或集体的休闲和娱乐目的的满足、就业相关的权利和福利,以及雇佣关系的终止。

(156)根据本条例,若出于公众利益进行归档的目的、科学或历史研究或统计目的需对个人数据加以处理,则须对个人数据采取适当的保障措施,以保障数据相关权利和自由。这些保障措施应确保技术和组织措施到位,以确保数据最小化原则。当控制者评估了完成上述目的的可行性后,即通过处理不允许或不再允许进行数据主体识别的数据,则将出于公众利益进行归档为目的、科学或历史研究或统计目的需对个人数据进行进一步处理,但前提是存在适当的保障措施(如数据假名编制)。成员国应提供适当的保障措施,以出于公众利益进行归档的目的、科学或历史研究或统计目的对个人数据进行处理。根据具体条件以及数据主体相关适当保障措施,

[1] 2003年11月17日欧洲议会和理事会关于公共部门信息再利用的第2003/98/EC号指令(OJ L 345,31.12.2003,p.90)。

当出于公众利益进行归档的目的、科学或历史研究或统计目的需对个人数据加以处理时，应授权成员国提供信息需求相关规范和例外条款以及修改权、删除权、被遗忘权、处理限制权、数据移植和拒绝权。根据特定的处理目的以及旨在最大限度地减少处理个人数据的技术和组织措施（依据比例和必要性原则），在适用情形下，若相关条件和保障措施可能需要权利行使相关特定数据主体程序。出于科学目的处理个人数据也应遵守其他相关立法，如临床试验。

（157）通过结合从登记册获取的信息，研究人员可获取广泛的医疗条件相关具有重大价值的信息，如心血管疾病、癌症和抑郁症。在注册的基础上，研究结果得以加强，原因在于该结果涉及更多人口。在社会科学范围内，注册基础相关研究使研究人员获取一些社会条件长期关联相关基础知识，如失业与教育和其他生活条件的关联。通过注册获得的研究结果提供扎实、高质量的知识，这可以为知识型政策的制定和实施提供依据、提高一部分人的生活品质以及社会服务的效率。为了便于科学研究，可根据欧盟或成员国法律中载明的适当条件和保障措施对个人数据加以处理。

（158）若出于归档目的进行个人数据处理，则本条例应同样适用，但应注意，本条例不适用于已故人士。根据欧盟或成员国法律，持有公共利益记录的公共机构或公共或私人机构应为服务机构，并具有出于一般公共利益获取、保存、评价、安排、描述、告知、传播、推广并提供具有持久价值的记录的法律义务。同样应授权成员国出于归档目的对个人数据进行进一步处理，例如，以提供前极权主义国家政权、种族灭绝、反人类罪（尤其是大屠杀或战争罪）下的政治行为相关特定信息为目的。

（159）若出于科学研究的目的处理个人数据，则本条例不适用。根据本条例，应从广义上对出于科学研究目的处理个人数据进行解释，如技术开发与示范、基础研究、应用研究和私人资助的研究。此外，它还应将《欧盟运行条约》第179（1）条中欧盟建立欧洲研究区的目的纳入考虑范围内。科学研究目的还应包括在公共卫生领域内进行的涉及公共利益的研究。出于科学研究目的进行个人数据处理时，为了符合具体情况，特定条件尤其应适用于科学研究目的背景下个人数据公开或以其他方式予以披露的情形。若卫生领域中的特殊科学研究结果给出了针对数据主体利益采取进一步措施的理由，则本条例中的一般规定适用于这类措施。

（160）若出于历史研究目的处理个人数据，则本条例不适用。其中应包括历史研究和家谱研究，但应注意，本条例不适用于已故人士。

（161）为了批准参与临床试验中的科学研究活动，欧洲议会和理事会第536/2014号条例[1]中的相关规定应予适用。

---

〔1〕 2014年4月16日欧洲理事会和欧洲议会第536/2014号人用药物临床试验相关条例以及废除第2001/20/EC号指令。

(162)若出于统计目的处理个人数据,则本条例应予适用。在本条例范围内,欧盟或成员国应确定统计内容、访问控制、统计用个人数据处理规范以及适当的措施,以保障数据主体的权利和自由并确保统计机密性。统计目的系指任何收集并处理个人数据的操作,以进行统计调查或得出统计结果。这些统计结果可进一步用于不同目的,包括科学研究目的。统计目的表示出于统计目的进行数据处理的结果并非个人数据,而是综合数据;这一结果或个人数据不用于支持任何特定自然人相关措施或决定。

(163)应对欧盟和国家统计局出于得出欧洲和国家官方统计数据之目的收集的机密信息加以保护。应根据《欧盟运行条约》第338(2)条中载明的统计原则制定,得出并传播欧洲统计数据;与此同时,国家统计还应符合成员国法律。理事会和欧洲议会第223/2009号条例[1]提供了进一步欧洲统计数据保密相关规范。

(164)关于监管机构从控制者或处理者处获得个人数据以及进入其住所的权力,成员国可在本条例规定范围内立法,以维护专业保密义务或其他与之同等的保密义务,从而在必要时使个人数据保护权利与专业保密义务相协调;前提是不影响当前成员国采纳欧盟法律规定的专业保密规定的义务。

(165)本条例尊重且不损害《欧盟运行条约》第17条认可的现行宪法下成员国教会、宗教协会或共同体的地位。

(166)为了实现本条例的目标,即保护自然人的基本权利和自由,尤其是个人数据保护权利以及确保欧盟内个人数据的自由传输。根据《欧盟运行条约》第290条,应授予委员会采取行动的权力,应就认证机制相关标准和要求采取授权法案;标准化图表和程序应呈现相关信息。在准备工作阶段中,委员会应展开适当协商,包括专家级咨询,这一点尤其重要。当制定与起草授权法案时,委员会应确保同时、及时以及适当地将相关文件发送给欧洲议会和欧洲理事会。

(167)为了统一本条例实施的条件,应根据本条例中的规定授予委员会实施权力。该等权力应根据第182/2011号条例(EU)行使。在此情形下,委员会应考虑针对微型企业和中小型企业采取具体措施。

(168)控制者、处理者之间以及处理者间应根据审查程序采纳标准合同条款相关的实施法案;行为准则;认证技术标准和机制;第三国家或第三国家内某一领土或指定部分或国际组织提供的适当保护水平;标准保护条款;控制者、处理者和监管机构间通过电子手段交换信息的格式和程序(用以约束公司规则);互助;以及监管机

〔1〕 2009年3月11日欧洲理事会和欧洲议会第223/2009号欧洲统计数据相关条例;根据欧洲共同体统计局统计保密要求废除欧洲理事会和欧洲议会第1101/2008号数据传输相关条例(EC,欧洲原子能共同体)、第322/97号共同体统计相关理事会条例(EC)以及关于欧洲原子能共同体建立欧洲共同体统计方案委员会的第89/382/EEC号理事会决议((OJ L 87,31.3.2009,p.164)。

构间、监管机构和数据保护委员会之间采用电子手段交换信息的约定。

(169)当现有证据表明第三国家或第三国家内某一领土或指定部分或国际组织无法确保适当的保护水平以及必要的紧迫性依据时,委员会应立即采取适当的行动。

(170)鉴于成员国无法充分实现本条例的目标,即确保同等自然人保护水平以及欧盟内个人数据的自由传输,但可通过行动的规模或影响在欧盟层面上实现本条例的目标,欧盟可根据《欧盟条约》(the Treaty on European Union,TEU)第5条所载辅助性原则采取措施。根据本条所列的比例原则,本条例不超出为实现目标的所必须采取的程度。

(171)本条例应废除第95/46/EC号指令。本条例生效后2年内,本条例适用日期当天已采取的处理应与本条例相一致。如须在获取第95/46/EC号指令规定的同意前提下予以处理,若予以同意的方式应与本条例中的条件一致,数据主体无须再次予以同意,确保控制者可在本条例适用日期过后继续进行处理。在经修改、替换或废除前,监管机构基于第95/46/EC号指令采取的委员会决议以及授权继续有效。

(172)根据第45/2001号条例第28(2)条咨询欧洲数据保护监督员;监督员于2012年3月7日发表其意见。

(173)本条例应适用于基本权利、自由保护、个人数据处理相关所有问题,这些问题不在欧洲议会和欧洲理事会第2002/58/EC号指令[1]载明的具有相同目标的具体义务之列,包括控制者的义务和自然人的权利。为了阐明本条例和第2002/58/EC号指令间的关系,应对本条例做出相应修改。一旦本条例得以采纳,应特别对第2002/58/EC号指令加以审查,确保其与本条例相一致。

已采纳本条例。

第一章　总　　则

第1条　主题与目标

1. 本条例规定了与个人数据处理相关的自然人保护规则以及个人数据自由流动的相关规则。

2. 本条例保护自然人的基本权利和自由,尤其是自然人个人数据保护权。

3. 不得出于保护自然人个人数据处理为由,限制或禁止欧盟内个人数据的自由流动。

第2条　适用范围

1. 本条例适用于全部或部分采取自动化方式的个人数据处理活动,以及虽不采

〔1〕 欧洲议会和欧洲理事会2002年7月12日关于电子通信领域个人数据处理和隐私保护的指令2002/58/EC(隐私及电子通信指令)(QJ L201,31.7.2002,p.37)。

取自动化方式，而非构成归档系统的一部分或用于构成归档系统一部分的个人数据处理活动。

2. 本条例不适用于以下个人数据处理活动：

(a)发生在欧盟法律管辖范围外的活动中；

(b)成员国在开展《欧盟条约》第五编第二章所规定范围内活动时开展的个人数据处理；

(c)自然人在纯粹个人或家庭活动期间进行的个人数据处理；

(d)由主管机构开展的，旨在预防、调查、侦查或起诉刑事犯罪，执行的刑事处罚，包括预防对公共安全造成的威胁的个人数据处理。

3. 欧盟机构、委员会、办事处和代理机构进行个人数据处理，应适用第45/2001号条例(EC)。

根据本法第98条，处理个人数据适用第45/2001号条例(EC)和其他欧盟法律的，应根据本条例中的原则和规则进行相应调整。

4. 本条例不影响第2000/31/EC号指令的适用，尤其是该指令第12～15条中关于中间服务供应商责任规则的适用。

第3条　地域范围

1. 本条例适用于住所位于欧盟的控制者或处理者进行个人数据处理的情况，无论该处理过程是否发生在欧盟境内。

2. 本条例适用于住所在欧盟境内，即使控制者或处理者没有在欧盟内，其处理行为：

(a)向欧盟境内的数据主体提供商品或服务过程中(无论是否收取对价)进行的数据处理；或者

(b)对数据主体发生在欧盟境内的行为进行监控。

3. 对于虽然住所不在欧盟的数据控制者，但依据国际公法欧盟成员国法律可适用的处理，本条例仍适用。

第4条　定义

基于本条例之目的：

(1)"个人数据"系指与已识别或可识别的自然人("数据主体")相关的任何信息；一个可识别的自然人是指可直接或间接被识别的人，尤其是通过参考身份标识，如姓名、身份证号、定位数据、在线身份识别，或者参考该自然人生理、心理、遗传、精神、经济、文化或社会身份的一个或多个特定因素。

(2)"处理"系指针对个人数据或个人数据集合的任何一个或一系列操作，无论是否通过自动化方式，如采集、记录、组织、结构化、存储、改编或修改、检索、咨询、使用、通过传送、传播进行披露或以其他方式予以公开、校准或组合、限制、删除或销毁。

(3)“处理限制”系指标记已存储的个人数据,旨在限制将来对该个人数据的处理行为。

(4)“数据画像”系指任何形式的个人数据自动化处理,包括使用个人数据评估与自然人相关的某些个人情况,尤其是分析或预测该自然人的工作表现、经济状况、健康状况、个人偏好、兴趣、可靠性、行为、位置或行踪。

(5)“匿名化”系指在不使用额外信息的情况下采取某些方式处理个人数据,使个人数据不再归于特定数据主体,且该信息被独立保存,并通过技术和组织措施使个人数据无法指向一个已识别或可识别的自然人。

(6)“归档系统”系指根据具体标准获取的任何结构化个人数据集,无论是采取集中式、分散式或基于功能或地域存取的。

(7)“控制者”系指单独或与他人共同确定个人数据处理的目的和方式的自然人或法人、公共机构、代理机构或其他机构;若由欧盟或成员国的法律确定处理的目的与方式,则该欧盟或成员国法律可规定控制者或控制者资格的具体标准。

(8)“处理者”系指代表控制者处理个人数据的自然人或法人、公共机构、代理机构或其他机构。

(9)“接收方”系指接收被传递信息的自然人或法人、公共机构、代理机构或其他机构,无论其是否为第三方。然而,根据欧盟或成员国法律在特定查询框架内接收个人数据的公共机构不得被视为接收者;该类公共机构对数据的处理行为应依据处理的目的,遵循可适用的数据保护规则。

(10)“第三方”系指除数据主体、控制者、处理者以及经控制者或处理者直接授权进行个人数据处理的人士以外的自然人或法人、公共机构、代理机构或其他机构。

(11)数据主体的“同意”系指数据主体通过声明、明确的肯定行为自愿地、具体明确地表示其同意处理与其相关的个人数据的意愿。

(12)“个人数据泄露”系指违反数据安全,导致传输、存储或以其他方式处理的个人数据遭意外或非法破坏、丢失、更改、未经授权泄露或访问。

(13)“基因数据”系指与自然人的遗传或后天习得的特性有关的数据,这类个人数据提供了该自然人生理或健康相关的独特信息,通常是通过对自然人的生物样本进行分析而得出。

(14)“生物识别数据”系指通过对自然人的物理、生理或行为特征进行具体的技术处理而得到的个人数据,该等数据可成为确认该自然人的唯一标识,如人脸图像或指纹鉴定数据。

(15)“健康相关数据”系指与自然人生理或心理健康相关的个人数据,包括提供健康护理服务,这类数据揭示了自然人健康状况相关信息。

(16)"主要住所"表示：

(a)在多个成员国中设有住所的控制者，其位于欧盟境内的核心行政管理场所为其主要住所，除非关于个人数据处理目的和方式相关决议是在该控制者位于欧盟境内的另一住所作出的，且该住所有权实施这类决议，在此情形下，该等住所将被视为主要住所；

(b)在多个成员国中设有住所的处理者，其位于欧盟内的核心行政管理场所为其主要住所；或者，若处理者未在欧盟内设置核心行政管理场所，则该处理者从事主要处理活动(该等活动系指根据本条例的规定，处理者所应履行的特定义务)的位于欧盟境内的住所为其主要住所。

(17)"代理人"系指欧盟境内的自然人或法人，且根据控制者或处理者基于第27条做出的书面指示，该自然人或法人代表控制者或处理者履行本条例下各自的义务。

(18)"实体"系指参与经济活动的自然人或法人(不考虑其法律形式)，包括定期参与经济活动的合伙企业或协会。

(19)"企业集团"系指控股企业和受控企业群。

(20)"约束性企业规则"系指在成员国领土上确立的控制者或处理者应遵循的个人数据保护政策，该控制者或处理者须根据此政策，将个人数据集传送给在一或多个第三国家集团公司或集团公司中参与联合经济活动的控制者或处理者。

(21)"监管机构"系指成员国根据第51条设立的独立公权力机构。

(22)"有关监管机构"系指如下与个人数据处理相关的监管机构：

(a)控制者或处理者在该监管机构所在成员国领土上设立；

(b)居住在该监管机构所在成员国境内的数据主体实质上或可能受到个人数据处理的影响；或者

(c)已向该监管机构递交投诉。

(23)"跨境处理"系指：

(a)控制者或处理者在多个成员国设立，并在欧盟内多个成员国中的住所境内进行个人数据处理；

(b)控制者或处理者在欧盟内的单个住所进行个人数据处理，但个人数据处理实质上或可能对多个成员国境内的数据主体造成影响。

(24)"相关与合理异议"系指对决议草案提出的异议，如决议草案是否违反本条例，或者与控制者或处理者相关的假设行动是否符合本条例；异议应清楚地表明决议草案所面临的与数据主体的基本权利和自由以及欧盟内个人数据自由流动(如适用)相关的风险。

(25)"信息社会服务"系指欧洲议会和欧盟第(EU)2015/1535号指令[1]第1(1)条第(b)项中定义的服务。

(26)"国际组织"系指国际公法管辖的组织及其附属机构,或者根据两个到多个国家间协议的基础上建立的任何其他机构。

第二章 原 则

第5条 个人数据处理的有关原则

1. 处理个人数据应当:

(a)采用对数据主体合法、公平、透明的方式进行处理("合法性、公平性和透明性");

(b)个人数据的收集应满足特定、明确和合法的目的,不得通过与该目的不兼容的方式对数据进一步处理;基于满足公共利益、科学或历史研究目的,或统计学目的进一步处理活动,应根据第89(1)条进行,此类处理不得视为不符合初始目的("目的限制");

(c)充分且相关,并以该个人数据处理所达到目的为必要限度的数据("数据最小化");

(d)准确、必要、及时进行更新;为满足数据处理的目的,必须采取一切合理措施确保对不准确的数据进行删除或纠正,不得延误("准确性");

(e)以数据主体可识别的形式对数据进行保存,保存时间不得超过满足数据处理目的所必需的时间;若根据第89(1)条的规定所进行的个人数据处理,只能基于公共利益的存档目的、科学或历史研究目的或统计学目的,且满足本条例中为捍卫数据主体权利和自由所采取的适当技术措施和组织措施实施的要求,则该个人数据可以储存更长一段时期("存储限制");

(f)处理的方式应确保个人数据的适度安全性,包括利用适当的技术措施或组织措施来防止未授权、非法处理、意外丢失、毁坏或损毁等保护措施("完整性和保密性")。

2. 控制者应对前述行为负有责任,且应能证明其遵循了第1款的规定("问责制")。

第6条 处理的合法性

1. 处理活动只有至少满足以下条件之一,才被视为合法:

(a)数据主体同意对其个人数据为一项或多项特定目的进行处理;

(b)处理活动是为了履行合同(数据主体是合同的一方当事人)的必要;或是在

---

[1] 2015年9月9日的欧洲议会和理事会第2015/1535号指令(EU)规定了技术规程中信息规定的各项程序,以及信息社会服务的各项规则(OJ L 241,17.9.2015,p.1)。

签订合同之前，应数据主体的要求而进行处理；

(c)处理活动是履行法律义务的必要(控制者应遵守该等法律)；

(d)处理活动是为了保护数据主体或另一自然人重要利益的必要；

(e)处理活动是基于执行公共利益任务的必要，或是基于行使公共机构授予控制者公共职权的必要；

(f)处理活动是为满足控制者或第三方所寻求的合法利益的必要，但该合法利益已经被数据主体关于保护个人数据的利益或基本权利以及自由所覆盖时除外，尤其当数据主体为儿童的情形下。

第1款第(f)项不适用于公共管理机构为执行其任务而进行的处理活动。

2. 成员国可维持或采用更具体的规定，通过更具体的处理要求确保处理行为的合法、公平性(包括第九章所规定的其他具体处理情况)，以适用本条例中第1款第(c)项和第(e)项的规定。

3. 第1款第(c)项和第(e)项提及的处理依据包括：

(a)欧盟法律；或是

(b)控制者所遵从的成员国法律。

处理的目的应由该等法律确定，或第1款第(e)项提及的处理活动应基于执行公共利益任务的必要，或是基于行使公共机构授予控制者既定公共职权的必要。这一法律依据可包含为适应本条例各项规则的应用而制定的具体规定，特别是控制者进行的处理活动合法性的一般条件；需要进行处理的数据的类型；涉及的数据主体；个人数据可能披露的实体，以及披露的目的；目的限制；存储期限；以及处理操作和处理程序，包括确保合法和公平处理所需采取的措施，如第九章所述的其他具体处理情况等。欧盟或成员国法律应满足公共利益目的的要求，并与其所追求的合法目的相称。

4. 当处理不是为了个人数据被收集时的目的，且这个目的不是基于数据主体同意，或不是按照欧盟或成员国法律的规定，为了在一个民主社会保护本条例第23(1)条所指向的目标而采取的必要或相称的措施，为确保其处理目的是否与个人数据收集时的初始目的相一致，控制者应考虑如下事项，特别是：

(a)收集个人数据时的目的与意图进一步处理的目的之间的任何联系；

(b)进行个人数据收集时的背景情况，尤其是数据主体与控制者之间的关系；

(c)个人数据的性质，尤其应考虑所处理的个人数据是否属于第9条所规定的特殊类别；或是否与第10条规定的刑事定罪和罪行相关；

(d)对数据主体的个人数据进行进一步处理可能引起的后果；

(e)是否存在包括加密和匿名化等适当的保障措施。

第7条 获得同意的条件

1. 若处理是基于同意，控制者应能够证明数据主体已经同意对其个人数据进行处理。

2. 若数据主体以书面声明的形式给出同意，且书面同意还包括其他事项的，则该声明中请求同意的部分应用清晰简明的语言，以一种清晰易懂和便于理解的形式呈现，并能从其他事项中得以清晰辨认。声明中有任何部分违反本条例规定的，应视为不具约束力。

3. 数据主体应有权在任何时候撤回其同意书。同意的撤回不应影响撤回之前根据此类同意所进行处理活动的合法性。在给出同意书之前，数据主体应得到关于此类事项的通知。给出同意和撤回同意的难易程度应该等同。

4. 在评估同意是否为自愿作出时，应重点关注同意数据处理（而该数据处理活动并非履行合同所必需的）是否是履行合同（包括相应的服务条款）的先决条件。

第8条 关于信息社会服务方面适用于儿童同意的条件

1. 若适用第6(1)条第(a)项，直接向儿童提供信息社会服务的，则该儿童至少为16周岁以上时，对其个人数据的处理活动才为合法。若儿童年龄低于16岁，则此类处理活动只有获得该儿童的监护人的同意或授权后才是合法的。

就此类目的的处理活动，成员国可通过法律规定更低的年龄下限，但不得低于13岁。

2. 控制者应在现有技术限制下，尽其合理努力验证此类同意是否由儿童的监护人给出，或是否经过其授权。

3. 第1款规定不应影响成员国的一般合同法，如与儿童相关的合同的有效性、形式或效力方面的法规。

第9条 特殊种类的个人数据处理

1. 揭露种族或民族起源、政治观点、宗教或哲学信仰或工会成员资格的个人数据，以及基于唯一确认自然人身份之目的，处理基因数据、生物特征数据或与自然人健康、性生活、性取向相关数据的个人数据处理活动应被禁止。

2. 若符合以下任一情况，则第1款不适用：

(a)基于一个或多个目的，数据主体明确同意处理这些个人数据，但欧盟或成员国法律规定第1款提及的禁止不得由数据主体援引的情况除外；

(b)根据成员国适当保护数据主体基本权利和利益相关法律，在欧盟或成员国法律或集体协议授权范围内，基于控制者或数据主体履行就业和社会保障领域相关义务和行使具体权利之目的，对其进行数据处理则为必要；

(c)数据主体在事实上或法律上不能给出同意，但数据处理对于保护数据主体重要利益或另一自然人重要利益非常必要；

(d)数据处理由政治、哲学、宗教、工会性质的协会、组织或其他非营利组织在有适当安全保障的合法活动中实施的,前提是数据处理仅涉及机构成员或前成员或与其有经常联系的人士,并且未经数据主体的许可,个人数据不得向外部公开;

(e)数据处理涉及数据主体已经明确向公众公开的个人数据;

(f)数据处理对建立、行使法律诉求或行使辩护权,或对法院行使其司法职能之必要;

(g)基于实质性的重大公众利益,数据处理是必要的,根据欧盟或成员国法律,追求该目的是适当的,应当尊重数据保护的基本权利,应当提供适当、具体的措施保护数据主体基本权利和利益;

(h)根据欧盟或成员国法律或健康合同(应遵守第3款提及的条件与保障措施),基于预防医学或职业医学、评估员工的工作能力、医疗诊断、提供健康或社会护理或治疗、管理健康或社会系统和服务之目的,数据处理为必要的;

(i)在欧盟或成员国法律规定适当和具体措施用于保障数据主体的权利和自由(特别是职业秘密)的基础上,基于公共健康领域的公共利益,如防止严重的跨国健康威胁或确保高质量标准、卫生保健和医学产品或医疗器械安全的目的,数据处理非常必要;

(j)基于公众利益、科学或历史研究之目的或统计之目的,根据第89(1)条在欧盟或成员国法律对所寻求的目标是成比例的,尊重数据保护的基本权利,并且提供适当、具体的措施用于保护数据主体基本权利和利益的基础上,数据处理非常必要。

3. 基于第2款第(h)项之目的,第1款的数据由国家权力机构制定的欧盟或成员国法律或法规下的负有职业性保密义务的专家,或国家权力机构制定的欧盟或成员国法律或法规下的负有保密义务的另一人进行处理时。

4. 成员国可就基因数据、生物特征数据或健康数据规定其他条件,包括限制性条件。

第10条　处理刑事定罪和犯罪相关个人数据

根据第6(1)条的规定处理刑事定罪和犯罪或相关安全措施有关的个人数据,只能在职务权限范围内进行,或在获得规定数据主体权利和自由保障措施的欧盟或成员国法律的授权后进行。任何综合性的刑事定罪登记只能在职务权限范围内进行。

第11条　不要求身份证明的处理

1. 若控制者处理个人数据的目的不要求或不再要求明确数据主体身份,则基于遵守本条例之唯一目的,控制者无义务保存、获得或处理用于明确数据主体身份的附加信息。

2. 在本条第1款提及的情况下,若控制者能够证明该等情形下无须明确数据主体,则控制者应通知相应的数据主体(如可能)。在该等情况下,第 15 ~ 20 条不应适用,除非数据主体为行使其在该条款下的权利而提供了能够证明其身份的附加信息。

第三章 数据主体的权利

第 1 节 透明度和模式

第 12 条 数据主体行使权利的透明信息、交流和模式

1. 控制者应采取适当措施以简洁、透明、可理解和易于获取的形式,使用清晰简明的语言向数据主体提供第 13 条和第 14 条提及的任何信息和第 15 ~ 22 条和第 34 条的任何交流信息,尤其是特别面向儿童提供的任何信息,信息应以书面形式或其他方式提供,包括通过电子方式提供(如适用)。应数据主体的要求,信息可以以口头方式提供,前提是数据主体的身份以其他方式得到证明。

2. 控制者应协助数据主体行使第 15 ~ 22 条的权利。在第 11(2)条规定的情况下,若数据主体要求,则控制者不得拒绝其行使第 15 ~ 22 条下的权利,除非控制者证明在该等情形下不能明确数据主体的身份。

3. 控制者在收到根据第 15 ~ 22 条提出的请求后,应不得无故拖延且无论如何应在收到要求后的 1 个月内向数据主体提供信息。考虑到要求的复杂性和数量,必要时此期限可延期 2 个月。控制者应在收到要求后 1 个月内通知数据主体任何延期情形以及延期原因。若数据主体以电子表格形式发出要求,除非数据主体另有要求,信息应以电子方式提供(在可行的前提下)。

4. 若控制者未应数据主体的要求采取行动,则控制者应在收到要求一个月内立即通知数据主体未采取行动的原因,向监管机构提出诉讼及寻求司法救济的可能性。

5. 根据第 13 条和第 14 条提供的信息及根据第 15 ~ 22 条和第 34 条所进行的任何通信和采取的任何行动应免费提供。数据主体的要求明显无事实根据或要求超出提供范围(尤其是在其重复要求的情况下),控制者可:

(a)考虑到提供信息、进行通信或采取必要行动所付出的行政费用,收取合理费用;或

(b)拒绝按要求采取行动。

控制者应承担证明要求明显无事实根据或要求超出提供范围的责任。

6. 在不违反第 11 条的情况下,若控制者对自然人提出的第 15 ~ 21 条所提出的要求持有合理怀疑时,控制者可要求提供必要的附加信息确认数据主体的身份。

7. 为了以显而易见、可理解和明显易读的方式给出有意义的预期处理概述,根

据第13条和第14条向数据主体提供的信息可连同标准化的图像一起提供。若图像以电子方式呈现，图像应可以用计算机打开。

8. 欧盟委员会应当被授予根据第92条的规定采取措施来制定标准化图标的信息和程序的权利。

第2节　信息和个人数据获取

第13条　个人数据从数据主体处收集时应提供的信息

1. 若数据主体的相关个人数据是从数据主体处收集，控制者应在获取个人数据之时向数据主体提供所有以下信息：

(a)控制者和控制者代理人(如适用)的身份证明和联系方式；

(b)数据保护专员的联系方式(如适用)；

(c)个人数据处理的目的和处理的法律依据；

(d)若处理以第6(1)条第(f)项为依据，则还应提供控制者或第三方所寻求的合法利益；

(e)个人数据接收方或接收方类别(如有)；

(f)在适用的情况下，控制者试图将个人数据传输给第三方国家或国际组织的事实，委员会相关决定存在或缺乏的事实，或根据第46条或第47条或第49(1)条第2项提及情形的相关信息。此外，还应包括所采取的保护个人信息的合理安全措施以及获取复印件的方式。

2. 除第1款提及的信息外，控制者应在获取个人数据之时向数据主体提供为确保公正透明处理所必需的下列其他信息：

(a)个人数据保存期限，若无法确定的，则应提供确定期限所使用的标准；

(b)控制者享有的请求获取个人数据、调整或修改个人数据、限制数据主体的处理和拒绝处理的权利，以及对数据进行移植的权利；

(c)若处理以第6(1)条第(a)项或第9(2)条第(a)项为依据，则数据主体享有在任意时间撤回同意的权利，该等撤回不影响同意撤回前依据同意进行的处理的合法性；

(d)向监管机构提起申诉的权利；

(e)个人数据的条款是否是法定要求或合同要求或签署合同所必需的要求，数据主体是否有义务提供个人数据和未能提供该等数据可能会产生的结果；

(f)存在自动化数据处理，包括第22(1)条和第(4)款提及的数据画像以及与算法逻辑相关的有意义信息(至少在该等情况下)，该等处理对数据主体的重要性与针对该等数据主体的运算结果。

3. 若控制者试图基于收集个人数据外的目的进一步处理个人数据，控制者应于进一步处理前向数据主体提供其他目的的信息和第2款提及的任何其他相关信息。

4. 若数据主体早已获得该等信息，第1款、第2款、第3款不适用。

第14条　未从数据主体处获取个人数据时应提供的信息

1. 若个人数据并非从数据主体处获得，控制者应向数据主体提供以下信息：

(a)控制者和控制者代表(若适用)的身份证明和联系方式；

(b)数据保护专员的联系方式(若适用)；

(c)个人数据处理的目的和处理的法律依据；

(d)个人数据类别；

(e)个人数据接收方或接收方类别(如有)；

(f)在适用的情形下，控制者试图将个人数据传输给第三方国家或国际组织接收方及委员会存在或缺乏适当决定的事实或在第46条或第47条或第49(1)条第2项提及情形的相关信息。此外，还包括所采取的保护个人信息的合理安全措施以及获取复印件的方式。

2. 除第1段提及的信息外，控制者应向数据主体提供为确保公正透明处理所必需的下列信息：

(a)个人数据保存期限，若无法确定保存期限的，则应提供确定期限所使用的标准；

(b)若基于第6(1)条第(f)项进行数据处理，需提供控制者或第三方所追求的合法利益；

(c)控制者享有的获取个人数据、调整或修改个人数据、限制数据主体的处理和拒绝处理的权利，以及对数据进行移植的权利；

(d)若处理以第6(1)条第(a)项或第9(2)条第(a)项为依据，则数据主体享有在在任意时间撤回同意的权利，该等撤回不影响撤回前依据该等同意进行的处理的合法性；

(e)向监管机构提起申诉的权利；

(f)个人数据的来源，以及是否来自公开渠道(若适用)；

(g)存在自动化数据处理，包括第22(1)条和第(4)款提及的数据画像以及与算法逻辑相关的有意义信息(至少在该等情况下)，该等处理对数据主体的重要性与针对该等数据主体的运算结果。

3. 控制者应于以下期限提供第1款和第2款提及的信息：

(a)获得个人数据后的合理期限内，至迟不超过1个月(已考虑到个人数据处理的特殊情况)；

(b)若个人数据用于与数据主体的通讯，最迟应在与数据主体的首次通讯时；或

(c)若预期向另一接收方披露信息，最迟应在个人数据首次披露时。

4. 若控制者试图基于收集个人数据外的目的进一步处理个人数据，控制者应基于其他目的向数据主体提供信息，并且基于第 2 款进一步处理外之目的提供任何相关其他信息。

5. 以下情况下，第 1 款至第 4 款不适用：

(a)数据主体早已获取该等信息；

(b)证明提供此类信息是不可能的，尤其是根据第 89(1)条规定或者本条第 1 款提及的义务规定，出于公共利益、科学或者历史调查和统计调查的目的所进行的不成比例的努力。在这种情况下，控制者应采取适当措施保护数据主体的权利、自由、合法权益，包括公开信息；

(c)控制者应当根据欧盟或成员国法律所规定的关于获取或披露个人信息的规定，采取适当措施保护数据主体的法律利益；或

(d)根据欧盟或成员国法律规定的职业性保密义务(包括法定保密义务)，个人数据必须保密。

第 15 条　数据主体的访问权

1. 数据主体有权从控制者处获得确认，确认与他或她相关的个人数据是否已被处理，以及其是否有权访问个人数据和以下信息：

(a)处理的目的；

(b)相关个人数据的类别；

(c)个人数据已经被披露或将披露的接收方或接收方类别，尤其是第三方国家或国际组织的接收方；

(d)个人数据保存期限，若无法确定保存期限的，则应提供确定期限所使用的标准；

(e)控制者享有的访问个人数据、调整或修改个人数据、限制数据主体的处理和拒绝处理的权利，以及对数据进行移植的权利；

(f)向监管机构提出申诉的权利；

(g)若个人数据是从数据主体处获取的，与其来源相关的任何可用信息；

(h)存在自动化数据处理，包括第 22(1)条和第(4)款提及的数据画像以及与算法逻辑相关的有意义信息(至少在该等情况下)，该等处理对数据主体的重要性与针对该等数据主体的运算结果。

2. 若数据传输给第三方国家或国际组织的，数据主体有权根据第 46 条相关规定获得与传输相关的适当保护措施的通知。

3. 控制者应提供个人数据处理副本。对数据主体要求的任何其他副本，控制者有权以管理费用为基础收取合理费用。若数据主体以电子方式提出要求，除非数据主体另有要求，信息应以常用的电子表格形式提供。

4. 获得第3款提及的副本的权利不得对其他人的权利与自由带来不利影响。

第3节　修改和删除

第16条　修改权

数据主体有权要求控制者不得无故拖延地修改与他或她相关的不准确个人数据。考虑到处理之目的,数据主体应当有权使不完整的个人数据完整,包括通过提供补充声明的方式。

第17条　删除权("被遗忘权")

1. 数据主体有权在不被无故拖延的前提下从控制者处获得删除他/她相关个人数据的权利,且在任一下述情形下,控制者有义务不经拖延地删除个人数据:

(a)就个人数据获取或处理之目的而言,不再需要该等个人数据;

(b)数据主体撤回同意,而处理行为是根据第6(1)条第(a)项或第9(2)条第(a)项的规定依据该等同意作出,且无其他可据以实施处理的法律依据;

(c)数据主体拒绝按照第21(1)条处理且不存在据以实施处理的法律依据,或数据主体拒绝按照第21(2)条处理;

(d)数据已经被非法处理;

(e)为遵守控制者依据的欧盟或成员国之法律义务,个人数据必须被删除;

(f)已获得第8(1)条提及的信息社会服务相关个人数据。

2. 若控制者已经公开个人数据且根据第1款有义务删除个人数据,考虑到现有技术和执行费用,控制者应采取合理措施,包括技术措施,通知正在处理个人数据的控制者数据主体要求该等控制者删除任何与该等个人数据相关的链接、副本或复制品。

3. 若处理对以下情形是必需的,则第1款和第2款不适用:

(a)行使言论自由权和信息自由权;

(b)遵守控制者服从的欧盟或成员国法律所要求的处理之法律义务,或为公众利益或在控制者授予职权范围内完成任务;

(c)根据第9(2)条第(h)项、第(i)项以及第9(3)条,基于公众卫生领域的公众利益之原因;

(d)依据第89(1)条,基于公众利益、科学或历史研究或统计目的,有可能导致不可能完成处理目的或严重损害处理目的的完成。

(e)法律索赔的确立、执行或辩护。

第18条　限制处理权

1. 若以下任一条款适用,数据主体有权从控制者处获得限制处理的权利:

(a)数据主体可对个人数据的准确性提出质疑,且允许控制者在一段时间内证

实个人数据的准确性;

(b)处理不合法,且数据主体反对删除个人数据而是要求限制使用该等个人数据;

(c)基于处理之目的,控制者不再需要个人数据,但数据主体为法律索赔的确立、执行或辩护之目的需要个人数据;

(d)在验证控制者的合法理由是否已替代数据主体的合法理由期间,数据主体已拒绝按照第21(1)条进行处理。

2. 若已经根据第1款限制处理,除了储存外,此类数据只能在数据主体的许可下,或基于法律索赔的确立、执行或辩护要求,或保护另一自然人或法人权利之目的,或为欧盟或成员国公众利益之原因进行处理。

3. 按照第1款获得处理限制的数据主体应在提出处理限制前接到控制者的通知。

第19条　有关修改或删除个人数据或限制处理的通知义务

按照第16条、第17(1)条和第18条进行的任何个人数据修改或删除或处理限制,控制者应通知个人数据披露的各接收方,除非该等通知经证明不可能的,或可能会涉及不成比例的努力。若数据主体有要求,控制者应将该等个人数据的接收方告知数据主体。

第20条　数据可携权

1. 数据主体有权接收与他或她相关的,以结构化、通用和机器可读的格式提供给控制者的个人数据,且有权将这些数据传输给另一控制者,被提供该等个人数据的控制者不会阻碍该等传输,若:

(a)处理以第6(1)条第(a)项或第9(2)条第(a)项的同意为基础或以第6(1)条第(b)项为基础;以及

(b)处理以自动化方式进行。

2. 在按照第1款行使他或她的数据可携权利时,若技术上可行,数据主体有权将个人数据直接从一个控制者传输到另一个控制者。

3. 行使本条第1款提及的权利不得致使第17条受到损害。该权利不适用于公众利益或在控制者授予职权范围内完成任务所必需的处理。

4. 第1款提及的权利不得对其他人的权利和自由带来不利影响。

第4节　拒绝权和自动化个人决策

第21条　拒绝权

1. 数据主体有权根据其本人的特殊情形,在任意时间拒绝处理与他或她相关的、以第6(1)条第(e)项或第(f)项为依据的个人数据,包括基于该等规定所进行的数据画像。控制者不应再处理个人数据,除非控制者证明基于法律索赔的确立、执行或辩护,处理的合法理由高于数据主体的利益、权利和自由。

2. 若个人数据处理是为精准营销之目的,数据主体有权在任意时间拒绝基于此行销目的的、与他或她相关的个人数据处理,包括与该等精准营销相关的数据画像。

3. 若数据主体拒绝基于精准营销目的的处理,则不应再基于此目的处理个人数据。

4. 第1款和第2款提及的权利应最迟在与数据主体的首次通信时间明确提请数据主体注意,且应与其他任何信息所区分。

5. 在使用信息社会服务的情况下,即使有第2002/58/EC号指令,数据主体可以使用技术手段通过自动化方式行使他或她的权利。

6. 按照第89(1)条,若个人数据处理是基于科学或历史研究之目的或统计之目的,数据主体有权根据他或她特殊情形拒绝处理他或她相关的个人数据,除非处理对为公众利益而完成任务非常必要。

第22条 自动化个人决策,包括数据画像

1. 数据主体有权不受限于仅依靠自动化数据处理的决策结果,包括对他或她产生法律后果的数据画像或明显影响到他或她的数据画像。

2. 若决策符合下列情况,第1款不适用:

(a)对建立或履行数据主体与数据控制者之间的合同非常必要;

(b)获得控制者遵从的欧盟或成员国法律和主张采取适当措施保护数据主体权利和自由与合法权益的欧盟之授权;或者

(c)以数据主体的明确同意为基础。

3. 在第2款第(a)项和第(c)项提及的情况下,数据控制者应采取适当措施保护数据主体的权利、自由和合法权益,至少是获得人为干预的权利、表达他或她观点的权利和对决策提出质疑的权利。

4. 第2款提及的决策不得建立在第9(1)条提及的特殊类别个人数据基础上,除非第9(2)条的第(a)项或第(g)项适用,且有适当措施保护数据主体的权利、自由和合法权益。

第5节 限 制

第23条 限制

1. 控制者或处理者遵从的欧盟或成员国法律可通过立法限制第12~22条、第34条,以及第5条中与第12~22条规定相符的权利与义务范围,此限制涉及基本权利与自由本质且在民主社会是一个必要且适当的保卫措施时,应符合第12~22条规定的权利与义务范围:

(a)国家安全；

(b)防卫；

(c)公共安全；

(d)防止、调查、侦查或检举刑事犯罪或执行刑事处罚，包括防范和阻止公共安全威胁；

(e)欧盟或成员国其他重要的公众利益目标，尤其是欧盟或成员国重要的经济或财务利益，包括货币、预算、税收、公共卫生、社会保障；

(f)保护司法独立和诉讼程序；

(g)防止、调查、侦查或检举违反职业道德；

(h)监督、检查或管理功能，在第(a)项至第(e)项和第(g)项提及情形下行使职务权限；

(i)保护数据主体或其他人的权利和自由；

(j)民事诉讼赔偿的执行。

2. 第1款提及的任何法律措施尤其应包括特殊规定，有关：

(a)处理目的或处理类别；

(b)个人数据类别；

(c)提出的限制范围；

(d)防止滥用或非法获取或传输的保护措施；

(e)控制者规范或控制者类别；

(f)考虑到处理性质、范围和目的或处理类别，保存期限及适用的保护措施；

(g)数据主体的权利和自由的风险；和

(h)数据主体接受关于限制的通知的权利，除非这对限制目的不利。

第四章　控制者和处理者

第1节　一般义务

第24条　控制者的义务

1. 考虑到处理的性质、范围、背景、目的及变化的可能性风险和自然人权利与自由的严重性，控制者应采取适当的技术和组织措施确保能够证明处理正按照本条例进行。必要时，这些措施应获得审查和更新。

2. 关于处理活动，在适当时，第1款提及的措施应包括由控制者执行适当的数据保护政策。

3. 遵守第40条提及的行为准则或第42条提及的经批准的认证机制可用于证明遵守控制者义务的基本原则。

第 25 条　设计和默认模式中的数据保护

1. 考虑到当前发展状况、执行费用、处理的性质、范围、背景和目的，以及变化的可能性风险和自然人权利与自由的严重性，控制者在决定处理方法之时和进行处理之时，应以有效方式采取技术和组织措施，如匿名化（旨在实施数据保护原则，如数据最小化），将必要的保护措施与处理结合，以满足本条例要求和保护数据主体的权利。

2. 控制者应采取适当的技术和组织措施确保在默认情况下，仅基于特定目的处理所必须的个人数据得到处理。此义务适用于收集的个人数据总量、处理程度、保存期限和可获取性。尤其是，该等措施应确保在默认情况下，在未经人为干预的前提下，个人数据是不可能被不确定数量的自然人访问的。

3. 第 42 条提及的经批准的认证机制可用于证明符合本条第 1 款和第 2 款要求的基本原则。

第 26 条　联合控制者

1. 若由两个或多个控制者共同决定处理的目的和方法，则这些控制者应是联合控制者。他们应以透明的方式，协议安排其各自在本条例下应遵守的责任，尤其是通过他们之间的约定行使数据主体权利及其各自承担的提供第 13 条和第 14 条所规定的信息的职责，除非控制者各自的责任由控制者遵从的欧盟或成员国法律决定。协议应为数据主体指定一个联络点。

2. 第 1 款提及的协议应适当反映联合控制者各自的角色及与数据主体的关系。协议的主要内容应提供给数据主体。

3. 不论第 1 款提及的协议条款如何约定，数据主体可行使他或她于本条例下对各控制者所享有的权利。

第 27 条　不在欧盟境内设立的控制者或处理者的代理人

1. 若适用第 3(2)条，控制者或处理者应书面指定一个欧盟境内代理人。

2. 本条第 1 款规定的义务对以下情况不适用：

(a)考虑到处理的性质、背景、范围和目的，临时性处理不包括大规模处理第 9(1)条提及的特殊类别数据或处理第 10 条提及刑事定罪和刑事犯罪相关的个人数据，且不大可能导致自然人的权利和自由风险；或者

(b)公共主管部门或公共机构。

3. 代理人应位于数据主体所在的成员国内，在该等成员国，数据主体在被提供商品或服务时相关的个人数据被处理，或数据主体的行为举止受到该等成员国的监控。

4. 基于确保遵守本条例之目的，代理人由控制者或处理者授权，代替控制者、处理者解决数据处理的所有问题（尤其是与监管机构和数据主体相关的）。

5. 控制者或处理者指定的代理人不应使得针对控制者或处理者采取的法律行动受到损害。

第 28 条　处理者

1. 当代表控制者进行处理时,控制者应利用处理者提供充分保证采取适当的技术和组织措施以使处理满足本条例规定的要求并确保保护数据主体的权利。

2. 若未经控制者事先特殊或一般书面授权,处理者不得引入另一个处理者。在一般书面授权的情况下,处理者应通知控制者有关增加或替换其他处理者相关的任何预期变化,以使控制者有机会拒绝该等变化。

3. 处理者的处理应受欧盟或成员国下的合同或其他法律管辖,该合同或法令对处理者有约束力,规定处理的内容和期限、处理的性质和目的、个人数据类型、数据主体类别和控制者的义务与权利。合同或法令尤其应保证处理者:

(a)仅根据控制者的书面指示处理个人数据,包括向第三方国家或国际组织传输个人数据,除非处理者遵从的欧盟或成员国法律要求这样做;在该等情况下,处理者应于处理前通知控制者该法律要求,除非法律以公众利益为依据禁止提供该等信息。

(b)确保授权处理个人数据的人士已承诺保密或有法律义务保密。

(c)按照第 32 条要求采取所有措施。

(d)遵守第 2 款和第 4 款关于引入另一处理者的条件。

(e)考虑处理性质,在可能的范围内以适当的技术和组织措施协助控制者履行控制者的义务,以回应第三章所列的数据主体行使权利的要求。

(f)考虑到处理性质和处理者可获得的信息,协助控制者确保按照第 32 ~ 36 条的要求履行义务。

(g)基于控制者的选择,在结束提供相关处理服务后删除或归还所有个人数据给控制者,并删除现有副本(除非欧盟或成员国法律要求储存个人数据)。

(h)确保控制者可获得主张其已经遵循本条所列的全部义务所必需的所有信息,允许和帮助审查,包括由控制者或控制者授权的另一检查员进行的检查。

关于第 1 款第(h)项,若根据处理者的看法,指令违反了本条例或欧盟或成员国数据保护规定,处理者应立即通知控制者。

4. 若处理者引入另一处理者代表控制者执行特定处理活动,根据欧盟或成员国法律,第 3 款提及的控制者和处理者之间的协议或其他法令规定的数据保护义务,应通过协议或其他法令强加给其他处理者,尤其是提供充分保证将采取适当的技术和组织措施以使处理将满足本条例的所有要求。若其他处理者未能履行其数据保护义务,对履行其他处理者的义务,最初的处理者应向控制者承担责任。

5. 遵守第 40 条提及的经批准的行为准则或第 42 条提及的经批准的认证机制,

可用于证明本条第 1 款和第 4 款提及的充分保障的基本原则。

6. 在不影响控制者和处理者之间的个人协议的情况下，本条第 3 款和第 4 款提及的协议或其他法令应全部或部分以本条第 7 款和第 8 款提及的标准合同条款为基础，包括当其是依据第 42 条和第 43 条授予控制者或处理者的认证部分。

7. 对本条第 3 款和第 4 款提及的事项，委员会可按照第 93(2) 条提及的审查程序制定标准合同条款。

8. 对本条第 3 款和第 4 款提及的事项，监管机构应按照第 63 条提及的一致性机制采用标准合同条款。

9. 第 3 款和第 4 款提及的协议或法令应采用书面形式，包括电子形式。

10. 在不影响第 82 条、第 83 条和第 84 条的情况下，若处理者确定处理目的和方式时违反了本条例，处理者应被认为是该等处理的控制者。

第 29 条　控制者或处理者权限下的处理

有权访问个人数据的处理者及其他代为行使控制者或处理者权限的人士，非经控制者指示，不得处理该等数据，欧盟或成员国法律要求进行处理的除外。

第 30 条　处理活动的记录

1. 各控制者与控制者代理人(如适用)应对其责任范围内的处理活动进行记录。该记录应包含以下所有信息：

(a) 控制者、联合控制者、控制者代理人及数据保护专员(如适用)的姓名和联系方式；

(b) 处理目标；

(c) 数据主体类别和个人数据类别的描述；

(d) 数据已披露或将披露的接收方类别，包括位于第三方国家或国际组织的接收方；

(e) 个人数据传输到第三方国家或国际组织的情况(如适用)，包括该第三方国家或国际组织的信息，按第 49(1) 条第二段相关内容进行传输时，对文档采取适当的安全措施；

(f) 如有可能，删除不同类别的数据的设定时间限制；

(g) 如有可能，对第 32(1) 条涉及的技术、组织安全措施进行整体说明。

2. 各处理者及处理者代理人(如适用)应对代表控制者执行的所有类别的处理活动进行记录，包括：

(a) 该处理者或多位处理者、该处理者代为行事的各控制者、控制者或处理者代理人(如适用)以及数据保护专员的姓名和联系方式；

(b) 代表控制者执行的处理的类别；

(c) 个人数据传输到第三方国家或国际组织的情况(如适用)，包括该第三方国

家或国际组织的信息,按第49(1)条第二段相关内容进行传输时,对文档采取适当的安全措施;

(d)如有可能,第32(1)条涉及的技术、组织安全措施的整体说明。

3. 第1款和第2款提及的记录应为书面形式,包括电子形式。

4. 控制者或处理者、控制者或处理者的代理人(如适用)应按要求向监管机构提供记录。

5. 第1款和第2款涉及义务不应适用于雇员人数少于250人的企业或组织,除非该企业或组织执行的处理有可能造成数据主体权利、自由的风险,或除非该处理不是偶然的,或处理涉及第9(1)条所提及的特殊数据类别或与第10条所提及的刑事定罪、犯罪相关的个人数据。

第31条　与监管机构的合作

控制者、处理者及其代理人(如适用)应按要求与监管机构在任务执行方面进行合作。

第2节　个人数据的安全性

第32条　处理的安全性

1. 考虑到当前发展状况、实施费用、处理性质、范围、背景和目的,以及可能变化的风险和自然人权利自由的严重性,控制者和处理者应实施相应技术与组织措施,确保安全等级与风险相称,尤其应考虑如下事项:

(a)个人数据匿名化和加密;

(b)保证处理系统和服务的保密性、完整性、可用性及弹性;

(c)如发生物理或技术事故,及时恢复个人数据可用性和访问个人数据的能力;

(d)定期测试、评估和评价技术和组织措施的效果,旨在确保处理的安全性。

2. 在对适当安全级别进行评估时,应特别考虑处理过程中出现的风险,尤其是意外或非法破坏、损失、更改、未经授权披露或使用传输、储存或以其他方式处理的个人数据。

3. 遵守第40条中所述的经批准的行为守则或第42条中所述的经批准的认证机制可作为证明遵守本条第1款中所列要求的要素。

4. 控制者和处理者应采取措施,以确保经控制者或处理者授权接触个人数据的自然人未经控制者的授权不得处理该等个人数据,欧盟或成员国法律要求的除外。

第33条　通知监管机构发生个人数据泄露

1. 如个人数据泄露,控制者应根据第55条,在得知数据泄露后不晚于72小时内(如可能),通知主管监管机构个人数据泄露的情况,且不得无故延迟,但个人数据泄露不可能对自然人的权利和自由带来风险的除外。如未在72小时内通知监管机构,应告知延迟原因。

2. 处理者应在得知个人数据泄露后通知控制者,且不得无故延迟。

3. 第1款所述通知至少应:

(a)说明个人数据泄露的性质,包括相关数据主体的类别和大致数量以及相关个人数据记录的类别和大致数量(如可能);

(b)告知数据保护专员的姓名以及联系方式或可获取更多信息的其他联络点;

(c)说明个人数据泄露可能产生的后果;

(d)说明控制者解决个人数据泄露问题采取或拟采取的措施,包括减轻潜在负面影响的措施(如适用)。

4. 如不可能同时提供信息,可分阶段提供信息,且不得再无故延迟。

5. 控制者应记录任何个人数据泄露,包括与个人数据泄露相关的事实、影响以及所采取的补救措施。该记录可使得监管机构能对合规性进行验证。

第34条　通知数据主体发生个人数据泄露

1. 如个人数据泄露可能对自然人的权利和自由带来高风险,控制者应通知数据主体发生个人数据泄露,且不得无故延迟。

2. 通知本条第1款中的数据主体时应以清晰和简单的语言说明个人数据泄露的性质,且至少应包括第33(3)条第(b)项、第(c)项、第(d)项中所述的信息和措施。

3. 如满足以下任一条件,不需向第1款中所述数据主体发出通知:

(a)控制者已采用适当的技术和组织保护措施,且该类措施应用于受到个人数据泄露影响的个人数据,尤其是使得无权利用数据的任何个人无法了解该个人数据的措施,如加密措施;

(b)控制者已经采取了后续措施,用于确保第1款中对数据主体的权利和自由产生的高风险不再可能成为现实;

(c)将会涉及不成比例的努力。此种情况下,应采取措施通过同样有效的方式通知数据主体。

4. 如满足第3款中所述条件,控制者尚未通知有关机构发生个人数据泄露的情况,数据主体和监管机构应考虑个人数据泄露可能导致高风险或认为高风险要求其采取该行为的。

第3节　数据保护影响评估和事先咨询

第35条　数据保护影响评估

1. 如处理类别(尤其是使用新技术并考虑处理的性质、范围、背景和目的)可能对自然人的权利和自由带来高风险的,控制者应在处理前就处理操作对个人数据保护产生的影响进行评估。一项评定可适用于产生同样高风险的一系列类似处理。

2. 控制者在进行数据保护影响评估时应向数据保护专员(指定的)寻求建议。

3. 如发生以下情况,尤其需要进行第 1 款中所述的数据保护影响评估:

(a)对与自然人相关的基于自动化处理的个人数据进行全面系统的评价,包括数据画像活动,以及对自然人产生法律效力或对自然人产生类似重大影响的决策;

(b)对第 9(1)条中所述大部分具体类型的数据或与第 10 条所述刑事定罪和违法行为相关的个人数据进行处理;或者

(c)大规模地对公共区域进行系统的监控。

4. 监管机构应建立并公布处理操作种类清单,该处理操作应符合第 1 款中数据保护影响评估的要求。监管机构应将该类清单告知第 68 条所述的数据保护委员会。

5. 监管机构还可建立并公布无须进行数据保护影响评估的处理操作种类清单。监管机构应将该类清单告知数据保护委员会。

6. 适用第 4 和 5 款中所述的清单前,如该类清单涉及与向数据主体提供货物或服务相关的处理活动或与若干成员国行为监控相关或可能对欧盟内部个人数据的自由传输产生实质影响的,主管监管机构应采用第 63 条中一致性机制。

7. 评估至少应包括以下内容:

(a)拟议处理操作的系统说明以及处理目的,包括控制者追求的合法利益(如适用);

(b)对于相关处理操作目的的必要性和比例进行评估;

(c)对第 1 款中数据主体权利和自由所带来风险的评估;和

(d)化解风险计划采取的措施,包括保护措施、安全措施和机制,以确保对个人数据进行保护并表明其符合本条例中关于数据主体以及相关其他个人权利以及合法利益的规定。

8. 控制者和处理者在对处理操作的影响进行评估时(尤指数据保护影响评估的目的)应适当考虑相关的控制者或处理者是否遵守第 40 条规定的行为守则。

9. 控制者应就拟进行的处理操作征求数据主体或其代理人的意见(如适用),并不得损害商业或公众利益的保护或处理操作的安全性。

10. 如根据第 6(1)条第(c)项或第(e)项所进行的处理的法律依据为控制者须遵守的欧盟法律或成员国法律,该法律对具体的处理操作或一系列的操作作出了规定,且数据保护影响评估已为该法律下一般影响评估中的一部分,则不应适用第 1 ~ 7 款,但成员国认为在处理活动进行前有必要进行评估的除外。

11. 至少在处理操作的风险发生变化时(如必要),控制者应进行复核,以评估处理行为是否符合数据保护影响评估。

第36条 事先咨询

1. 若第35条项下的数据保护影响评估表明,如果控制者未采取措施减轻风险,处理可能会产生高风险的,控制者应在处理前咨询监管机构。

2. 若监管机构认为根据第1款拟进行的处理将违反本条例,尤其是控制者未充分认识或减轻风险的情况下,监管机构应在收到咨询请求后八周内向控制者提供书面建议(如适用,可向处理者提供)并可行使第58条中规定的任何权力。鉴于拟进行处理操作的复杂性,该期限可延长6周。监管机构应在收到咨询请求后1个月内通知控制者(如适用,通知处理者)该延期行为以及延迟原因。监管机构获得咨询请求信息前可暂停计算该等期限。

3. 根据第1款咨询监管机构时,控制者应向监管机构提供:

(a)处理过程中控制者、联合控制者以及处理者各自的职责(如适用),尤其在集团公司内部进行处理时;

(b)拟进行处理的目的和方法;

(c)根据本条例为保护数据主体权利和自由所提供的措施和保护措施;

(d)数据保护专员的联系方式(如适用);

(e)第35条所提及的数据保护影响评估;和

(f)监管机构要求的任何其他信息。

4. 成员国应在准备向国民议会提案的与数据处理相关的立法措施提议时或基于该立法措施的监管措施时,向监管机构提出咨询。

5. 尽管第1款有规定,成员国法律可要求控制者就执行符合公众利益(包括社会保护和公共卫生)任务的处理操作咨询监管机构并获得其事先授权。

第4节 数据保护专员

第37条 数据保护专员的指定

1. 控制者和处理者可在以下任何情况下指定数据保护专员:

(a)公共主管部门或公共机构进行处理行为,但法院在司法权限内进行处理行为的除外;

(b)控制者或处理者所进行的核心活动包括处理操作(根据其性质),处理操作的范围和/或目的要求对数据主体进行大规模的定期系统监控;或者

(c)控制者或处理者的核心活动包括根据第9条处理大规模的特定数据类型以及第10条中规定的与刑事定罪和违法行为相关的个人数据。

2. 集团公司可任命一名数据保护专员,但该等数据保护专员应当能够与集团公司的各个住所方便地取得联系。

3. 如控制者或处理者为公共机关或机构,则可根据该公共主管机关或机构的组

织结构与规模，向数个公共机关或机构指派1名数据保护专员。

4. 除第1款提到的情况外，控制者或处理者或协会或其他代表控制者或处理者的机构可指派1名数据保护专员，或按照欧盟或成员国法律要求指派1名数据保护专员。该名指派的数据保护专员可代表协会或其他代表控制者或处理者的机构行事。

5. 指派数据保护专员时应考虑其专业素质，尤其是其具备的数据保护法律与实践方面的专业知识，以及完成第39条所述任务的能力。

6. 数据保护专员可能是控制者或处理者的雇员，或按照服务合同完成任务。

7. 控制者或处理者应公布数据保护专员的联系方式并将其报给监管机构。

第38条　数据保护专员职位

1. 控制者和处理者应确保数据保护专员恰当及时地参与所有与个人数据保护有关的问题。

2. 控制者和处理者应通过提供执行此类任务所必需的资源及个人数据访问权，支持数据保护专员执行第39条所提及的任务及处理操作，以维护其专业知识。

3. 控制者和处理者应确保数据保护专员不接收任何有关执行此类任务的指令。数据保护专业不应当由于执行任务而被控制者或处理者解雇或惩罚。数据保护专员应直接向最高管理级别控制者或处理者报告。

4. 数据主体可以就所有有关处理其个人数据及行使其本条例下权利的问题联系数据保护专员。

5. 数据保护专员应按照欧盟法律或成员国法律，受有关其执行任务保密性或机密性约束。

6. 数据保护专员可以完成其他任务和职责。控制者或处理者应确保任何此类任务和职责不会导致利益冲突。

第39条　数据保护专员任务

1. 数据保护专员应至少承担以下任务：

(a)向控制者或处理者及按照本条例及其他欧盟或成员国数据保护规定进行数据处理的员工，提出通知和建议；

(b)监控是否遵守本条例、其他欧盟或成员国数据保护规定以及控制者或处理者有关个人数据保护的政策，包括责任分配、意识提升和涉及处理操作的员工培训以及相关检查；

(c)如有需要，按照第35条提供有关数据保护影响评估和监控的建议；

(d)与监管机构进行合作；

(e)担任监管机构处理问题的联络点，包括第36条提及的事先咨询，以及在适当情况下就任何其他事项进行咨询。

2. 数据保护专员应在执行其任务时,适当注意与处理操作有关的风险,考虑处理的性质、范围、背景及目的。

第5节　行为守则与认证

第40条　行为守则

1. 成员国、监管机构、数据保护委员会和委员会应鼓励起草行为守则,考虑到不同处理部门的具体特性及微小中型企业的具体需求,该行为守则意在促进本条例的正确运用。

2. 协会及其他代表不同控制者或处理者类别的机构可以编制行为守则,或对此类守则进行修改或延伸,以便对本条例的运用进行规定,如关于:

(a)公平透明处理;

(b)特定情况下控制者寻求的合法利益;

(c)个人数据收集;

(d)个人数据匿名化;

(e)向公众和数据主体提供的信息;

(f)数据主体的权利行使;

(g)向儿童提供的信息,对儿童的保护,以及获得儿童监护人同意的方式;

(h)第24条和第25条提及的措施和程序,以及确保第32条中所提及处理安全的措施;

(i)就个人数据泄露向监管机构发出的通知,以及与该等数据主体就个人数据泄露的通信;

(j)向第三方国家或国际组织传输个人数据;或者

(k)解决控制者和数据主体间有关处理纠纷的庭外诉讼及其他纠纷解决程序,依据第77条和第79条不会损害数据主体的权利。

3. 除受本条例约束的控制者或处理者应遵守之外,不受本条例约束的控制者或处理者也可能要遵守,依据本条第5款批准且依据本条第9款具备普遍效力的行为守则,以便在依据第46(2)条第(e)项所提及条款向第三方国家或国际组织传输个人数据的框架内提供适当保护措施。该等控制者或处理者应通过合同或其他具有法律约束力的文书,作出具有约束力并且可以强制执行的保证,保证对数据主体权利提供适当的保护措施。

4. 本条第2款所提及的行为守则应包含使第41(1)条中所提及机构能够对保证应用该行为守则的控制者或处理者是否遵守其规定进行强制监控的机制,在不损害主管监管机构依据第55条或第56条所承担的任务和具备的权力的前提下。

5. 本条第2款中所提及的打算编制行为守则或修订或延伸已有行为守则的协

会及其他机构,应向依据第55条有权的主管监管机构提交守则草案、修订或延伸部分。监管机构应决定守则草案、修订或延伸部分是否符合本条例并且应就此类守则草案、修订或延伸部分提供充分合适保护措施发表意见,并决定是否批准此守则草案、修订或延伸部分。

6. 如果按照第5款批准守则草案或修订或延伸部分,以及如果相关行为守则与若干成员国内的处理活动无关,监管机构应登记和发布该守则。

7. 若行为守则与若干成员国内的处理活动有关,根据第55条有权主管的监管机构应在批准守则草案、修订或延伸部分前,按照第63条所提及程序,向数据保护委员会提交此类守则草案、修订或延伸部分,该数据保护委员会应就此类守则草案、修订或延伸部分是否符合本条例,以及在本条第3款所提及情况下,此类守则草案、修订或延伸部分是否提供了适当保护措施提出意见。

8. 如果第7款所提及的意见认为此类守则草案、修订或延伸部分符合本条例,或者在第3款所提及情况下,此类守则草案、修订或延伸部分提供了适当保护措施,数据保护委员会应向委员会提交其意见。

9. 委员会可以通过立法,决定向根据本条第8款向其提交且获得批准的行为守则、修订或延伸部分在欧盟境内具备普遍效力。此类立法行为应适用第93(2)条所述的审查程序。

10. 委员会应确保对已按照第9款决定具备普遍效力的批准守则进行适当宣传。

11. 数据保护委员会应在登记册上核对所有批准行为守则、修订及延伸并且应通过适当方式使其公开。

第41条　对经批准的行为守则的监控

1. 在不损害第57条和第58条下主管监管机构的职责和权力的情况下,依据第40条对是否遵守行为守则进行的监控可以由具备适当行为守则相关专业知识水平且获得主管机构认可的机构执行。

2. 可以授权第1款所提及的机构对是否遵守行为守则进行监控,如果该机构:

(a)已证明其独立性以及具备关于行为守则的专业知识,符合主管监管机构的要求;

(b)已建立使其能够对相关控制者及处理者应用守则的合格性进行评估、对其是否遵守守则规定进行监控以及定期对其操作进行审核的程序。

(c)已建立相关程序和架构用于处理有关违反守则或控制者或处理者已实施或正在实施违反守则的投诉,并使此类程序和架构对数据主体及公众透明化;和

(d)已证明符合主管监管机构要求,其任务和职责的履行不会导致利益冲突。

3. 主管监管机构应按照第63条所提及一致性机制,向数据保护委员会提交本

条第1款所提及机构认证标准草案。

4. 在不损害主管监管机构任务和权力以及第八章规定的情况下，本条第1款所提及的机构应在提供适当保护措施的条件下，在发生控制者或处理者违反守则的情况下，采取适当行动，包括根据守则要求控制者或处理者暂停或不再实施。其应通知主管监管机构采取此类行动以及采取此类行动的原因。

5. 如果认证条件不符合或不再符合，或者如果该机构采取的行动违反本条例，主管监管机构应撤销第1款所提及的机构认证。

6. 本条不适用于公共机关和公共机构执行的处理。

第42条　认证

1. 为了确保处理者和控制者的处理操作符合本条例要求，各成员国、监管机构、数据保护委员会以及委员会应推动数据保护认证机制以及数据保护密封与标记机制的建立（尤其是联盟层级）。此外，各小微企业以及中小型企业的特殊需求也应考虑在内。

2. 控制者和处理者除了要符合本条例下的规定之外，根据本条第5款制定经批准的数据保护认证机制以及数据保护密封与标记机制可用于证明控制者和处理者已对数据资料采取了适当的保护措施，而根据第3条的规定，在个人数据传输给第三方国家或是国际组织[于第46(2)条第(f)项相关条款中提及]的范围之内，该保护措施不受本条例的规定限制。此外，数据控制者和处理者应通过契约文书或是其他有法律约束力的文书形式对这些数据保护措施以及数据主体权利的相关保护措施作出具有约束力且可以履行的承诺。

3. 认证程序应为自愿的，且程序应当透明。

4. 按照本条规定所进行的认证并不能减轻或免除控制者或处理者在本条例项下的任何责任，且不得对第55条或第56条规定项下的监管机构的职责和权力造成任何损害。

5. 符合本条规定的认证证明应由第43条所提及的认证机构负责开具，或是由其他的主管监管机构开具，且该认证应符合第58(3)条主管监管机构所规定的认证标准或是第63条数据保护委员会审核通过的认证标准。如果是采用经数据保护委员会审核通过的认证标准，该认证则为一项普通认证（欧洲数据保护密封认证机构）。

6. 控制者或是处理者传送到认证机制的数据处理资料同时也应提交给第43条中所提及的认证机构，或是主管监管机构（如适用），且该认证机构或是监管机构有权使用所有的资料且有权参与认证程序所需的数据处理活动。

7. 认证证明应由控制者或是处理者开具，且其有效期最多为3年。如果在有效期满之时该认证仍然符合相关要求，那么在同等的条件下，可申请对该认证证明进行更新。当然,如果该认证证明不符合或是有效期满后不再符合相关要求,那么认证机构(于第43条中提及)或是主管监管机构则有权撤回该认证证明(如适用的话)。

8. 数据保护委员会应对登记册中的所有认证机制以及数据保护密封和标记机制进行核对审查,并通过适当的方式使这些机制公开透明化。

第43条　认证机构

1. 在不对第57条和第58条规定项下主管监管机构的职责和权力造成任何损害的前提下,在数据保护方面有一定专业水准的认证机构在获取主管监管机构允许其行使第58(2)条第(h)项规定项下权力的批准后,应负责开具相关的认证证明并完成更新。成员国应确保这些认证机构得到下述一至两个机构的认可:

(a) 根据第55条或第56条规定所指定的主管监管机构;

(b) 根据欧洲议会和理事会第765/2008号条例[1](EC)的规定所指定的国家认证机构(符合EN-ISO/IEC 17065/2012的规定以及主管监管机构根据第55条或56条所确定的其他要求)。

2. 第1款中所提到的认证机构只有在下述情况下才能得到授权:

(a) 已向主管监管机构证明其对认证主体有着独立的认知和一定的专业水准,且该证明符合监管机构的要求;

(b) 承诺遵守第42(5)条中所述的相关标准且已根据第55条或第56条规定获得了主管监管机构的批准或是根据第63条获得了数据保护委员会的批准;

(c) 已为认证证明的开具、定期审查的实施以及数据保护认证、密封和标记认证的撤销制定了相关操作程序;

(d) 对于任何的违反认证行为,或是已将/正将该认证过程交由控制者或是处理者进行实施所接收到的控诉问题,该认证机构已制定了相关的处理程序和机制,且对于数据主体和公众而言,该处理程序和机制是透明公开化的;和

(e) 已向主管监管机构证明其在履行职责和义务期间不会产生任何的利益冲突,且该证明符合监管机构的要求。

3. 于本条第1款、第2款中所提及的认证机构的资格鉴定应根据第55条或第56条主管监管机构或是第63条数据保护委员会所审核通过的标准执行。如果该资格鉴定是根据本条第1款第(b)项中的规定执行,那么相关的鉴定要求应作为第765/2008号条例(EC)以及与认证机构所使用认证方法和程序相关的技术规程的补充要求。

4. 于本条第1款中所提及的认证机构应负责对认证证明的开具或是撤销进行

---

[1] 于2008年7月9日所制定的欧洲议会和理事会第765/2008号条例(EC)主要陈述了关于产品销售的市场监督要求以及废除第339/93号条例的认证要求。

适当的评定,且不得对本条例项下控制者或处理者的责任义务造成任何的损害。如果参与资格鉴定的认证机构符合本条的相关要求,应开具有效期最多为5年的资格证明,且在相同的条件下可申请更新。

5. 本条第1款中所提及的认证机构应向主管监管机构提供开具某一项证明或撤销此证明的理由。

6. 于本条第3款中所提及的要求以及第42(5)条中提及的标准应由监管机构以清晰易懂的方式透明公开化。同时,监管机构也应将这些要求和标准传达给数据保护委员会。而数据保护委员会应对登记册中的所有认证机制以及数据保护密封和标记机制进行核对审查,并通过适当的方式使这些机制公开透明化。

7. 在不损害第八章相关规定的条件下,如果一个认证机构不符合或是获取资格证明后不再符合资格鉴定标准,或是其行为违反了本条例的要求,主管监管机构或是国家认证机构应根据本条第1款的规定撤回其资格证明。

8. 委员会应有权按照第92条的规定采取一些被授权进行的行为来完成第42(1)条中所提及的数据保护认证机制的相关要求的制定。

9. 委员会应能够采取措施对认证机制、数据保护密封和标记机制以及这些认证机制/密封和标记的推进和确认机制的技术标准进行制定。该等措施应当根据第93(2)条的规定实施。

第五章　个人数据传输给第三方国家或是国际组织

第44条　数据传输的一般原则

任何向第三方国家或国际组织进行的个人数据(正在进行处理或是传输后将要进行处理)传输应只能在以下条件下进行:符合本条例的其他规定;符合本章规定项下控制者和处理者所要遵守的条项,包括由第三方国家或国际组织向另一个第三方国家或国际组织所进行的个人数据传输的相关规定。本章所述各项规定是为了确保本条例项下自然人的保护水平不会受到任何侵害。

第45条　基于适当决议的数据传输

1. 如果委员会已经确认审议中的第三方国家(该第三方国家的一片领土或是一个/多个特定区域),抑或审议中的国际组织能够确保足够安全的数据保护等级,便能够进行向第三方国家或是国际组织的个人数据传输,且该数据传输无须获取其他的特殊授权。

2. 当对数据保护水平的充分性进行评定时,委员会应特别注意以下因素:

(a)法治、尊重人权和基本自由,一般立法或是相关的地方立法(涉及范围包括公共安全、公共防卫、国家安全、刑法、公共主管部门对个人数据的使用权),以及这些立法、数据保护规程、专业操守规程和安全措施(包括第三方国家或国际组织向另一个第三方国家或国际组织进行个人数据传输所遵守的相关规程)、判例法的实施,以及有效可执行的数据主体权利和数据主体(用于数据传输的个人数据的所有人)的行政及司法赔偿;

(b)在该第三方国家内或是该国际组织受约束范围内设立有独立的监管机构且能够有效运行。该监管机构持有强制执行权且其职责在于:执行相关数据保护规程、确保数据传输符合这些规程的要求、帮助和通知数据主体行使他们的相关权利与成员国的监管机构协同合作;以及

(c)该第三方国家或国际组织所订立的国际承诺,或具法律约束力的契约或文书项下的其他义务,以及其参与多国或区域体系所应履行的义务(尤其是与个人数据保护相关的义务)。

3. 在对数据保护水平的充分性进行评定后,委员会应通过制定实施条例的方式确定该第三方国家(该第三方国家的一片领土或是一个/多个特定区域)或是该国际组织是否符合本条第2款中所界定的数据保护水平。该实施条例应规定一个定期审查机制(至少每4年一次),且在该定期审查过程中应考虑到该第三方国家或国际组织在审查间隔期间内的所有发展动态。此外,该实施条例应详细说明其在一片领土或是区域的适用范围,且如适用的话,还应明确指出本条第2款第(b)项所提及的监管机构或是主管部门。该等实施条例应根据第93(2)条中所提及的审查程序制定。

4. 委员会应时刻对第三方国家或国际组织的发展动态进行监控,因为该发展动态可能会对本条第3款中的保护水平评定结果和第95/46/EC号指令中第25(6)条中的决议结果产生影响。

5. 如果在本条第3款中所提及的定期审查结束之后,有可用信息表明该第三方国家(该第三方国家的一片领土或是一个/多个特定区域)或该国际组织无法继续保证本条第2款中所界定的数据保护水平,委员会(如果需要)应制定实施条例撤回、修改或是延缓执行其在本条第3款中所作出的决议,且该撤回、修改或是延缓执行无任何追溯效力。该等实施条例应根据第93(2)条中所提及的审查程序制定。

在发生不可避免且事出有因的紧急事件的情况下,委员会应根据第93(3)条中的程序规定及时制定可适用的实施条例。

6. 委员会应与第三方国家或国际组织商讨紧急事件的补救措施,并根据本条第5款的规定作出决议。

7. 根据本条第5款规定所作出的决议应不得对第69~49条项下的第三方国家(该第三方国家的一片领土或是一个/多个特定区域)或该国际组织(在审议中)的个人数据传输操作造成任何损害。

8. 如果委员会已经确认该第三方国家(该第三方国家的一片领土或是一个/多

个特定区域)或该国际组织无法或无法继续保证足够安全的数据保护水平,那么该第三方国家或是国际组织的清单应由委员会刊登在欧盟官方公报或是其网站上。

9. 在被另一个根据本条第3款或第5款规定所作出的委员会决议修改、替换或撤销之前,委员会根据第95/46/EC号指令中第25(6)条规定所作出的决议仍然具有法律效力。

第46条　有适当保护措施条件下的数据传输

1. 如果根据第45(3)条的规定未作出任何决议,只有当数据控制者或处理者采取了适当的数据保护措施,或是有可行使的数据主体权利和可用的数据主体补救措施时,才能够将个人数据传输至第三方国家或国际组织。

2. 第1款中所提及的适当数据保护措施应根据以下条款制定,且无须从监管机构获取其他的特殊授权:

(a)公共主管部门或公共机构之间所订立的具有法律约束力且可强制执行的文书;

(b)根据第47条规定所确立的具有约束力的公司规程;

(c)委员会根据第93(2)条中审查程序所制定的标准数据保护条款;

(d)根据第93(2)条中审查程序由监管机构制定且经由委员会审核通过的标准数据保护条款;

(e)符合第40条规定的行为准则,以及控制者或处理者对实施这些数据保护措施以及保护数据主体权利所作出的具有约束力且可以履行的承诺;或者

(f)符合第42条规定的认证机制,以及控制者或处理者对实施这些数据保护措施以及保护数据主体权利所作出的具有约束力且可以履行的承诺。

3. 第1款中所提及的数据保护措施除了要获得主管监管机构的批准之外还应符合以下条项:

(a)控制者或处理者与控制者、处理者或第三方国家/国际组织的个人数据接收方之间所订立的合同条款;或者

(b)公共主管部门或公共机构之间所订立的行政协议的附加规定,包括具有法律效力且可以执行的数据主体权利。

4. 监管机构应将第63条所提及的一致性机制应用到本条第3款的相关事项中。

5. 任何根据第95/46/EC号指令中第26(2)条规定所发出的成员国授权或是监管机构授权在被监管机构修改、替换或撤销(如果必要)之前仍然具有法律效力。同样,在被另一个根据本条第2款规定所作出的委员会决议修改、替换或撤销(如果必要)之前,委员会根据第95/46/EC号指令中第26(4)条规定所作出的决议仍然有效。

第 47 条　具约束力的公司规程

1. 主管监管机构应根据第 63 条所述的一致性机制对具约束力的公司规程进行审核批准，且这些公司规程应满足以下要求：

(a)具有法律约束力、适用于且由该集团公司的每一位成员或从事于联合经济活动的集团公司(包括其雇员)执行。

(b)明确授予数据主体关于个人数据处理的执行权利；以及

(c)满足第 2 款中所提到的要求。

2. 于第 1 款中所提及的具约束力的公司规程应至少对以下方面进行详细说明：

(a)该集团公司，或从事于联合经济活动的集团公司和它们各自成员的结构以及联系方式。

(b)个人数据传输或一套数据传输，包括个人数据的分类、数据处理方式以及处理目的、涉及的数据主体的类型，以及对审议中的一个或多个第三方国家的身份。

(c)这些规程在公司内部和外部的法律约束性。

(d)数据保护一般原则的应用，尤其是目的限制、数据最小化、有限的数据保存期限、数据质量、数据保护的设计和默认、数据处理的法律依据、特殊类别的个人数据处理、对数据安全所采取的措施，以及将个人数据传输给这些公司规程约束范围之外的机构的相关要求。

(e)数据主体在数据处理方面所享有的权利以及行使这些权利的方式，这些权利包括不受制于基于自动化数字处理(包括根据第 22 条规定所进行的数据画像)的决策、有权根据第 79 条的规定向主管监管机构或是成员国的主管法院提出控诉、有权获取赔偿或是违反这些具约束力的公司规程的相应补偿(如适用)。

(f)控制者或处理者在成员国领域范围内所建立的受理机制，主要受理非欧盟成员违反这些具约束力的公司规程所应承担的责任；如果控制者或处理者能够证明该成员对违反这些公司规程所造成的损害不负有任何责任，那么该控制者或处理者可免除全部或部分责任。

(g)如何将有关该约束力公司规程的信息、尤其是有关本款第(d)项、第(e)项、第(f)项中规定的信息传达给第 13 条、第 14 条涉及范围之外的数据主体。

(h)根据第 37 条所规定的数据保护专员的职责或在该集团公司或从事联合经济活动的集团公司范围内负责监管这些具约束力的公司规程以及监管培训活动和受理控诉的其他法人或实体的职责。

(i)控诉程序。

(j)在该集团公司或从事联合经济活动的集团公司范围内所建立的审核机制，用于确保这些具约束力的公司规程的合规性。该审核机制应包括数据保护检查以及确保数据主体权利安全性的矫正方法。合规性审核的结果应提交给本款第(h)项中所提及的法人或实体以及管控该集团公司或从事联合经济活动的集团公司的数据保护委员会。此外,如有需要,该审核结果也应提交给主管监管机构。

(k)规程变更申报和记录,以及将这些变更汇报至监管机构的机制。

(l)与监管机构之间所建立的合作机制,用于确保该集团公司或从事联合经济活动的集团公司的成员能够遵守这些公司规程,且便于监管机构获悉合规性审核的结果[于本款第(j)项中提及]。

(m)负责将一些法律要求汇报至监管机构的机制,这些法律要求为该集团公司或从事联合经济活动的集团公司的成员在第三方国家所需要遵守的法定要求,且该第三方国家可能会对这些具约束力的公司规程中所述的保证产生不利影响;以及

(n)对有权长期使用或定期使用这些个人数据的人员进行适当的数据保护培训。

3. 委员会应对控制者、处理者和监管机构之间关于约束力公司规程所作的信息交流的方式和程序进行明确规定,且该信息交流应按照本条的规定进行。这些实施条例应能够通过第93(2)条中所提及的审查程序。

第 48 条　未经欧盟法律授权批准的数据传输或数据公开

除非有国际协议作为执行基础,任何根据法院或法庭的裁决,或是根据第三方国家行政机关的裁定要求数据控制者或处理者进行的个人数据传输或数据公开都不得以任何方式得到批准或是执行。该国际协议(如一份司法互助条约)应在相关第三方国家和欧盟或欧盟成员国之间订立生效,且不得对根据本章规定所进行的数据传输的根据造成任何损害。

第 49 条　特定情况下的例外条款

1. 如果根据第45(3)条规定未作出任何决议,或是根据第 46 条规定未采取任何的数据保护措施,也未制定任何具约束力的公司规程,那么只有在以下情况才能向第三方国家或国际组织进行个人数据传输:

(a)在获悉了由于缺乏决议和适当的数据保护措施可能会带来的数据传输风险后,数据主体仍明确表示其同意原传输计划的执行;

(b)对于履行数据主体和数据控制者之间所订立的合同或履行数据主体所要求的先合同义务而言,该数据传输为必需的;

(c)对于基于数据主体的利益,由控制者和另一个自然人或法人所订立的合同而言,该数据传输是该合同订立和履行所必需的步骤;

(d)该数据传输为实现公众利益所必需的;

(e)该数据传输为法律索赔的建立、行使和辩护所必需的;

(f)该数据传输为保护数据主体或其他人士(当数据主体由于身体原因或法律原因无法同意该数据传输时)的重要利益所必需的;

(g)该数据传输操作已在登记册进行登记,该登记册符合欧盟法律或是成员国法律且用于向公众传递信息;此外,一般公众和所有可主张合法权益的人员都可以对该登记册进行公开咨询,但前提是根据欧盟法律或成员国法律所设定的公开咨询条件在特殊情况下也能够符合。

当数据传输不符合第45条和第46条的规定,也不符合具约束力的公司规程的相关规定,且任何在本条第1款中所提及的特定情况下的例外条款都不适用时,将个人数据传输至第三方国家或国际组织职能在以下情况下进行:该数据传输不可复制且只涉及少量的数据主体,为控制者获取合法权益所必需的步骤且该合法权益不会因数据主体的其他权益或权利以及自由权而被撤销;控制者已对数据传输的周围环境进行了评估且基于评估结果对这些个人数据采取了适当的保护措施。控制者应向监管机构发出有关数据传输的通知。除了提供第13条和第14条所提及到的信息之外,控制者还应通知数据主体相关的数据传输以及提醒数据主体获取其合法权益。

2. 根据第1款第1项第(g)目中规定所进行的数据传输不得涉及登记册中个人数据的全部内容或是全部分类。如果该登记册是为了便于有合法权益的人员进行公开咨询,那么该数据传输只能在这些人员提出要求后或是他们作为接收方时才能够进行。

3. 本条第1款第1项第(a)目、第(b)目和第(c)目以及第2项的内容不适用于由公共机构运用其拥有的公共权力而开展的活动。

4. 本条第1款第1项第(d)目中所提及的公共利益应在控制者遵从的欧盟法律或成员国法律中获得认可。

5. 在未制定出恰当决策的情况下,欧盟或成员国法律可出于对公共利益的考虑,明确限制将特定类型的个人数据传递给第三国或任何国际组织。成员国应向委员会发出与这类规定有关的通知。

6. 控制者或处理者应根据第30条的规定记录本条第1款第2项中所提及的评估和适当保护措施。

第50条　个人数据保护的国际合作

当涉及第三国家和国际组织时,委员会和监管机构应采取合适的行动,以便:

(a)开发一种可促进法律有效施行的国际合作机制,从而达到保护个人数据的目的;

(b)在法律的施行过程中提供用于个人数据保护的国际互助服务,包括采用通知、投诉推荐、调查协助和信息交换的方式,并受到适当保护措施的约束,从而对个人数据和其他基本权利及自由进行保护;

(c)确保利益相关方在法律的施行过程中参与旨在保护个人数据并促进国际合

作的讨论和活动；

(d)促进个人数据保护立法和实践的交换及文件编制，包括与第三国家的司法管辖权冲突。

第六章 独立监管机构

第1节 独立主体

第51条 监管机构

1. 各个成员国应设立一个或多个负责对本条例的适用进行监督的独立公共机构，以便对自然人的基本权利和自由予以保护，这些权利和自由与个人数据在联盟内部的处理和自由流动有关（以下简称监管机构）。

2. 各个监管机构应促进本条例在联盟内部的一致应用。为了达到此目的，监管机构应按照第七章的规定互相合作并与委员会合作。

3. 若某个成员国境内设立了一个以上的监管机构，则该成员国应指定其中一家监管机构作为数据保护委员会内所有监管机构的代表，并应创建相关机制以确保其他监管机构遵守与第63条中所述一致性机制有关的规定。

4. 各个成员国应按照本章的规定在2018年5月25日前，立即向委员会发出与其所采用的法律规定以及将会对其造成影响的任何后续修改有关的通知。

第52条 独立性

1. 每一个监管机构都应完全独立地按照本条例的规定履行其职责和行使其权力。

2. 监管机构的成员或各成员在根据本条例规定履行其职责和行使其权力的过程中应不受制于任何的外部影响（无论是直接影响或间接影响），也不得寻求或接受其他任何人的指令。

3. 监管机构的成员或各成员不得有任何违背他们职责的行为，也不得在他们的任职期间从事任何职责范围之外的职业（无论是有偿职业或无偿职业）。

4. 每一个成员国应确保各监管机构都配备有足够的人力资源、技术资源和财政资源，以及有效履行其职责和行使其权力所需满足的前提条件和基础条件。这些职责和权力包括在互助、合作以及有数据保护委员会参与的情境下所需履行的职责和行使的权力。

5. 每一个成员国应确保各监管机构都有其固定职员，且每一个职员都应服从监管机构成员或各成员的单独管理。

6. 每一个成员国应保证各监管机构都服从于不影响其独立性的财务控制，且该财务控制预留有独立公开的年度预算，可作为总体财务状况或国家预算的一部分。

第 53 条　监管机构各成员所需遵守的一般条款

1. 各成员国应通过一个透明化的程序，由以下主体负责委任监管机构成员：

——议会；

——政府；

——国家元首；或者

——根据成员国法律所委任的一个独立机构。

2. 为更好地履行其职责和行使其权力，各成员应具备足够的资历、经验和技能，尤其是在个人数据保护领域。

3. 根据相关成员国法律，任何一个成员只有在其任职期满、提前辞职或是强制退休时才能够终止其职责的履行。

任何一个成员，只有当其有严重的不当行为或是无法继续满足履行其职责的条件时才会被解雇。

第 54 条　监管机构成立的规定

1. 各成员国应就下列事项作出法律规定：

(a) 各监管机构的设立；

(b) 被任命为监管机构成员所应具备的资质和适用条件；

(c) 任命监管机构成员的规则和程序；

(d) 监管机构成员任期不少于 4 年，2016 年 5 月 24 日后初次任命的除外。部分成员的任期较短，这有利于通过交错式任命程序来保护监管机构的独立性；

(e) 监管机构成员是否可以连任以及连任的次数；

(f) 监管机构成员及职员责任相关的条件，任职期间与任期后禁止的行为与职业，以及不相容的利益，雇佣中止相关的规定。

2. 监管机构成员及职员应根据欧盟或成员国法律，在任期内以及任期后履行职业保密责任，保守在任务过程中或权力行使过程中接触到的机密信息。在其任期内，若自然人违反了本条例，应特别针对职业秘密责任进行报告。

第 2 节　能力、职责和权力

第 55 条　能力

1. 各监管机构应能够胜任分配给其的任务，并能够根据本条例的规定，在各自成员国境内履行其被授予的权力。

2. 若公共主管部门或私营机构基于第 6(1) 条第 (c) 项或第 (e) 项进行处理，相关成员国的监管机构应视为称职。第 56 条不适用于该情况。

3. 监管机构不得对法院按照其司法权限作出的处理操作进行监管。

第 56 条　主导监管机构的能力

1. 在不违反第 55 条规定的情况下，控制者或处理者主要住所的监管机构或者是只有单一住所的控制者或处理者的该等住所所在地的监管机构为主导监管机构，该等机构对控制者或处理者根据第 60 条规定程序执行跨国处理进行监管。

2. 在不违背第 1 款的条件下，各个监管机构都有权处理相关控诉或可能违反本条例的行为，一旦相关事项发生在成员国的住所内，或实质上影响了成员国内的数据主体。

3. 在本条第 2 款提及的例子中，监管机构应立即将该事件通知主导监管机构。在收到通知后的 3 周内，主管监管机构将根据到控制者或处理者是否在监管机构所属的成员国内有住所，来决定其是否根据第 60 条规定的程序处理上述事件。

4. 若主导监管机构决定处理该事件，应执行第 60 条规定的程序。向主导监管机构发出通知的监管机构可向主导监管机构提交一份决议草案。主导监管机构在编制第 60(3) 条提及的决议草案时，应最大限度地考虑该草案。

5. 若主导监管机构决定不处理该事件，向主导监管机构发出通知的监管机构应根据第 61 条和第 62 条的规定进行处理。

6. 主导监管机构是控制者或处理者执行跨国处理过程中唯一的联络者。

第 57 条　职责

1. 在不影响本条例列出的其他职责的条件下，各监管机构在其境内应：

(a) 监督并执行本条例；

(b) 提高对处理相关风险、规则、安全保护和权利的公众意识和理解。应特别注意儿童相关的活动；

(c) 根据成员国法律，国民议会、政府及其他单位或机构在保护自然人处理相关事宜的权利和自由相关的立法和行政措施，提出建议；

(d) 提高控制者或处理者在本条例下的责任意识；

(e) 根据要求，向数据主体提供有关其在本条例下权利的信息，与其他成员国内的监管机构就该事项进行合作(若适用)；

(f) 根据第 80 条规定，处理数据主体或机构、组织或协会提交的控诉，在合适的范围内，调查控诉主体事项，在合理的期限内向控诉人通知调查过程和结果，尤其是在需要进行进一步调查或需要与其他监管机构进行协调的情况下；

(g) 与其他监管机构合作，合作内容包括共享信息和提供互相援助，以确保本条例应用和实施的一致性；

(h) 基于从其他监管机构或其他公共主管部门接收的信息，对本条例的应用进行调查；

(i) 监控相关的发展，防止其影响个人数据的保护，尤其是信息和通信技术以及商业实践的发展；

(j)使用第28(8)条以及第46(2)条第(d)项提及的标准合同条款；

(k)根据第35(4)条的规定，建立并维护数据保护影响评估要求相关的清单；

(l)对第36(2)条提及的处理操作提出建议；

(m)鼓励根据第40(1)条的规定起草行为准则。根据第40(5)条的规定，提出意见并批准通过提供充分安全保护的行为准则；

(n)鼓励根据第42(1)条规定建立数据保护认证机制和数据保护密封和标记机制。根据第42(5)条规定批准认证标准；

(o)根据第42(7)条的规定，对发布的认证进行定期审查(若适用)；

(p)根据第41条规定监管行为准则与第43条规定监管认证机构起草并公布机构认证标准；

(q)根据第41条规定监管行为准则与第43条规定监管认证机构对机构进行认证；

(r)批准第46(3)条提及的合同条款与规定；

(s)根据第47条规定，批准具有约束力的企业规程；

(t)对数据保护委员会的活动作出贡献；

(u)对违反本条例的行为以及根据第58(2)条规定采取的措施进行内部记录；以及

(v)完成与个人数据保护相关的其他任务。

2. 各监管机构应通过采用可以以电子方式提交控诉以及其他沟通手段等方式，便利第1款第(f)项提及的控诉的提交。

3. 各监管机构在履行职责的过程中，不得向数据主体以及数据保护专员(如适用)进行收费。

4. 要求明显毫无根据或过分，尤其是存在重复的主张，监管机构可基于行政成本收取合理的费用，或拒绝履行该要求。监管机构应承担证明该要求明显不可理或重复主张的责任。

第58条　权力

1. 各监管机构应具备以下所有调查权力：

(a)命令控制者和处理者以及控制者或处理者的代理人(如适用)提供任何对其履行职责有必要的信息；

(b)以数据保护审查方式实施调查；

(c)对依据第42(7)条颁发的证书进行审核；

(d)将涉嫌违反本条例的情形通知给控制者或处理者；

(e)从控制者和处理者处获取查看所有对履行其职责具有必要的个人资料和信

息的访问权；

(f)依据欧盟或成员国程序法获得访问控制者和处理者所有经营场址的权利，包括任何数据处理设备和方法。

2. 各监管机构应具备以下所有惩罚权力：

(a)向控制者或处理者发出警告，警告其拟实施的处理很有可能会违反本条例的规定；

(b)当所实施的处理已经违反了本条例规定时，向控制者或处理者发出谴责；

(c)命令控制者或处理者遵守数据主体的请求，依据本条例行使其权利；

(d)以特定方式并在特定时间段内(如适用)命令控制者或处理者使其处理操作符合本条例的规定；

(e)命令控制者与数据主体就个人数据泄露进行沟通；

(f)施加临时性或终局性的限制，包括处理禁令；

(g)命令依据第 16 条、第 17 条和第 18 条修改或删除个人数据或限制处理，以及将此类行为通知给接收方[个人数据依据第 17(2)条和第 19 条予以事先披露的对象]；

(h)如果不符合认证要求或不再满足认证条件的，可撤回某项证书或命令认证机构撤回依据第 42 条和第 43 条颁发的证书，或者命令认证机构不颁布证书；

(i)依据第 83 条进行行政处罚，此外，也可根据实际情况采用本段所提及的措施；

(j)命令暂停数据流向第三方国家或流向某一国际组织。

3. 各监管机构应具备以下所有授权和建议的权力：

(a)依据第 36 条所述事先咨询程序向控制者提出建议；

(b)主动或应要求向国民议会、成员国政府或依据成员国法律向其他机构和单位以及公众就保护个人数据相关事项发表意见；

(c)如果成员国法律需要此类事先批准，则批准第 36(5)条所述处理；

(d)依据第 40(5)条发表意见和批准行为准则；

(e)依据第 43 条授权认证机构；

(f)依据第 42(5)条颁发证书和批准认证标准；

(g)采用第 28(8)条和第 46(2)条第(d)项所述标准数据保护条款；

(h)授权第 46(3)条第(a)项所述合同条款；

(i)授权第 46(3)条第(b)项所述管理安排；

(j)依据第 47 条批准具备约束力的企业规程。

4. 执行依据本条规定授予监管机构的权力应受限于适当保护措施，包括联盟和成员国法律依据宪章规定的有效司法救济和法定诉讼程序。

5. 法律应规定各成员国的监管机构有权就违反本条例的行为提请司法机关注意,并通过法定程序或以其他方式以执行本条例的规定(如适用)。

6. 法律可规定各成员国的监管机构应具备第1款、第2款和第3款所述的附加权力。这些权力的行使不得影响第七章的有效运行。

第59条　活动报告

各监管机构应起草一份关于其活动的年度报告,且可包括已告知违反类型清单以及依据第58(2)条采取的措施类型。这些报告应递交给国民议会、政府和成员国法律规定的其他机构。其公众、委员会和数据保护委员会应当可以获得该等报告。

第七章　合作和一致性

第1节　合　　作

第60条　主导监管机构和其他相关监管机构之间的合作

1. 主导监管机构应依据本条与其他相关监管机构之间开展合作,以努力达成共识。主导监管机构和其他相关监管机构应相互交换信息。

2. 主导监管机构可随时要求其他相关监管机构依据第61条提供协助,并且可以依据第62条实施联合操作,尤其是实施调查或监督与其他成员国所确立的某一控制者或处理者相关的措施执行情况。

3. 主导监管机构应与其他相关监管机构就事项相关信息进行协商且不得延迟。其应不迟延地向其他监管机构提交针对其意见拟出的决议草案,并将其意见纳入考虑范围。

4. 当任何其他相关监管机构在依据本条第3款受到咨询后4周内,如果其不遵守相关和合理异议,或其认为该异议不具备相关性或合理性,应将该事项提交给第63条所述一致性机制。

5. 当主导监管机构打算遵循相关和合理异议,其应向其他相关监管机构提交表达其意见的决议草案。修订的决议草案应在2周内通过第4款所述程序。

6. 当其他相关监管机构都未对由主导监管机构在第4款和第5款所述时间段内提交的决议草案提出异议,那么主导监管机构和其他相关监管机构应视为就决议草案达成一致,且应受其约束。

7. 主导监管机构应向控制者或处理者的主要住所或单一住所送达通知,并视情况将所议决议通知给其他相关监管机构和数据保护委员会,包括相关事实和理由总结。受理异议的监管机构应将决议通知给控诉人。

8. 在不违反第7款相关规定的前提下,当某一控诉被驳回或拒绝,那么提交该控诉的监管机构应接受该决议,并将其通知各控诉人,且应通知给其他控制者。

9. 当主导监管机构和相关监管机构都同意驳回或拒绝某一控诉的部分,并执行该控诉的其他部分时,应对该事项各部分分别采取不同的决议。主导监管机构应执行与控制者相关的执行部分的决议,且应将其通知给控制者或处理者在其成员国范围内的主要住所或单一住所,并应通知控诉人,而控诉人的监管机构应将与驳回或拒绝该控诉相关部分的决议通知控诉人,并通知相关控制者或处理者。

10. 依据第7款和第9款作出主导监管机构决议的通知后,控制者或处理者应采取必要措施确保其在欧盟境内所有住所的处理活动的合规性。控制者或处理者应就其所采取以符合决议的措施通知给主导监管机构,并应通知给其他相关监管机构。

11. 在例外情况下,相关监管机构有理由认为急需采取行动以保护数据主体的利益,应适用第66条所述紧急程序。

12. 主导监管机构和其他相关监管机构应依据本条互相提供所需的信息,且信息提供应以电子方式,适用标准格式进行。

第61条　互助

1. 监管机构应互相提供相关信息和援助,以按一致方式执行和实施本条例,且应落实与另一方的有效合作措施。互助的范围应尤其包括信息需求和监督措施,如关于实施事先授权和咨询、检查和调查的请求。

2. 各监管机构应采取所有适当必要措施对另一监管机构的请求作出回应,且不得有不当延误,并不得晚于收到此类请求后1个月。此类措施应尤其包括就实施某一调查传递相关信息。

3. 援助请求应包括所有必要信息,包括该请求的目的和理由。信息交换应仅用于对该信息有需求的情况。

4. 被请求的监管机构不得拒绝该请求,以下情况除外:

(a)其无法完成请求内容或被请求实施的措施;或者

(b)完成该请求会违反本条例或欧盟或成员国法律,且收到该请求的监管机构必须遵守该条例和法律。

5. 被请求的监管机构应将结果通知给发出请求的监管机构,或视情况将所采取并作为对该请求回应的措施进展通知给发出请求的监管机构。被请求的监管机构应提供其依据第4款拒绝该请求的理由。

6. 作为一项规定,被请求的监管机构应以电子方式向其他监管机构提供所需信息,且应采用标准格式。

7. 被请求的监管机构不得依据互助请求,就其所采取的行动收取任何费用。监管机构可同意按规定就在特殊情况下提供互助产生的特殊费用进行互相补偿。

8. 当某一监管机构未在收到另一监管机构请求后1个月内提供本条第5款所

述信息时，发出请求的监管机构可以在其成员国领土范围内，依据第55(1)条采取临时措施。在这种情况下，第66(1)条下执行的紧急需求应被假设得到满足，且需要数据保护委员会依据第66(2)条做出紧急且具约束力的决定。

9. 委员会可以通过立法规定格式和本条所提及互助的程序，以及监管机构之间、监管机构和数据保护委员会之间以电子方式交换信息的安排，应尤其采用本条第6款所述标准格式。该等立法应根据第93(2)条所述审查程序进行。

第62条　监管机构联合操作

1. 当涉及其他成员国监管机构成员或人员参与时，监管机构应与其开展联合操作(如适用)，包括联合调查和联合执行措施。

2. 控制者或处理者在多个成员国设立住所时，或超过一个成员国中的大量数据主体可能受处理操作严重影响时，每一成员国的某监管机构应有权参与该联合操作。第56(1)条或第(4)款中的主导监管机构应邀请每一成员国的监管机构参加该联合操作，并在某监管机构要求加入时立即予以回应。

3. 监管机构可依据成员国法律并在获得二级监管机构批准的情况下授予权力，包括对二级监管机构中涉及联合操作的成员或人员进行调查的权力或，在当地监管机构成员国法律允许范围内，允许二级监管机构成员或人员依据二级监管机构成员国法律行使其调查权。该调查权只可在当地监管机构成员或人员指导或在场的情况下行使。二级监管机构的成员或人员应受当地监管机构成员国法律约束。

4. 根据第1款，某二级监管机构员工在另一成员国中进行操作时，当地监管机构成员国应根据操作所在领土范围对应成员国的法律对该等员工的行动以及操作期间该等员工造成的任何损害承担责任(包括债务)。

5. 损害发生地成员国应在可行的情况下对由其自身员工造成的损害予以补偿。二级监管机构成员国的员工已对另一成员国领土内的任何人士造成损害的，该等二级监管机构成员国应向该成员国赔偿其已支付给该等人士授权代表的全部金额。

6. 在不影响其行使第三方有关权利的情况下，且除第5款外，每一成员国应在第1款中规定情况下避免就第4款中所述损害向另一成员国要求赔偿。

7. 计划进行某联合操作但某监管机构未在1个月内履行本条第2款第二句中规定的义务时，另一监管机构可依据第55条在其成员国领土范围内采取某临时措施。此时，第66(1)条项下执行的紧急需求应被假设得到满足，且需要数据保护委员会依据第66(2)条做出紧急且具约束力的决定。

第2节　一　致　性

第63条　一致性机制

为促成本条例在整个欧盟地区应用的一致性，各监管机构应互相合作并在有关情况下与委员会合作以实现本节中所述的一致性机制。

第 64 条　数据保护委员会意见

1. 某主管监管机构拟实施下列任何措施时,数据保护委员会应提出意见。此时,该主管监管机构应在其采取下列行动的情况下向数据保护委员会传达其决定草案:

(a)计划依据 35(4)条中的数据保护影响评估要求采取一系列处理操作;

(b)依据第 40(7)条关注某规范草案或修正案或行为规范附加部分是否符合本条例的问题;

(c)计划批准第 41(3)条中的某法人或第 43(3)条中的某认证法人的认证标准;

(d)计划确定第 46(2)条第(d)项和第 28(8)条中所述标准数据保护条款;

(e)计划批准第 46(3)条第(a)项中所述合同条款;或者

(f)计划在第 47 条含义范围内批准约束公司规程。

2. 为获得某意见,任何监管机构、数据保护委员会主席或委员会主席可要求一般事项或可能会对一个以上成员国产生影响的任何事项接受数据保护委员会的提出的意见,特别是在某主管监管机构未遵循第 61 条规定的互助义务或第 62 条中的联合操作义务的情况下。

3. 在第 1 款和第 2 款所述情况下,数据保护委员应对其尚未发表过意见的某一事项发表意见。该意见应由简单多数的数据保护委员会成员在 8 周内予以实施。考虑到该标的事项的复杂程度,该期限可延长 6 周。至于依据第 5 款在数据保护委员会成员间轮流的第 1 款所述决定草案,如某成员未在主席指定的合理期限内提出反对意见,则应视为该成员同意该决定草案。

4. 监管机构和委员会应在不无故拖延的情况下通过电子途径并采用标准化格式向数据保护委员会传达任何相关信息,包括事实总结、决定草案、使实施该措施必要的情况以及其他相关监管机构的观点(视具体情况而定)。

5. 数据保护委员会主席应在不无故拖延的情况下通过电子途径:

(a)以标准化的格式通知数据保护委员会和委员会成员其已收到的任何有关信息。如有必要,数据保护委员会秘书处应提供相关信息的翻译;以及

(b)通知委员会以及第 1 款和第 2 款中所述监管机构(视情况而定)该意见,并使之公开。

6. 主管监管机构在第 3 款中所述期限内不得实施第 1 款中所述决定草案。

7. 第 1 款中所述监管机构应充分考虑数据保护委员会意见,且应在收到该意见后 2 周内通过电子途径并使用标准化格式向数据保护委员会主席传达其是坚持还是修改其决定草案和修正后决定草案(如有)。

8. 如在有关情况下相关监管机构在本节第 7 款所述期限内通知数据保护委员会主席其不计划遵循数据保护委员会意见(部分或全部),则第 65(1)条应适用。

第 65 条　数据保护委员会争议解决

1. 为确保个别情况下本条例应用的正确性和一致性,数据保护委员会在以下情况中应适用具有约束力的决定:

(a)若在第 60(4)条提及的情况下,相关监管机构已对主导监管机构的决定草案提出相关合理异议,或主导监管机关已因该异议并不相关或合理而将其驳回。具有约束力的决定应涉及相关合理异议的所有事项,尤其是是否违反本条例。

(b)对相关监管机构是否对主要住所具有管辖权产生不同意见。

(c)若主管监管机构在第 64 条第(1)款提及的情况下未征询数据保护委员会的意见,或未根据第 64 条遵循数据保护委员会提出的意见。在该情况下,任何相关监管机构或委员会可向数据保护委员会传达该事项。

2. 第 1 款所提及的决定应于 2/3 多数数据保护委员会成员提起该事项起的 1 个月内决定。鉴于事项的复杂性,该期限可另外延长 1 个月。第 1 款所提及的决定应详尽论述,并发送至主导监管机构及所有相关的监管机构,并对其具有约束力。

3. 若数据保护委员会尚未能够于第 2 款提及期限内采纳该决定,则其应于第 2 款提及第二个月期满后 2 周内采用大多数数据保护委员会成员作出的决定。若数据保护委员会成员产生分歧的,则应通过数据保护委员会主席投票采纳该决定。

4. 在第 2 款和第 3 款的期间内,第 1 款中的相关监管机构不得适用数据保护委员会就相关事项的决定。

5. 数据保护委员会主席应告知相关监管机构第 1 款中所提及的决定,其不得无故拖延。同时也应将其告知委员会。监管机构已通知第 6 款提及的最终决定后,该决定应立即在数据保护委员会网站公布。

6. 主导监管机构或受理投诉的监管机构(视情况而定)应采用其最终决定(最终决定应以本条第 1 款提及的决定为依据),该等机构不得无故拖延且最迟不得超过数据保护委员会告知该决定后 1 个月。主导监管机构或受理投诉的监管机构(视情况而定)应告知数据保护委员会其分别向控制者或处理者及数据主体告知最终决定的日期。相关监管机构的最终决定应根据第 60(7)~(9)条予以适用。最终决定应参考本条第 1 款提及决定,并规定第 1 款提及决定将根据本条第 5 款于数据保护委员会网站进行公布。最终决定应随附本条第 1 款提及决定。

第 66 条　紧急程序

1. 特殊情况下,若相关监管机构认为迫切需要采取行动保护数据主体的权利和自由,则其可通过第 63 条、第 64 条和第 65 条提及的一致性机制的例外或第 60 条提及的程序而立即采取旨在对其管辖区域产生法律效力的临时措施,该等措施的有效期限不得超过 3 个月。监管机构应即刻将这些措施及采取这些措施的原因告知其他相关监管机构、数据保护委员会和委员会。

2. 若监管机构已根据第 1 款采取措施,并认为急需采取最终措施,则其可向数据保护委员会征询紧急意见或具有约束力的紧急决定,并说明征询该意见或决定的理由。

3. 若基于保护数据主体的权利和自由的原因,任一监管机构在需要采取紧急措施的条件下尚未采取适当措施(视具体情况),则其可根据具体情况向数据保护委员会征询紧急意见或具有约束力的紧急决定,并说明征询该意见或决定的理由,包括须采取紧急措施的理由。

4. 在不违背第 64(3)条和第 65(2)条的情况下,数据保护委员会成员应于 2 周内通过简单多数决表决采用本条第 2 款和第 3 款提及的紧急意见或具有约束力的紧急决定。

第 67 条　信息交换

委员会可采用一般范围的执行措施,以便通过监管机构之间、监管机构与数据保护委员会之间的电子手段安排进行交换,尤其是以第 64 条提及的标准化格式进行交换。

应根据第 93(2)条提及的审查程序采用这些执行措施。

第 3 节　欧洲数据保护数据保护委员会

第 68 条　欧洲数据保护数据保护委员会

1. 兹成立欧洲数据保护数据保护委员会(以下简称数据保护委员会)作为欧盟的一个机构,该等机构具有法人地位。

2. 数据保护委员会由其主席代表。

3. 数据保护委员会应由各成员国的监管机构负责人和欧洲数据保护监督员或其各自代表组成。

4. 若成员国不止一个监管机构负责根据本条例监督条款的应用,则应根据成员国法律任命一位联合代表。

5. 委员会应有权参与数据保护委员会的各种活动和会议,而无表决权。委员会应指定一位代表。数据保护委员会主席应向委员会传达数据保护委员会的各种活动。

6. 在第 65 条所提及的情况下,仅在与适用于欧盟、机构、办公室及代理机构的原则与规则相关的事项决策上,欧洲数据保护监督员才享有表决权。

第 69 条　独立性

1. 根据第 70 条和第 71 条执行其任务或行使权力时,数据保护委员会应独立行动。

2. 在不损害第70(1)条和第70(2)条第(b)项提及委员会请求的情况下,执行其任务或行使权力时,数据保护委员会不得寻求任何人的指示或作出指示。

第70条 数据保护委员会的职责

1. 数据保护委员会应确保本条例适用的一致性。为此,数据保护委员会应自发或应委员会要求(若相关),特别是:

(a)监督并确保本条例在第64条和第65条规定的情况下的正确应用,不损害国家监管机构的职责。

(b)就欧盟个人数据保护相关任何事项(包括针对本条例提出的任何修正案)向委员会提出建议。

(c)按照有约束力的企业规程对控制者、处理者和监管机构之间的信息交流形式和程序向委员会提出建议。

(d)发布针对清除来自第17(2)条中提及的公共通信服务的个人数据链接、副本或复制品的指引、建议和最佳实践。

(e)主动或应其成员或委员会的请求,检查关于本条例应用的任何问题,并发布指引、建议和最佳实践,以便于促进本条例的应用一致性。

(f)按照本款第(e)项发布指引、建议和最佳实践,以便于根据第22(2)条基于数据画像进一步规定决议的标准和条件;

(g)按照本款第(e)项发布指引、建议和最佳实践,以便于确定个人数据泄露以及确定第33(1)条和第(2)款中提及的不当延误并且应基于要求控制者或处理者通知该等个人数据泄露的特殊情况。

(h)个人数据泄露可能对第34(1)条中提及的自然人的权利和自由造成高风险的,按照本款第(e)项发布指引、建议和最佳实践。

(i)按照本款第(e)项发布指引、建议和最佳实践,以便于基于控制者和处理者遵守的有约束力的企业规程以及进一步必要要求,进一步规定个人数据传输的标准和要求,从而确保第47条提及的相关数据主体的个人数据保护。

(j)按照本款第(e)项发布指引、建议和最佳实践,以便于基于第49(1)条进一步规定个人数据传输的标准和要求。

(k)根据第83条为监管机构起草关于应用第58(1)条、第(2)款和第(3)款中提及措施以及设定行政罚款的指引;

(i)审查第(e)项和第(f)项中提及的指引、建议和最佳实践的实际应用。

(m)按照本款第(e)项发布指引、建议和最佳实践,以便于依据第54(2)条确定自然人报告违反本条例事项的通用程序。

(n)根据第40条和第42条,鼓励行为准则的起草和数据保护认证机制以及数据保护密封与标记机制的确立。

(o)依据第43条执行认证机构资格鉴定和定期审查并依据第43(6)条建立授权机构的公共登记册以及依据第42(7)条在第三方国家建立授权控制者或处理者的公共登记册。

(p)明确第43(3)条中提及的条件(基于42条所规定的认证机构资格鉴定)。

(q)向委员会提供关于第43(8)条中涉及的认证要求的意见。

(r)向委员会提供关于第12(7)条中提及的图像的意见。

(s)向委员会提供关于第三国或国际组织内保护水平适当性评估的意见,包括评估第三国或该等第三国的领土或一个或多个部分内或国际组织是否未提供适当水平的保护。为此,委员会应向数据保护委员会提供与该第三国或该等第三国的领土或一个或多个部分内或国际组织的所有必要文件,包括与第三国政府之间的通信。

(t)依据第64(1)条中提及的一致性机制对监管机构的决议草案以及依据第64(2)条对拟议事件发表意见,并且依据第65条作出约束性决议,包括第66条中提到的情况。

(u)促进合作以及有效的双边和多边信息交流和监管机构之间的最佳实践。

(v)促进共同培训计划并推进监管机构之间以及监管机构与第三国监管机构或国家组织之间(如适用)的人才交流。

(w)促进与全世界数据保护监管机构进行的有关数据保护立法和实践的知识和文件的交流。

(x)依据第40(9)条对在联盟级别起草的行为准则发表意见。以及

(y)建立有关监管机构和法院对按照一致性机制处理的事件所采取决议的公共电子登记册。

2. 如果委员会需要数据保护委员会的建议,其应考虑到事件的紧急程度说明时间期限。

3. 数据保护委员会应向第93条中提及的委员会和全体委员传达这些意见、指引、建议和最佳实践并将其公开。

4. 数据保护委员会应与利益相关方商议(如适当)并给予其在合理期限内发表意见的机会。在不影响第76条规定的情况下,数据保护委员会应公开商议程序的结果。

第71条　报告

1. 数据保护委员会应起草关于联盟以及第三国和国际组织(若涉及)中与处理相关的自然人保护的年度报告。该报告应公开并传送至欧洲议会、理事会和委员会。

2. 该年度报告应包括第70(1)条第(1)项中提及的指引、建议和最佳实践以及第65条中提及的约束性决议的实际应用的审查。

第72条　程序

1. 数据保护委员会应通过简单多数成员表决的方式作出决议，除非本条例中另有规定。

2. 数据保护委员会应通过其2/3多数成员表决的方式采纳议事规则以及组织其运营安排。

第73条　主席

数据保护委员会应通过简单多数表决的方式在其成员中选举1位主席和2位副主席。主席和副主席的任期应为5年并且可连任一次。

第74条　主席的任务职责

1. 主席应履行下列职责：

(a)召开数据保护委员会议并编制议事日程；

(b)向相关主导监管机构和监管机构告知数据保护委员会依据第65条采纳的决议；

(c)确保数据保护委员会任务的按时履行，尤其是与第63条中提及一致性机制相关的任务。

2. 数据保护委员会应在其议事规则中制定主席和副主席之间的任务分配。

第75条　秘书处

1. 数据保护委员会应设秘书处，由欧洲数据保护监督员设置。

2. 秘书处只按照数据保护委员会主席的指示开展任务。

3. 负责执行数据保护委员会按照本规定所指派的任务的欧洲数据保护监督员，其汇报线应与负责执行欧洲数据保护监督员所指派的任务的员工分开。

4. 在适当情况下，数据保护委员会和欧洲数据保护监督员应制定并发布实施本条规定、确定其合作期限的谅解备忘录，且应适用于负责开展数据保护委员会按照本规定授予的任务的欧洲数据保护监督员员工。

5. 秘书处应向数据保护委员会提供分析、行政和后勤支持。

6. 下列事项应由秘书处负责：

(a)数据保护委员会日常事务；

(b)数据保护委员会成员、主席和委员会之间的传达工作；

(c)与其他机构和公众之间的沟通工作；

(d)内外电子通讯的使用；

(e)相关信息的解释；

(f)数据保护委员会会议的准备和后续工作；

(g)监管机构之间的争议意见和决议及数据保护委员会采纳的其他文本的编制、起草和发布。

第76条　保密

1.根据数据保护委员会流程条例,如数据保护委员会认为有必要,数据保护委员会的讨论应保密。

2.获取提交给数据保护委员会成员、专家和第三方代表的文件应适用欧洲议会和理事会第1049/2001号条例。[1]

第三章　补救措施、责任和处罚

第77条　向监管机构提起诉讼的权利

1.在不影响其他行政或司法补救措施的情况下,如数据主体认为与之相关的个人数据处理违反了本规定,每个数据主体有权向监管机构提起诉讼,尤其是向在其居住地、工作地或侵权指控地所在成员国内的监管机构。

2.根据第78条,提起诉讼的监管机构应通知上诉人诉讼进度和结果,包括司法补救措施的可能性。

第78条　对监管机构采取有效司法补救措施的权利

1.在不影响其他行政或非司法性补救措施的情况下,每位自然人或法人有权对监管机构作出的与之相关的合法约束性决议采取有效司法补救措施。

2.在不影响其他行政或非司法性补救措施的情况下,如根据第55条和第56条规定,主导监管机构未处理诉讼或3个月内未通知数据主体所提起的诉讼的进度或结果的,根据第77条,任一数据主体有权采取有效司法补救措施。

3.对监管机构提起的诉讼应向监管机构成立地的成员国法院提起。

4.如在一致性机制中,诉讼的提起在数据保护委员会向监管机构出具的意见或决议之前,监管机构应向法院传达该意见或决议。

第79条　对控制者或处理者进行有效司法补救的权利

1.在不影响任何可用的行政或非司法补救情况下(包括根据第77条规定,向监管机构提起控诉的权利),各数据主体有权在其认为其在本条例下的权利因为不符合本条例的处理行为而受到侵害的情况下获得有效的司法救济。

2.对控制者或处理者的诉讼应向控制者或处理者确立的成员国法院提出。此外,此类诉讼也可向数据主体惯常居住的成员国法院提出,除非控制者或处理者为行使公共权力的成员国的公共机关。

---

〔1〕 2011年5月30日欧洲议会和理事会第1049/2001号条例(EC),就欧洲议会、理事会及委员会文件的公共访问(OJ L 145,31.5.2001,p.43)。

第 80 条　数据主体的代表

1. 数据主体有权授权一个不以营利为目的的机构、组织或协会，该等机构、组织或协会依照成员国相关法律设立，以公共利益为法定目标，且活跃在数据主体权利和自由（就其个人数据保护而提起控诉，行使其在第 77 条、第 78 条和第 79 条项下的相关权利，以及根据成员国法律行使其在第 82 条项下接收赔偿的权利）的保护领域。

2. 成员国可以规定本条第 1 款中的任何机构、组织、协会，若其认为数据主体在本条例中的权利已受到侵害时，其有权基于数据主体的授权独立地依照第 77 条规定在其成员国向主管监管机构提起控诉及行使其在第 78 条和第 79 条规定项下的权利。

第 81 条　中止诉讼

1. 如果某成员国的主管法院得知就某诉讼案件，在另一个成员国法院悬而未决（由同一控制者或处理者的处理行为导致），该成员国的主管法院应当联系另一成员国法院以确认该等诉讼的存在。

2. 就涉及由同一个控制者或处理者处理却在另一个成员国法院悬而未决的相同的诉讼时，非初始受理法院的主管法院应中止该等诉讼。

3. 当该等诉讼位于初审阶段，若初始受理该诉讼的法院对该等案件具有管辖权且其法律允许合并此类诉讼，非初始受理的法院可在一方当事人提出诉讼申请时拒绝行使司法管辖权。

第 82 条　获得赔偿的权利及责任

1. 因违反本条例而遭受物质或非物质损害的任何人士有权从控制者或处理者处就所受损害获得赔偿金。

2. 控制者应就在处理过程中因违反本条例规定处理所产生的损害承担责任。处理者仅需对因违反本条例中关于处理者的规定或未采取措施或违反控制者相关法律规定的处理过程中所产生的损害承担责任。

3. 若证实控制者或处理者无须对产生损害的事件负责，则应免除其在第 2 款中的相关责任。

4. 若超过一名控制者或处理者，或处理者或控制者双方都牵涉到第 2 款及第 3 款中其应负责相应损害的同一处理过程时，各控制者或处理者应对整个损害保留全部责任，以确保数据主体得到有效赔偿。

5. 若控制者或处理者已依照第 4 款中的相关规定，支付了所遭受损害的全部赔偿，控制者或处理者有权按照第 2 款所载的条件，从同一诉讼所涉控制者或处理者处索回其对损害责任赔偿的部分。

6. 主张求偿权的法院诉讼应依照第 79(2) 条中提到的成员国法律规定，向主管法院提出。

第83条　征收行政罚款的一般条件

1. 各监管机构应确保依照本条规定对第4款、第5款及第6款中违反本条例规定行为的行政罚款的征收有效、适度且具有规劝作用。

2. 行政罚款应根据每个案件的具体情况而定，该等征收可免除或代替第58(2)条第(a)项至第(h)项及第(j)项所规定的相关措施。在确定是否给予行政罚款及确定各案件行政罚款的金额时，应适用下列条款：

(a)此类违约行为的性质、严重性及持续时间，应考虑到涉及处理过程的目的或性质范围，涉及数据主体的数量及因其而遭受损害的程度；

(b)违约行为的故意或过失；

(c)控制者或处理者为减少数据主体所受损害而采取的任何措施；

(d)考虑依照第25条及第32条而实施的技术及组织措施，控制者及处理者的责任程度；

(e)控制者或处理者的此前任何相关违约行为；

(f)为补救违约行为或减少因违约行为产生的可能不利影响而同监管机构合作的程度；

(g)受违约行为影响的个人数据的类别；

(h)监管机构知晓此类违约行为的方式，特别是是否由控制者或处理者通知此类违约行为及违约程度。

(i)根据第58(2)条中相关规定，此前已就相同事件、合规性措施向控制者或处理者规定了相关措施；

(j)遵守根据第40条经批准的行为守则或根据第42条经批准的认证机制；以及

(k)适用于本案件情况的其他加重或减轻因素，如获得财务收益或通过直接或间接方式避免因违约行为而导致的财务损失。

3. 若控制者或处理者因有意或疏忽，在相同或联合处理操作中违反若干条本条例的规定，行政罚款的总额不得超过最严重违约行为所规定的金额。

4. 有下列违约行为的，依照第2款规定，其行政罚款不得超过1000万欧元，或对于某家企业而言，其行政罚款不得超过前一财政年度全球总营业额的2%，以较高者为准：

(a)第8条、第11条、第25～39条及第42条、第43条中规定的控制者及处理者义务；

(b)第42条和第43条中规定的认证机构义务；

(c)第41(4)条中规定的监测机构义务。

5. 有下列违约行为的，依照第 2 款规定，其行政罚款不得超过 1000 万欧元，或对于某家企业而言，其行政罚款不得超过前一财政年度全球总营业额的 4%，以较高者为准：

(a)第 5 条、第 6 条、第 7 条及第 9 条中规定的基本处理原则，包括同意的条件；

(b)第 12 ~22 条中规定的数据主体权利；

(c)第 44 ~49 条中规定的对在第三国或国际组织中的接收方进行的个人数据传输；

(d)第九章采用的成员国法律中规定的义务；

(e)未能根据第 58(2)条的规定，在处理过程中遵循监管机构的命令与临时或最终的限制，或应监管机构的要求终止数据流动，或违反第 58(1)条之规定而未能提供访问。

6. 未根据第 58(2)条的规定，遵循监管机构的指令，依照第 2 款规定，其行政罚款不得超过 2000 万欧元，或对于某家企业而言，其行政罚款不得超过前一财政年度全球总营业额的 4%，以较高者为准。

7. 在不影响监管机构根据第 58(2)条享有的惩罚权力的情况下，各成员国可对是否在公共主管机构及组织设立的成员国内实施行政罚款及行政罚款金额作出规定。

8. 监管机构对其在本条中相关权力的行使应受制于相应的按照欧盟和成员国法律的程序保障，包括有效的司法救济和正当程序。

9. 若成员国法律制度没有规定行政罚款时，本条可适用于由主管监管机构发起及主管国家法院判处的罚款，同时也应确保此类法律补救措施有效，且与由监管机构作出的行政罚款效果相同。在任何情况下，作出的罚金应有效、适度且具有规劝作用。该等成员国应当在 2018 年 5 月 25 日之前通知委员会其根据本段所制定的法律条款，并且应毫不延迟地，通知委员会关于任何后续法律修订案以及对其有影响的修正案。

第 84 条　处罚

1. 各成员国应就违反本条例的行为制定其他处罚规则，特别是不属于第 83 条规定的应受行政罚款的违反行为，并应采取一切必要措施，以确保该等处罚得到实施。此类处罚应当有效、适度且具有规劝作用。

2. 各成员国应在 2018 年 5 月 25 日之前通知委员会其根据第 1 款规定制定的法律条款，并且应毫不迟延地，通知委员会关于任何对其有影响的后续修正案。

第九章　特定数据处理的相关规定

第 85 条　处理、言论自由及信息自由

1. 成员国应当通过法律协调依照本条例保护个人数据的权利与言论自由、信息自由之间的关系，包括出于新闻工作目的和学术、艺术及文学表达目的进行的处理。

2. 对于出于新闻工作目的或者学术、艺术或者文学表达之目的进行的处理，如若其对于协调依照本条例保护个人数据的权利与言论自由、信息自由之间的关系而言必不可少，成员国应当在第二章（原则）、第三章（数据主体的权利）、第四章（控制者和处理者）、第五章（个人数据传输给第三国或者国际组织）、第六章（独立监督管理机构）、第七章（合作与一致性）和第九章（特殊数据处理情况）作出例外或豁免规定。

3. 各成员国应通知委员会其根据第 2 款所制定的法律条款，并且应毫不延迟地，通知委员会关于任何后续法律修订案以及对其有影响的修正案。

第 86 条　官方文件的处理与公众获取

公共主管部门、公共机构或者私营机构所持有的公文中、针对为公共利益而执行的任务履行情况的个人数据，可由该主管部门或者机构按照该公共主管部门或者机构须遵守的欧盟或者成员国法律进行披露，以便按照本条例协调公开官方文件与个人数据保护权利之间的关系。

第 87 条　国家识别号码的处理

成员国可进一步确定国家识别号码或者任何其他普遍适用识别符的处理的特殊条件。在这种情况下，按照本条例，只有在数据主体的权利和自由得以适当保障的情况下才能使用国家识别号码或者任何其他普遍适用识别符。

第 88 条　就业领域的数据处理

1. 成员国可以通过法律或者集体协议规定更为具体的规则，以确保在就业领域对雇员个人数据进行处理时对其权利和自由的保护，尤其是出于招聘之目的、雇佣合同的履行（包括法律或集体协议规定的义务的履行）、工作管理、工作规划及组织、工作场所的平等性和多样性、工作的健康及安全、雇主或顾客财产的保护，或是出于锻炼和娱乐之目的，基于个人或者集体与雇员相关的权利和利益，以及解约中的雇佣关系。

2. 这些规则应当包括保障数据主体的人格尊严、合法权益和基本权利的适当及具体措施，特别是关于处理透明度、个人数据在企业群体或者从事于工作场所中联合经济活动及监控系统的企业群体间的传输。

3. 各成员国应当在 2018 年 5 月 25 日之前通知委员会其根据第 1 段所制定的法律条款，并且应毫不延迟地，通知委员会相关对其有影响的修正案。

第89条　涉及公众利益出于科学及历史研究目的或者统计目的处理相关数据的保护措施和例外情况

1. 为了公众利益出于科学及历史研究目的或者统计目的进行的处理，按照本条例，应当对数据主体的权利和自由提供适当保护措施。这些保护措施应当确保技术及组织措施到位，尤其应确保遵守数据最小化原则。这些措施可包括匿名化，前提是相应目的可以通过这种方式达到。在这些目的可以通过不允许或者不再允许数据主体识别的进一步处理而达到的情况下，这些目的应当通过这种方式达到。

2. 在个人数据出于科学或者历史研究目的或者统计目的而进行处理的情况下，欧盟或者成员国法律可以根据本条第1款中所提到的条件和保护措施，规定第15条、第16条、第18条和第21条中提到的权利的例外，只要这些权利很可能变为不可能实现，或者严重损害特殊目的的实现，并且此类例外对于这些目的的实现而言必不可少。

3. 在个人数据为了公共利益、出于存档目的而进行处理的情况下，欧盟或者成员国法律可以根据本条第1款中所提到的条件和保护措施，规定第15条、第16条、第18条、第20条和第21条中提到的权利的例外，只要这些权利很可能变为不可能实现，或者严重损害特殊目的的实现，并且此类例外对于这些目的的实现而言必不可少。

4. 在第2款和第3款中所提到处理同时兼具另一目的用途的情况下，例外应当仅适用于这些段落中所提到目的的处理。

第90条　保密义务

1. 成员国可根据欧盟或者成员国法律或者国家主管机构所制定的规则，制定特殊规则，提出与须遵守职业保密义务或者其他同等保密义务（对于协调具有保密义务的个人数据保护权利而言必不可少并与之相称）的控制者或者处理者相关的，第58(1)条第(e)项和第(f)项中规定的监督管理机构所享有的权力。这些规则仅适用于控制者或者处理者因为该保密义务所涵盖活动之缘故已经收到或者在该保密义务所涵盖活动中已经获得的个人数据。

2. 各成员国应当在2018年5月25日之前通知委员会其根据第1款所制定的法律条款，并且应毫不延迟地，通知委员会对其有影响的修正案。

第91条　教会和宗教协会的现行数据保护规则

1. 成员国内的教会及宗教协会或团体可在本条例生效时，适用在处理过程中对自然人进行保护的相关综合规则，若此类规则已纳入本条例，则此类规则仍继续适用。

2. 适用本条第1款中相关综合规则的教堂或宗教协会应受到独立监管机构的监管，该机构应满足本条例第六章所规定的条件。

第十章 授权行为和执行行为

第 92 条 授权

1. 采用授权行为的权力应被授予委员会，且其应受限于本条所规定的相关情形。

2. 第 12(8)条及第 43(8)条中提及的授权的权力应在自 2016 年 5 月 24 日起的不确定时期内授予委员会。

3. 第 12(8)条及第 43(8)条中提及的授权的权力可由欧洲议会及理事会在任一时间进行撤销。决议的撤销应终止此类决议所涉及的授权。其应在欧盟官方公报发行次日或本文中规定的其他日期内生效。其不得影响已经生效的授权行为的有效性。

4. 一旦采用授权行为，委员会应同时通知欧洲议会及理事会。

5. 第 12(8)条及第 43(9)条中规定的授权行为应在欧洲议会或理事会表示无异议或欧洲议会或理事会收到此类授权行为通知后的 3 个月后或在届满前，欧洲议会及理事会都表示通知委员会其无异议后生效。此期限可延长至欧洲议会或理事会发起此类授权行为之日起的 3 个月。

第 93 条 委员会程序

1. 委员会应由程序委员会进行协助。程序委员会为符合本条例(EU)第 182/2011 号规定中相关定义的委员会。

2. 若参照本款，第 182/2011 号条例的第 5 条须适用。

3. 若参照本款，第 182/2011 号条例第 8 条应与本条例第 5 条共同适用。

第十一章 最终条款

第 94 条 第 95/46/EC 号指令的废除

1. 第 95/46/EC 号指令的废除于 2018 年 5 月 35 日起生效。

2. 已废除指令的参考应被解释为对本条例的参考。工作组中依照第 95/46/EC 号指令第 29 条而建立的个人数据处理相关的个体保护参考应被解释为对依照本条例而成立的欧洲数据委员会的参考。

第 95 条 同第 2002/58/EC 号指令的关系

本条例不得为自然人或法人强加欧盟公众信息网络公开提供的电子通信服务相关及同第 2002/58/EC 号指令所载相同目标的具体义务相关事件的额外义务。

第 96 条 同此前已达成协议的关系

在 2016 年 5 月 24 日之前各成员国之间签署的涉及同第三国或国际组织进行个人数据传输的国际协议，若该协议符合 2016 年 5 月 24 日之前的欧盟法律规定，则在其进行修订、更换或撤销前继续有效。

第 97 条 委员会报告

1. 自 2020 年 5 月 25 日起,委员会应每 4 年向欧洲议会及理事会提交一次本条例的评估及审核报告。且此报告应公之于众。

2. 在第 1 款中提及的评价和审查的情况下,委员会应检查,特别是下列项目的应用和运作:

(a)第五章[关于向第三国或国际组织传输个人数据,须特别考虑采用本条例第 45(3)条中的决议及以第 95/46/EC 号指令第 25(6)条为基础的决议]。

(b)第七章(合作及一致性)。

3. 基于第 1 款之目的,委员会可要求从成员国及监管机构中获取信息。

4. 在进行第 1 款及第 2 款中提及的评估及审核时,委员会应考虑欧洲议会、委员会及其他相关机构或来源的立场及调查结果。

5. 委员会应在必要时提出适当的建议,以修订本条例,须特别考虑在信息技术及信息社会的发展情况。

第 98 条 关于其他欧盟针对数据保护的法律行为的审查

在适当的情况下,委员会应提交对其他欧盟法律行为个人数据保护进行修订的立法建议,以确保同相关自然人保护处理过程相统一和一致。其应特别关注有关欧盟机构、组织、办事处及代理对自然人进行保护的处理及此类数据自由流动的相关规则。

第 99 条 生效及适用

1. 本条例应自欧盟官方公报公布之后的第 20 日生效。

2. 本条例自 2018 年 5 月 25 日开始适用。

本条例的整体都具有约束力,且直接适用于所有成员国。

2016 年 4 月 27 日,于布鲁塞尔

欧洲议会 理事会

主席

M. Schulz J. A. Hennis-Plasschaert

审问篇

访问篇

互联网融资类业务中的民商事诉讼法律问题研究

——以"P2P网络贷款机构"为例的思考

竺常赟* 朱颖琦**

引 言

"以互联网为代表的现代信息科技,特别是移动支付、社交网络、搜索引擎和云计算等,将对人类金融模式产生颠覆性影响"。[1] 互联网金融是一种利用互联网和移动通信等现代信息科学技术实现资金融通、支付和信息中介功能的新兴金融模式。在小微融资、投资领域,与传统金融相比,互联网融资业务具有小额、快捷、便利的特征,符合普惠金融的特点和促进包容性增长的功能,可以更好地满足小微企业、中低收入人群的融资、投资需求,在一定程度上填补了传统金融覆盖的空白。近年来,P2P网络借贷、众筹融资为代表的互联网融资模式蓬勃发展,也引发了社会各界的讨论和思考。对于这一新鲜事物,各界研究的侧重点都不相同,金融行业侧重对其功能与效用的最大限度开发,监管层面侧重于各类产品与模式的市场管制与风险控制,而目前法律界的探讨多集中于制度构建的立法层面和可能触及的刑事法律边界问题。[2] 随着互联网融资类业务的迅猛发展,新类型交易模式和品种不断推出,越来越多的普通金融消费者参与其中,将来势必会有相当一部分民商事案件进入诉讼程序,成为法院受理金融案件重要的一部分。对此类纠纷的前瞻性类型化调研是

* 上海市第二中级人民法院民六庭庭长。

** 上海市第二中级人民法院民六庭法官。

〔1〕 谢平、邹传伟:《互联网金融模式研究》,载《金融研究》2012年第12期。

〔2〕 以互联网金融融资研究的高被引文献为例,经济学、金融学的代表文献如王会娟、廖理:《中国P2P网络借贷平台信用认证机制研究——来自"人人贷"的经验证据》,载《中国工业经济》2014年第4期;李悦雷、郭阳、张维:《中国P2P小额贷款市场借贷成功率影响因素分析》,载《金融研究》2013年第7期。监管机构的代表性研究成果有:如张晓朴:《互联网金融监管的原则:探索新金融监管范式》,载《金融监管研究》2014年第2期。法学领域代表性研究成果有:刘宪权:《论互联网金融刑法规制的"两面性"》,载《法学家》2014年第5期;杨东:《互联网金融的法律规制——基于信息工具的视角》,载《中国社会科学》2015年第4期等。

上海法院实现与时俱进、努力适应新时期社会经济发展需要，为上海国际金融中心建设保驾护航这一目标项下的重要课题。笔者选取当前互联网融资类业务中最为典型的“P2P 网络贷款平台”展开研究。

一、当前 P2P 网络借贷的交易模式及其所包含的法律关系

（一）当前 P2P 网络借贷平台的交易模式及其特殊类型

P2P 网络借贷平台，即“点对点”借贷（peer to peer lending）平台，是个人利用网络平台将自己的闲置资金（或出于投资目的）出借给资金短缺者的新型借贷模式。P2P 网络贷款是互联网高速发展和金融改革创新相结合的产物，以其方便、快捷、门槛低、收益高的特点适应了当前小额融资和投资的需求，在国内外发展迅速。作为金融创新的先锋，P2P 网络借贷平台交易模式、操作手法、产品类型等处于不断更新、发展中，而因其交易模式、产品特点的不同，所蕴含的各方法律关系、权利义务分配也各不相同。因此，在分析法律关系前，对当前 P2P 网络借贷平台的交易模式作一番梳理是必要的，具体如下。

1. 线上模式（又称单纯中介型）

线上模式，即只负责提供交易平台，不负责成交和贷后资金的管理。最典型的是中国最早成立的 P2P 网贷平台——拍拍贷，它基于其社交圈，利用自有系统对借款人进行评级，提供纯撮合型的交易平台，不参与资金管理和盈亏，成交后根据借款期限不同，征收手续费（一般 6 个月内的手续费在 2% 左右）、催收费（只针对借款人）。线上模式因有无担保分为有担保型和无担保型，或者因是否对本金进行垫付而分为垫付型和非垫付型，具体又可分为全额担保 P2P、部分担保 P2P。例如，拍拍贷是不提供任何担保的，而红顶创投，则提供第三方担保、贷后资金管理、催收。它与拍拍贷最大的区别，在于其成立了深圳核心担保公司为交易双方提供信息咨询和有偿担保，投资者一旦成为会员，借款逾期或形成坏贷，损失的本金由网站合作商垫付 100%；非 VIP 垫付 50%。开设这种有担保的平台对投资者是一种很大的吸引，但是成本也比较高。比如，拍拍贷仅需要注册资本 10 万元，而红顶创投的注册资本达到了 5000 万元。目前，关于担保的事宜，不少平台也开足了脑筋进行创新，如温州贷利用汽车作为抵押物进行担保。

目前，P2P 网贷平台在中国的发展多以全额担保为主，这是中国 P2P 网贷平台的特点。在国外，由于个人信用体系较健全，其 P2P 网贷平台更多的是完全点对点的撮合式、无担保的平台。[1] 在国内，各 P2P 网贷平台处于发展的初期阶段，相互

---

〔1〕 例如，世界上最早的 P2P 平台是于 2005 年成立的英国 Zopa，通过将借款人的借款信息和愿意出借资金的出借人信息发布在网络平台上，双方可自行匹配，进而促进借款协议的达成。

间的竞争非常激烈,为占领制高点,各平台不惜“烧钱”竞争,竞相让利,提出投标有奖励、有担保的拉拢吸引措施,大部分的投资者也涌向了这样的平台。当然也有少部分创业者(如拍拍贷)坚守平台安全的重要性,认为平台不能承担过多的责任,否者平台很容易“崩坍”,因此他们选择了撮合式部分担保或者无担保的平台。

2. 线下模式(又称综合复合中介型)

在P2P线下交易模式中网络平台已不仅是一个中介的身份,具体而言,网络平台先给借款人和出借人提供一些交易的信息,介绍贷款流程、信贷理财计划,而进一步的交易程序和手续由P2P的相关机构与出借人、P2P的相关机构与借款人分别去完成。网络平台由中介服务平台演变成了资金枢纽平台,不可避免地参与到了借贷交易中。通常而言,复合型的交易包括两种途径:一种是平台先向出借人融资,将资金暂时存放在平台中,待找到合适的用款人将资金贷出去;另一种是平台先将资金借给借款人,然后根据客户需求,以期限和金额进行债权拆分,通过销售理财产品的方式,将拆分后的债权转让给多个资金出借人。由于前一种模式的资金集中容易触犯“非法集资罪”的“红线”,金融创新者多以后一种“债权流转”的方式来进行运作。

在国内,后一种模式由宜信公司CEO唐宁在借鉴国外网络贷运营模式的基础上创新而生,因而也被称为“唐宁模式”。[1] 他以个人身份放贷给需要资金的客户然后再将其个人债权转让给有投资需求的出借人,出借人投资到期宜信公司再帮助出借人寻找下家回购债权或者唐宁再把债权回购。在这种模式下,贷款人可以灵活地向宜信购买期限不同、金额不同的理财产品,在一定程度上解决了融资人要求“期限长、金额高”而投资人要求“期限短、金额小”的矛盾,大大提高了撮合成功率,使P2P网贷模式突破了纯中介,并发挥了巨大了辐射作用。当前,迅猛发展的陆金所也采用了这一模式,而因为引入中国平安保险集团作为第三方担保,该平台的潜力也是巨大的。

(二)P2P网络贷款模式中的法律关系分析

从以上交易模式的介绍可以得出,P2P的典型结构为:融资人—P2P平台—投资人。但是由于担保及第三方资金监管平台的出现,其结构会发生变化,演变后的结构为:融资人—(担保机构)—P2P平台—(第三方支付或资金监管)—投资人。这其中包含了多层法律关系:

1. 民间借贷合同关系。这是P2P网贷中最为基本的法律关系,P2P是为出借人和借款人提供借贷咨询和管理服务,促成双方签订借款合同的平台。由于出借方为

---

〔1〕 唐宁于2006年在北京创办宜信公司,是宜信公司创始人、CEO。“唐宁模式”也称为“宜信模式”,其特点在于由宜信平台吸收资金供给方的资金,并将其提供给资金需求方。与自行配对模式不同的是,在这个过程中,资金供需双方的配对由宜信进行,客户并不能选择贷款的投向。宜信模式的特点是产品线最多,主要做线下,“理财顾问+P2P贷款”结合。

非银行金融机构,故出借人和借款人形成的借款关系的性质应属于民间借贷。法律上对民间借贷的定义出自法释〔2015〕18号最高人民法院《关于审理民间借贷案件适用法律若干问题的规定》(以下简称《民间借贷司法解释》),即自然人、法人、其他组织之间及其相互之间进行资金融通的行为。根据这一最新的定义,民间借贷已经不限于一方为自然人的借贷。

2. 债权转让合同关系。在P2P发展过程中,债权转让模式曾作为一种常见的业务模式。原贷款人(一般是网贷平台)将其对借款人的债权(含本息和担保)拆分成份额后向不同的受让人进行转让。常见的交易流程为平台将借款人的债权和其他理财产品进行包装,利用回报率等方式吸引投资人购买债权,然后将投资人资金继续用于放贷或其他经营活动。为了增加交易的流动性与灵活性,平台一般都会对债权进行期限或者金额的拆分,将一个债权拆分成若干个债权内容再转让给不同的出资人。[1] 虽然2016年8月17日银监会等发布的《网络借贷信息中介机构业务活动管理暂行办法》(以下简称《网贷管理暂行办法》)第10条对P2P债权转让作了限制,但实践中仍有此类情况存在。由于《网贷管理暂行办法》是部门规章,其规定不必然导致P2P债权转让无效,其效力仍应根据《合同法》等相关法律法规确定。《合同法》第79条规定,债权人可以将合同的权利全部或者部分转让给第三人。因此,如P2P网贷构成了债权转让合同关系,转让后的债权债务仍为民间借贷合同。值得注意的是,根据《合同法》第80条规定,债权人转让权利的,应当通知债务人,否则该转让对债务人不发生效力。网络平台在完成了与出借人和借款人的实质运作之后,会将出借人与借款人重新对应起来,在二者之间签订一个借款协议,这实质上就等于通知了借款人:网络平台对其享有的债权已经转让给了出借人,从而使债权转让发生效力。

3. 担保法律关系。根据提供担保主体的不同,各方形成不同的法律关系。由第三方机构提供担保的,一般为信用保证法律关系,其中,包括连带保证责任、补充保证责任。有的网络平台公司或第三方机构采取垫付本金模式,即约定以自有资金为不能按期还款的借款人欠出借人的本金债务部分,承担垫付责任。该垫付责任如何理解,应根据合同的文义以及公司作此承诺的目的进行解释。一般而言,其本意若为承担担保责任,享有对借款人的追偿权,则应认定为担保,不能认为债务承担。由债务人自身提供的抵押、质押财产担保的,形成抵押、质押合同关系,债权人可在法定条件下主张抵押权、质押权的行使。

4. 服务合同关系。因平台交易模式、开展业务内容的不同,平台与借贷两方形成不同的服务合同关系。传统的P2P网络贷款平台为借贷双方提供平台、收集和审

---

〔1〕 参见梅腾、阎二鹏:《"P2P网贷债权转让"的刑法介入——以非法吸收公众存款罪的实质解释为视角》,载《中国人民公安大学学报》(社会科学版)2016年第2期。

核基本信息、考察借款人的信用、撮合交易、提供协助催收贷款等服务，并收取相应的服务费用。这是典型的居间服务合同关系。另外，随着 P2P 网络贷款的发展，网贷平台与参与者之间越来越突破了单纯的居间服务关系，由于网贷平台参与债权拆分、以期限、金融设置的方式提供相应理财产品并予以转让销售，有学者提出，此时网贷平台所提供的已经是一种金融理财服务，因此它与金融消费者之间形成了金融理财服务合同关系，在居间服务之外，网贷平台需要承担更多的义务。

二、P2P 网贷业务典型涉诉纠纷之一——民间借贷纠纷

P2P 网贷业务相关的纠纷在司法实践领域还未大规模出现，在债务人违约时，平台和债权人一般通过其他救济实现债权，真正采用司法手段的还比较少。但随着业务的纵深发展，以司法途径解决纠纷已成为必然。关于 P2P 网贷所涉及的民间借贷纠纷，主要存在如下问题：

1. P2P 网贷中民间借贷合同的法律效力认定。在 P2P 网贷模式中，出借方大多为自然人和不具有金融监管部门批准从事贷款业务许可的普通企业，自然人为主体的民间借贷合同一般不存在无效问题，而对企业间民间借贷效力认定近年来在法律上有所变化。2015 年以前，司法实务中一般认定企业间借贷合同无效，当时的法律规范依据是最高人民法院《关于审理联营合同纠纷案件若干问题的解答》。该解答规定："明为联营，实为借贷，违反了有关金融法规，应当确认合同无效。"关于该问题，一直存在争议，修改的呼声很大。现实经济生活中，企业一方有闲余资金，另一方有资金需求，出借方出借款项有利于融通资金，化解用资企业尤其是中小企业用资难问题，对于促进社会经济发展具有积极意义。在出借企业并非以资金融通为常业，不属于违反国家金融管制的强制性规定的情形，该行为不宜认定借款合同无效。《民间借贷司法解释》承认了企业间借贷的有效性，其第 11 条规定：法人之间、其他组织之间以及它们相互之间为生产、经营需要订立的民间借贷合同，除存在特殊情形，当事人主张民间借贷合同有效的，人民法院应予支持。从上述规定来看，普通企业间因生产、经营需要进行的融资或资金拆借已被法律所认可，但那些不具备金融业务资质却实际主营房贷业务、以放贷收益为主要利润来源的企业所订立的借贷合同，由于违反国家金融强制性监管规定，依然面临无效风险。因此，P2P 平台对于不具备从事金融业务资质的中小微企业之间的借贷，应当审核借款人是否为生产经营需要而进行"过桥资金"性质的融资，而提供资金的投资人应不以资金融通为常业，以避免因违反国家金融管制的强制性规定而被认定借款合同无效。需要引起注意的是《网贷管理暂行办法》等监管政策规定，网贷平台公司不得发放贷款、将融资项目的期限进行拆分、自行发售理财等金融产品募集资金、代销银行理财、券商资管、

基金、保险或信托产品等金融产品等。[1]《网贷管理暂行办法》虽是部门规章,违反其规定不必然导致合同或行为无效,但前述网贷活动如同时违反《合同法》第52条、《商业银行法》《证券法》特许经营等规定,则仍可能导致相应合同无效。

2. P2P模式下民间借贷的利息保护问题。人民法院在审理民间借贷纠纷案件时,要依法保护合法的借贷利息,依法遏制高利贷化倾向,这些法律规定同样适用于P2P网贷形成的借贷关系。具体而言:(1)借贷双方约定的利率未超过年利率24%,出借人请求价款人按照约定利率支付利息,人民法院予以支持。(2)借贷双方约定的利率超过年利率36%,超过部分的利息约定无效。借款人已经支付的超过年利率24%,未超过年利率36%的利息,出借人可不予返还。借款人请求出借人返还已支付的超过年利率36%部分的利息的,人民法院予以支持。(3)当事人仅约定借期内利率,未约定逾期利率,出借人以借期内的利率主张逾期还款利息的,人民法院依法予以支持。(4)当事人既未约定借期内利率,也未约定逾期利率的,出借人按照6%年利率主张自逾期还款之日起的利息损失的,人民法院依法予以支持。(5)对于P2P平台通过服务费、催收费等名目变相收取的费用以及约定的相应违约金,应当与利息、逾期利息一起予以计算,人民法院对最高超过年利率24%部分,不予保护。实践中,有的平台为招揽客户、吸引群体,会推出一种奖励标,投资者除正常获得投资利息之外,另外还能获得奖励。奖励有物质的奖励也有金钱的奖励,由网站发放或者由借款人发放。投资者在享有投资利息和奖励的情况下,实际获得的回报很多要高于年利率24%。如果是借款人给予的奖励,超过年利率24%部分,法律不予保护,但由于是借款人主动给的,属于自然债务,在已经给付完毕后,借款人不得要求返还。如果是网站给予的奖励,属于服务合同中服务商对客户的另行支付的促销返利,不属于借贷利息,应当予以支持。

3. 民间借贷合同纠纷的诉讼主体问题。民间借贷合同纠纷一般为出借人向贷款人请求归还款项的争议。而在P2P网贷中,首先,出借人和贷款人从未谋面,出借

---

[1]《网络借贷信息中介机构业务活动管理暂行办法》第三章第10条规定了网贷机构"十三不准"行为,具体包括:(1)为自身或变相为自身融资;(2)直接或间接接受、归集出借人的资金;(3)直接或变相向出借人提供担保或者承诺保本保息;(4)自行或委托、授权第三方在互联网、固定电话、移动电话等电子渠道以外的物理场所进行宣传或推介融资项目;(5)发放贷款,但法律法规另有规定的除外;(6)将融资项目的期限进行拆分;(7)自行发售理财等金融产品募集资金,代销银行理财、券商资管、基金、保险或信托产品等金融产品;(8)开展类资产证券化业务或实现以打包资产、证券化资产、信托资产、基金份额等形式的债权转让行为;(9)除法律法规和网络借贷有关监管规定允许外,与其他机构投资、代理销售、经纪等业务进行任何形式的混合、捆绑、代理;(10)虚构、夸大融资项目的真实性、收益前景,隐瞒融资项目的瑕疵及风险,以歧义性语言或其他欺骗性手段等进行虚假片面宣传或促销等,捏造、散布虚假信息或不完整信息损害他人商业信誉,误导出借人或借款人;(11)向借款用途为投资股票、场外配资、期货合约、结构化产品及其他衍生品等高风险的融资提供信息中介服务;(12)从事股权众筹等业务;(13)法律法规、网络借贷有关监管规定禁止的其他活动。

人往往并不了解贷款人的具体身份和信息，提起诉讼并不便利；其次，由于债权的可分性，贷款人违约往往造成多项债权无法实现，由此可以引发共同诉讼或集团诉讼。在这一情况下，能够在诉讼发挥P2P平台的贷款催收作用是一个重要问题。一般而言，P2P平台作为一个纯信用中介，并无权利起诉违约借款人。但其可以通过一系列方式获得投资人的授权，代为诉讼。部分平台一开始就在居间协议中设置了相关条款，规定在必要时，出借人可以把债权转让给平台，以便集中起诉。这种回购债权的方式，对投资人也是有利保护，而平台出面向用资人起诉，具备更多的信息优势和资源优势。但是目前对于回购债权，监管层面存在不同声音，有人认为债权二次转让的情况让P2P机构进入了交易平台的角色，P2P机构如果只是信息中介，应该是债权第一次撮合的中介，也就是只能构建债权的一级市场，而二级市场超出了它的业务范围。所以，关于二次转让债权的问题，有待监管部门或相关立法予以明确，在法律法规未有明确禁止的情况下，司法并不主动干预。

三、P2P网贷业务典型涉诉纠纷之二——担保合同纠纷

在P2P网贷业务中，一旦出现贷款人违约，出借人实现债权有赖于各种担保，因而担保合同相关的纠纷也会是一个重要方面。关于借款人自身提供的抵押、质押担保，争议不大。这里面最有争议的是信用保证合同的法律效力认定问题。

在监管层面，2014年9月中国银监会创新监管部主任王岩岫提出“中国P2P网贷行业监管的十大原则”[1]对当前P2P行业实践中难以厘清的一些问题作了监管层面的回应。其中，原则六明确指出：“P2P机构不得为投资人提供担保，不得自身为投资人提供担保，不得为借款本金或者收益作出承诺，不承担系统风险和流动性风险，只是信息的提供者，不得从事贷款和受托投资业务、不得自保自融，这也是避免非法集资、诈骗等行为。”《网贷管理暂行办法》第10条规定，网络借贷信息中介机构不得直接或变相向出借人提供担保或者承诺保本保息。可见，监管规定是不允许网络平台公司自担保的。但是，平台自身不得为投资人提供担保，但并未规定第三方公司不得为投资人提供担保。担保公司也好，保险公司也好，提供对借款本金或者收益的保障服务，没有违背“P2P机构不得自身为投资人提供担保”的原则。

不过目前，关于P2P机构自身提供担保，并无法律法规明文禁止，前述监管规定

---

〔1〕“十大原则”具体是指：(1)P2P的发展要坚持业务本质，不得建资金池；(2)落实实名制原则，资金流向要清晰；(3)P2P要清晰业务边界，区别于其他法定金融业务，打击冒名非法经营；(4)P2P要有行业门槛；(5)贷款人和投资人的资金要进行第三方托管，不能以存管代替托管；(6)P2P自身不担保，引入的担保机构要有资质，不能承担过多担保倍数；(7)要有明确的收费机制，力求长期的发展，不能盲目追求高收益；(8)应充分进行信息披露，既要披露自身和运营信息，也要进行风险提示；(9)要加强行业自律组织的建设、推动行业标准化和信息共享，打击伪P2P；(10)坚持小额化、普惠金融、支持个人和小微企业。

属于部门规章。因此,司法实践中如果P2P机构或第三方机构作出提供担保的意思表示,那么该担保合同是否有效？笔者认为,两者因主体不同而有所区别。人民法院在审理民商事案件中应充分尊重当事人之契约自由,在认定合同效力方面更宜慎重。一般在当事人缔结的合同违反法律、行政法规的强制性、禁止性规定时才能认定合同无效。在合同法颁布施行之后,然而,就第三方机构提供的融资性担保而言,虽然目前法律、行政法规并无明确的禁止性规定,融资性担保合同在原则上似不属于法律禁止之范畴,但鉴于实践中的融资性担保大多发生在金融领域,且基本上被视为一种衍生附随金融业务,尤其是我国历来对金融采取严管政策并实行金融业务特许经营,故应将融资性担保纳入特许经营范畴。根据《融资性担保公司管理暂行办法》的相关规定,要求融资性担保公司最低注册资本为500万元人民币,其设立需监管部门审批,不得从事吸收存款、发放贷款活动,而且担保责任余额不得超过其净资产的10倍。[1] 由于目前法律尚未对融资性担保活动进行专门之规制,故而对于融资性担保合同之效力,宜结合我国金融政策,在维护国家金融安全和市场交易安全之间慎重权衡。如果在审查中发现第三方担保机构不符合法律规定的经营资质,应当根据最高人民法院《关于适用〈中华人民共和国合同法〉若干问题的解释(一)》第10条关于"当事人超越经营范围订立合同,人民法院不因此认定合同无效。但违反国家限制经营、特许经营以及法律、行政法规禁止经营规定的除外"之规定精神,以及现行《合同法》第52条第1款第4项规定之"损害社会公共利益"无效情形,应认定合同无效。而关于P2P机构自身做出保证意思表示行为的,尽管在监管层面并未获得监管部门的原则性提倡,但仍属于法律法规未明确禁止的范畴。当事人自愿负担的义务,应当依据意思自治原则,不应直接认定无效。对此,《民间借贷司法解释》也采开明态度,第22条规定:"借贷双方通过网络贷款平台形成借贷关系,网络贷款平台的提供者仅提供媒介服务,当事人请求其承担担保责任的,人民法院不予支持。网络贷款平台的提供者通过网页、广告或者其他媒介明示或者有其他证据证明其为借贷提供担保,出借人请求网络贷款平台的提供者承担担保责任的,人民法院应予支持。"

四、P2P网贷业务典型涉诉纠纷之三——服务合同纠纷

随着业务的广泛开展,违约情形的增多,借贷当事人与P2P机构之间的纠纷是

---

[1] 《融资性担保公司管理暂行办法》第10条规定:监管部门根据当地实际情况规定融资性担保公司注册资本的最低限额,但不得低于人民币500万元。注册资本为实缴货币资本。第21条规定:融资性担保公司不得从事下列活动:(1)吸收存款;(2)发放贷款;(3)受托发放贷款;(4)受托投资;(5)监管部门规定不得从事的其他活动。融资性担保公司从事非法集资活动的,由有关部门依法予以查处。第28条规定:融资性担保公司的融资性担保责任余额不得超过其净资产的10倍。

潜在但明显的。上文所述，借贷当事人与P2P机构之间形成居间合同法律关系，但根据P2P机构提供业务的不同，部分权利义务会超越居间合同的范畴，但广义上仍属于服务合同关系。对于服务合同引发的纠纷，判断P2P机构是否需要承担相应的责任，要看其所承担的合同义务。除了合同条款明确的义务，笔者认为，P2P机构在开展义务时至少应负有以下义务。

1. 信息披露义务

真实、全面、准确的信息披露是确保P2P网贷市场成功的关键，保护投资者和便利借款人的复合目标是构建P2P信息披露制度的应有之义。[1] 在不特定主体间的民间借贷业务中，信息的真实、及时、有效披露显得尤为重要。有学者指出："当P2P运营商集合公众资金进行投资时，如果缺乏完善的信息披露，P2P运营商就可能通过内幕操作为自己牟取不正当利益，出借人的资金安全难以得到保障。"其中，借贷双方对于自身信息固然有如实披露的义务，而P2P机构作为居间人、服务商，应当承担更多的审查复核和披露义务。审核包括对借款人提交的信用资料审查核实，如身份证、户口本、工作证明、生活照片、劳动合同、固定电话账单、手机详单、工资卡最近3个月的银行流水、住址证明、借款用途相应资料证明等。由于以上资料全部通过扫描件的形式上传到网络中，因此对其真实性的审核就显得更为艰巨。但在审理案件中，P2P机构作为专业居间服务商，尽管存在审核难度，但仍应科以较高的注意义务。

信息披露又包括两个方面：一是关于借贷双方的，P2P机构提供相关链接或平台可轻松查询借款人或公司历年来的经营或年报情况，让投资人全面了解公司从成立至今的基本状况、经营业绩、管理制度等。二是关于P2P机构自身及产品的。目前，国内各网站基本上只有简单的借贷操作流程介绍，对贷款平台自身以及经营模式、经营业绩、风险管理等方面的描述少之又少，一些较受关注的理财产品只有简单的说明，对投资金额、期限、信用等级等都没有具体的罗列和介绍，对公司的经营模式没有详细的阐述，也缺乏经营情况、经营业绩等信息的披露。

笔者认为，P2P机构应当披露的具体内容包括但不限于：一是公司概况，主要为公司简介、经营计划、经营范围与模式、组织架构、分支机构设置及人员情况，以及合作的资金转账平台、金融机构等。二是公司治理和内部控制，主要为公司股东或实际控制人基本情况及变动情况，股东（大）会重要决议，董事会、监事会、高级管理层的构成及工作情况，公司的内部控制建设和执行情况。三是风险管理，包括信用风险、流动性风险、市场风险、操作风险和其他风险的管理情况。四是业务情况，包括借贷数额、违约比例、担保业务中的代偿情况、参与借贷业务中的放大倍数等方面。

---

〔1〕 参见王腊梅：《论我国P2P网络借贷平台信息披露制度的构建》，载《南方金融》2015年第7期。

此外，还要披露年末资金构成及年度资金运用明细，披露财务会计报告，公司发生的重大事项等情况。

2. 安全保障义务

P2P 网络借贷的安全问题涉及个人信息安全与网络交易安全两方面。[1] P2P 机构的中介服务涉及资金转账、钱款交付、利润分配等流程，虽然 P2P 机构本身不是资金的储蓄地，但有赖于互联网络的资金往来、信息交互使 P2P 机构面临着较高的信息安全保障要求。在资金转账过程中，需要利用技术手段提供四个方面的安全防护：一是关于用户的身份认证的有效维护，P2P 机构应当确保用户身份的有效性与合法性，可以针对级别不同的用户设计不同的身份认证方式；二是对信息传输过程提供安全保护，可采用加密方式，确保涉及用户身份、资金信息的转账指令等信息在网络传播过程中不被篡改；三是对用户私密信息的安全保护，由于 P2P 交易涉及当事人的真实身份及信息，因此关于隐私和商业秘密的保护也是 P2P 机构需要注意的；四是关于资金安全的防护，P2P 机构应当注意加强与商业银行之间的合作，共同保障用户的资金安全，要加强网络贷款平台数据库以及应用层面安全体系的建设，采用多种技术手段，保障用户信息安全。

3. 协助义务

在 P2P 网络贷款业务中，借款人与投资人之间若发生直接的与业务有关交涉，P2P 机构有义务提供协助。最主要的发生在借款人逾期或违约后，投资人的追讨过程中。由于 P2P 机构掌握称更为全面的信息，如拥有借款人的所有身份资料、资金流向证据和欠款追讨证据，也掌握所有出借人信息，具有信息资源上的优势，由其出面通过网上追讨、电话追讨等方式更为便捷有效。P2P 机构还可以通过设置公布黑名单的方式，给予逾期借款人以警示而协助钱款的归还。在各方就利息支付、期限确定、本金计算等方面产生争议导致纠纷，P2P 机构有义务提供相关后台资料和信息，以便各方查询使用，解决纷争。实践中，近期出现网络平台公司拒绝向 P2P 出借人披露借贷信息协助追讨的现象，甚至在法院审判阶段仍拒不提供相应信息。在这种情况下，网络平台公司可能就要承担拒不披露信息协助追讨，而导致出借人无法向借款人主张归还借款的责任。需要注意的是，在此种情形下，网络平台公司承担的是违反服务合同项下信息披露协助义务的责任，而不是作为民间借贷借款人承担借贷合同项下的还款责任。

---

[1] 参见卢馨、李慧敏：《P2P 网络借贷的运行模式与风险管控》，载《改革》2015 年第 2 期。

互联网金融消费信贷领域刑事案件定性争议

——以“花呗套现”系列案为视角

吴永强*

一、典型案例[1]

2015年8月,“上家”韩某通过QQ联系了“中介”施某,合谋利用“花呗套现”进行诈骗。之后施某在多个QQ群里散发“花呗套现”的广告,许诺扣除15%手续费后返现,引诱他人上钩。2015年9月12日,某QQ群里的“套现者”张某看到了该广告,通过QQ向施某提出了想套现8000元的要求,施某立即把该要求转发给韩某,韩某根据该金额在“大众点评网”上向在线商家“中百仓储”下单购买了超市购物卡83张,并在订单上把领卡人设为自己指定的人,下单后“大众点评网”生成了需要支付7968元的支付二维码,韩某通过施某把该支付二维码转发给张某,张某使用自己的支付宝账号以“蚂蚁花呗”的形式扫码并支付了该笔款项。之后韩某指使他人到“中百仓储”实体店领取了该83张超市购物卡,并以八五折的价格卖给专门收购超市购物卡的收购者,得款6700余元,施某则在QQ上把张某拉黑,不兑现之前的返现承诺。事后,韩某按照事先约定的比例通过转账把部分赃款打给施某。

韩某、施某利用相同手段,诈骗了其他散布在全国各地的多名“套现者”。[2]

二、案件背景

自从进入互联网时代,网络购物日益成为一种重要的购物形式,2009年以来,电商业务持续快速增长,由此催生了各式各样的网络支付手段。“阿里巴巴”旗下的淘宝网作为中国最大的电商平台,在其支付体系中,“蚂蚁花呗”就是其中的一种网络支付手段,本文所探讨的整个系列案件就是围绕“蚂蚁花呗”业务而展开。因此,要

---

* 浙江省义乌市人民检察院检察官。

〔1〕 为了充分展现该类新型诈骗案件的基本脉络,特选取系列案件中的一例典型性个案进行说明。

〔2〕 截至审查逮捕阶段,除了“套现者”张某以外,因警力有限等原因,公安机关无法联系到其他更多的“套现者”制作笔录。

深入了解该系列案件的症结所在，首先必须要深入了解“蚂蚁花呗”业务。

（一）“蚂蚁花呗”业务的概念和性质

“蚂蚁花呗”业务是由“蚂蚁金服”旗下重庆市阿里巴巴小额贷款有限公司及重庆市阿里小微小额贷款有限公司（以下简称“蚂蚁小贷”）面向支付宝注册客户提供的定向消费贷款服务。在该业务模式下，“蚂蚁小贷”通过大数据，结合客户信用情况及其风控模型确定客户消费授信额度；客户在天猫、淘宝以及其他特定商家处购买商品或服务时，“蚂蚁小贷”为客户提供消费贷款并定向支付给商家，客户可以在下月或分期归还该笔贷款。“蚂蚁小贷”的放款、商家的收款以及客户的还款所依托的支付服务由支付宝公司提供。

“蚂蚁花呗”基于大数据的授信模式，提供了即时申请、即时审批的服务能力，审批通过后可立即用于购物支付，从而与消费购物过程紧密结合。“蚂蚁花呗”是循环授信贷款。授信审批通过后，在授信有效期内可以循环使用授信额度用于消费。

（二）“蚂蚁花呗”业务的优势和弱点

“蚂蚁花呗”业务的优势在于便捷、高效，没有繁杂的审批手续，开通业务后就能获取一定的授信额度，方便客户进行网络支付，并且具有 1 个月左右的免息期。但是，“蚂蚁花呗”业务被违法犯罪分子利用的弱点也恰恰在于此。由于获取“蚂蚁花呗”信用额度的门槛相对较低，注册支付宝账号开通“蚂蚁花呗”业务后，大部分用户能获取 500～40000 元不等的授信额度，[1]一些手头紧张急需用钱的“套现者”就有了利用“蚂蚁花呗”进行套现的需求。有需求就有市场，一伙专门从事“花呗套现”的“上家”“中介”迎合了这些需求，从中赚取“手续费”，并把零散的套现活动向“专业化”、集中化方向推进，这就是所谓的“白套现”。在“花呗套现”业务发展一段时间后，其中，部分人员就产生了不兑现套现承诺进行骗钱的想法，这就是所谓的“黑套现”。

（三）“黑套现”违法犯罪行为日益猖獗并呈集群化发展

“黑套现”产生的时间点约为2015 年8～9 月。在“白套现”阶段，这些专门从事“花呗套现”的“上家”“中介”尚能兑现收取一定的手续费后返现的承诺。在此之后，因为该行业没有多少技术含量，大量的人员加入了做“白套现”的行列，相互之间的竞争日趋激烈，其中部分人员产生了不兑现套现承诺而进行骗钱的想法，从而出现了“白套现”和“黑套现”并存、“黑套现”日益猖獗的状况。因为做“黑套现”利润丰厚可观，原来做“白套现”的人员有相当部分转做“黑套现”，也有大量原来不做“花呗套现”生意的人涌入做“黑套现”的行列，导致“黑套现”这一违法犯罪行为向集群化发展，而公安机关查获的相关案件，只是其中的冰山一角。[2]

---

[1] 目前，额度为 500～30000 元，特别需要可以申请临时增加额度，增额不超过 10000 元。

[2] 该系列案件义乌市公安局共向义乌市检察院报捕 9 件，共 13 人。

三、该类案件在实体定性上存在的争议

一种观点认为，本案应定性为普通诈骗罪，被害人为“套现者”，犯罪对象为“套现者”所占有的、其已经从“蚂蚁花呗”借出来的消费性贷款；

另一种观点认为，本案应定性为贷款诈骗，被害人为“蚂蚁小贷”，犯罪对象为“蚂蚁小贷”的消费性贷款，“上家”“中介”以非法占有为目的，利用“套现者”，间接从“蚂蚁小贷”骗取消费性贷款（间接正犯），数额累计预计[1]能够达到贷款诈骗罪的构罪标准，应当以贷款诈骗罪定罪处罚。

四、对争议的分析论证及定性选择

（一）厘清论证所需的前提条件

1. 应明确“蚂蚁小贷”是否属于金融机构

按照持贷款诈骗罪观点者的逻辑，至少“蚂蚁花呗”的经营者必须具备金融机构的资质。“蚂蚁花呗”业务是“蚂蚁小贷”面向支付宝注册用户提供的定向消费性贷款，其基本逻辑是“我借钱给你，你去消费，到期偿还”。“蚂蚁小贷”作为小额贷款公司，属于金融机构中的一类，[2]被授予明确的金融机构代码，具备中国人民银行及银监会依法批准的发放贷款资格，[3]被明确界定为“其他金融业企业”之一，[4]在日常经营相关业务中也按照金融机构的标准受相关部门的监督或管理。[5]因此，“蚂蚁小贷”作为金融机构的性质是明确的，其有资格成为贷款诈骗罪的被害人。

2. 应弄清“上家”及“中介”“套现者”“蚂蚁小贷”“大众点评网”商家之间的四角法律关系

“套现者”因为怕麻烦或者没有变现的渠道，而不得不求助于专门做这行的“上家”及“中介”。“上家”及“中介”则为了迎合“套现者”的套现需求，或者引诱“套现者”产生套现的需求，从而骗取钱财。“蚂蚁小贷”并不与“上家”及“中介”直接发生法律关系，而是与“套现者”直接发生法律关系，如果“套现者”在到期后偿还了该笔借款，那么该法律关系终结，“蚂蚁小贷”并未受到任何损失；如果到期后该笔借款尚未偿还，“蚂蚁小贷”可以根据合约向“套现者”进行民事追索。“蚂蚁小贷”根据消费信贷合约直接将资金支付给“大众点评网”的商家，“大众点评网”的商家则根据

---

〔1〕 按照“蚂蚁小贷”提供的数据初步计算。

〔2〕 参见中国人民银行《关于2010年中资金融机构金融统计制度有关事项的通知》。

〔3〕 参见《关于小额贷款公司试点的指导意见》。

〔4〕 2015年“一行三会”及国家统计局联合制定的《金融企业规划标准规定》。

〔5〕 2008年财政部下发的《关于小额贷款公司执行〈金融企业财务规则〉的通知》。

"上家"在线所下订单,把"购物点卡"[1]交付给"上家",购买者与支付者相分离,这是"上家""中介"能够诈骗成功的重要条件。

3. 应认识到套现载体经历了从实物商品转移到虚拟商品"购物点卡"等更容易变现的商品的过程

在"花呗套现"兴起之初,"上家"选择淘宝上不法店铺所售商品作为载体,如果想要诈骗成功,必然要勾结淘宝店铺商家,使淘宝店铺商家成为共犯。这样一来,不法淘宝店铺商家也要从中分一杯羹,且比率不低,一般要分走套现额的30%左右。后来,由于淘宝平台对不法店铺的打击力度进一步加强,同时"上家"为了压缩这部分的成本,遂把载体从淘宝店铺所售的商品转移到了"大众点评网"商家所售的"购物点卡"等更容易变现的商品上,如在很多超市附近有专门收购超市购物卡的收购者,这些收购者见卡就收,并不专门服务于从事"花呗套现"的"上家",他们要拿走"购物点卡"面额的15%作为手续费。

(二)争议分析及定性选择

普通诈骗罪与贷款诈骗罪是普通法条和特别法条之间的关系,应当遵循特别法条优于普通法条的适用原则。在本案中,如果"上家"及"中介"的行为既符合普通诈骗罪的构成要件又符合贷款诈骗罪的构成要件,那么应当优先适用贷款诈骗罪。因此,判断贷款诈骗罪是否成立是本案争议的关键所在。

持贷款诈骗观点者的理论依据是"间接正犯",即"上家"及"中介"利用"套现者"作为媒介实施犯罪,从"蚂蚁小贷"骗取消费性贷款。虽然每笔金额数量较小,但诈骗次数很多,事实上累计金额很容易超过贷款诈骗罪的2万元追诉标准(虽然目前证据情况不容乐观,但有补证的可能)。关于间接正犯的正犯性,以前是用"工具理论"来进行说明的,即被利用者如同刀枪棍棒一样,只不过是利用者的工具;既然利用刀枪棍棒的行为是实施行为,那么利用他人的行为也是实行行为。但是,被利用者与刀枪棍棒不同,是有意识的人。所以,现在占通说地位的是"犯罪事实支配说",即对犯罪实施过程具有决定性影响的关键人物或者核心角色,具有犯罪事实支配性,是正犯。支配类型有两种:一种是幕后者强迫直接实施者实施犯罪行为;另一种是幕后者隐瞒犯罪事实,从而欺骗直接实施者实施犯罪行为。从形式上来看,本案显然不属于强迫类型,而更像是欺骗类型,但从实质上来看,本案是否属于欺骗类型的间接正犯?

贷款诈骗罪是指以非法占有为目的,使用欺诈方法,诈骗银行或者其他金融机构的贷款,数额较大的行为。需要特别指出的是,贷款诈骗罪与骗取贷款罪存在特别关系,即两罪的区别仅在于有无非法占有目的。在本案中,"上家"及"中介"具有

[1] 购物卡、票、券的简称。

非法占有的目的,即拿到“蚂蚁花呗”借款不想再归还;而“套现者”并没有非法占有的目的,即“蚂蚁花呗”借款只是挪用一下,到期之后还是要偿还的(此处暂不讨论“套现者”也具有非法占有目的情形)。除此之外,两者在使用欺诈方法上都是一致的。也就是说,在骗取贷款行为上,两者是共犯,“上家”及“中介”只是多了非法占有的目的而已。如果骗取贷款行为在数额上能够达到构罪标准,那么“套现者”与“上家”及“中介”都以骗取贷款罪进行处罚是没有问题的。但在同样情况下,“套现者”以骗取贷款罪进行处罚,“上家”及“中介”以贷款诈骗罪进行处罚是否合适?

在思维陷入僵局的情况下,不妨回头来看看前面所说的套现载体,即“购物点卡”。“套现者”直接从“蚂蚁小贷”拿到的是消费性贷款,但“上家”并没有从“蚂蚁小贷”直接拿到该消费性贷款,而是直接拿到了该消费性贷款的对价即套现载体“购物点卡”。消费性贷款已经通过“套现者”转化成“购物点卡”,该“购物点卡”属于“套现者”而非“蚂蚁小贷”。也就是说,“上家”及“中介”是通过从“套现者”处直接骗取“购物点卡”从而达到对消费性贷款的间接所有,其非法占有目的直接针对的对象是“购物点卡”。而对于“蚂蚁小贷”的消费性贷款,因为该贷款已被“套现者”购买“购物点卡”所使用,并已被“大众点评网”的商家收取,“上家”及“中介”无法对不在掌控范围内的该笔贷款形成非法占有的目的。换言之,“上家”及“中介”的非法占有的目的只是直接作用于套现载体,即“购物点卡”,而无法直接作用于该笔消费性贷款。

从犯罪构成要件来说,无论是普通诈骗罪还是贷款诈骗罪,都应当符合诈骗罪的基本架构,即行为人虚构事实、隐瞒真相→被害人陷入错误认识→被害人基于错误认识处分(交付)财产→行为人或者第三人取得财产→被害人遭受财产损失。在本案中,“上家”及“中介”并未对“蚂蚁小贷”实施欺骗行为,实施欺骗行为的是“套现者”,只有在“套现者”欺骗“蚂蚁小贷”的行为是被“上家”及“中介”所操控的情况下,才有适用间接正犯理论来追究“上家”及“中介”构成贷款诈骗罪的前提。但事实上,“套现者”之所以要“套现”,并非因为受到“上家”及“中介”的操控或者利用,而是因为其本身有套现需求,“上家”及“中介”只是迎合或者加强了该需求,两者之间并没有形成操控与被操控的关系。因此,“上家”及“中介”与“套现者”仅在骗取贷款的层面上成立共犯,但不能认定“上家”及“中介”是贷款诈骗的间接正犯。此外,“蚂蚁小贷”基于错误认识处分财产,其处分(支付)财产所指向的对象是“套现者”而非“上家”及“中介”,即消费性贷款是发放给“套现者”而非“上家”及“中介”,这更能说明“上家”及“中介”并不是直接从“蚂蚁小贷”处骗取该消费性贷款,而是直接从“套现者”处骗取“购物点卡”。

综上,笔者倾向性认为,本案定性应为普通诈骗罪,从骗取贷款的角度来讲,“上家”及“中介”和“套现者”是共犯,但因数额不够而无法认定,“上家”及“中介”虽然有非法占有的目的，但只是直接作用于套现载体而无法直接作用于消费性贷款。换言之，本案是“上家”及“中介”和“套现者”骗取贷款后分赃不均，“上家”及“中介”从“套现者”手中骗走了套现载体，即“购物点卡”。

五、拓展分析：“白套现”行为的定性分析

上述分析论证都是立足于“黑套现”的案例，若把目光作适当延伸，我们就会发现做“白套现”的“上家”“中介”同样也涉嫌违法犯罪。

伴随“蚂蚁花呗”等创新消费信贷产品的蓬勃发展，不法分子组织套现行为愈发猖獗。不法分子为获得不正当的经济利益，通过网络、通信群组频繁引导、教唆他人针对“蚂蚁花呗”等网络消费信贷产品进行大规模套现，套现组织者从中抽成获利，套现行为已经给金融消费者的合法权益和金融机构正常创新业务的开展造成重大侵害，也极大地破坏了互联网金融秩序的稳定。如果不及时有效地遏制该类型组织套现行为，会使不法分子误以为针对“蚂蚁花呗”等新类型消费信贷产品进行犯罪活动程序简单、非法所得颇丰、犯罪成本极低，这样不但会抑制金融企业和金融产品的创新，也将导致更多不法分子效仿该类型犯罪，造成更大范围的社会恶劣影响。通过上文分析，套现组织者，即“上家”和“中介”实际上是在从事消费信贷资金的转移和给付，也就是支付结算的业务。根据《支付结算办法》《非法金融机构和非法金融业务活动取缔办法》(2011 年修订)等规定，未经中国人民银行的批准，擅自从事或变相从事支付结算业务的行为在性质上均应认定为“非法从事资金支付结算业务”。《刑法修正案(七)》已将非法从事资金结算业务规定为非法经营罪的行为方式之一，因此，对“白套现”行为，应当适用《刑法》第 225 条第 3 项的规定，以非法经营罪认定。

互联网金融视野下涉电子银行业务纠纷的司法规制

顾 权* 丁 祎**

引 言

随着互联网金融的快速发展及市场融资需求的多元化,商业银行传统线下业务面临前所未有的挑战。尤其是“新兴网路金融与传统金融服务业者间,从原本的合作型态,在传统业者亦积极搭上数位化潮流而开始转型后逐渐转向竞争”。[1] 在此背景下,各银行纷纷布局互联网金融战略创新经营模式,运用大数据分析等工具,通过网上银行、手机移动终端等电子媒介为公众提供更加全面、迅捷、个性化的现代金融服务,在回应社会需求、促进金融创新、加快自身发展等方面发挥了积极的作用。[2] 然而,相对于银行业务电子化发展的趋势,整个社会公众对电子银行的风险认识和防范能力并未相应提升,加之银行在金融活动中处于经营优势地位,亦处于起步探索阶段,若在交易规则、资金安全、信息披露等方面产生疏漏,则容易引发纠纷。因此,金融审判如何在互联网开放式交易的视野下,遵循银行交易业务特点,应对目前不断涌现的涉诉纠纷,以平衡保护各方当事人合法权益,本文且阐抛出管窥之见,以求教方家。

一、涉电子银行业务纠纷之司法困境

(一)涉电子银行业务纠纷的范畴

电子银行业务,与之相近的概念还包括“互联网银行业务”“线上银行业务”及“虚拟银行业务”等表述,根据我国银监会于2006年颁布的《电子银行业务管理办

* 上海市浦东新区人民法院民六庭副庭长、审判员。

** 上海市浦东新区人民法院民六庭法官助理。

〔1〕 王文宇:《网路金融的发展与法制》,载《月旦法学杂志》2015年第3期。

〔2〕 《2015中国电子银行调查报告》指出,我国个人网上银行用户连续4年呈线性增长趋势,2015年较2014年同比增长13%,手机银行用户更是同比增长81%。载中国电子银行网:http://efinance.cebnet.com.cn/upload/2015bankresearch.pdf,最后访问日期:2016年10月12日。

法》中的定义,“电子银行业务”是指商业银行等银行业金融机构利用面向社会公众开放的通信通道或开放型公众网络,以及银行为特定自助服务设施或客户建立的专用网络,向客户提供的银行服务,具体包括网上银行业务、电话银行业务、手机银行业务以及其他利用电子服务设备和网络、由客户通过自助服务方式完成金融交易的银行业务。由此可见,无论其称谓如何,这类业务都体现了一个基本内涵,即其系“不须经由银行柜员之手,顾客通过与银行连线的终端机,即可启动各种服务的程序……电子银行整合了电脑设备与通讯网路提供客户多元化与便捷的金融服务。”[1]这表明商业银行提供金融服务的渠道已经从传统的线下临柜服务延伸到线上电子服务。同时,过去关于该领域的文献研究主要集中在网上银行业务,而随着金融业务移动化渐成趋势,手机银行普及率也快速增长,因此本文统一使用“电子银行业务”的概念,以免对该类业务的描述有失片面。

电子银行业务的内容几乎已接近传统银行业务的范围,从过去只能提供查询账户信息、交易明细信息到如今能够提供支付结算服务、贷款服务、理财服务及信息类服务等信息,由此产生的纠纷也趋于多元化,主要集中在支付类、贷款类及理财类案件。其中,支付类纠纷案件数量较大,主要体现于转账错误,未授权快捷支付,通过伪基站发送内含木马链接的短信、套取验证码、补卡截码、设置资金归集等手段实施网上银行盗刷。

(二)涉电子银行业务纠纷引发的问题

第一,新技术革新不可避免地伴随交易安全风险。首先,开放式互联网的特点决定了当今电子银行系统面临比过往封闭式局域网络更加严峻的系统安全风险。国际互联网以资源共享为目标,具有分散化和无中心化的特点,其使用者不受任何身份限制即可自由进出,因此,以之为平台建立起的电子银行若在系统安全防范或客户身份验证方面存在漏洞,则可能被未经授权的主体侵入账户从而以欺诈手段盗取客户资金。其次,多元化的电子银行业务模式增加了交易风险产生的概率。从临柜办理传统银行业务时的银行—客户之单一环节,演变为通过互联网络形成的银行—电子系统—客户之间的双重环节,甚至还有加入第三方支付机构及对方客户之后的多重环节。交易环节越发复杂多样,其受到外部干扰及入侵威胁的概率也越大,这也给电子银行业务系统的风险管理机制提出了更高的要求。最后,在非面对面临柜交易背景下信息不对称现象更加严重。传统银行业务产生信息不对称、使客户处于信息弱势地位的根源在于金融消费所具有的特殊性质,如金融消费标的之无形性、消费内容的不易识别性、对价获取的不确定性及产品种类的复杂性等特

[1] 王文宇:《电子银行与网路交易之法律问题》,载《民商法理论与经济分析》2000年5月。

性。[1] 而以无纸化交易为核心的电子银行业务更是在这些特性之上叠加了交易步骤之虚拟性和匿名性的特质，如若银行未能在此过程中对客户的相关权利尽到更加充分的提示和告知义务，则可能使客户面临其所未知的潜在风险。

第二，电子交易模式带来法律关系上的不确定性。首先，电子交易数据证据的真实性认定存在障碍。在电子银行业务的申请和核准过程中，既没有双方亲笔签名，且电子时间戳、电子签名程序等认证技术在实践中应用比例也较低，更没有第三方的见证，由此导致各类以电子方式呈现的合同证据形式普遍存在瑕疵，证据真实性难以认定。其次，电子合同权利义务的确定存在困难。银行依托电子界面进行风险告知及提示，并约定双方的权利义务，但对于电子界面载明的具体条款内容是否已被客户实际点击并阅读，大部分银行并未利用技术手段且设计严密的流程加以固定及保存，这也增加了判断银行是否履行法定或约定义务的难度。最后，电子交易指令的归属问题值得探究。就银行风险角度而言，以网络贷款为例，传统线下贷款中借款凭证记载的内容构成借款合同的一部分，也构成银行履行放款义务的书面凭据，但网络贷款中仅凭银行的电子资金划拨行为能否确保该信息的不可抵赖性从而保障银行债权的实现，则存在不确定性。就客户风险角度而言，未经授权的交易指令是否对其产生法律约束力，亦需根据一定的数据电文归属原则[2]来综合判断。

第三，金融业务不断创新与立法监管相对滞后的矛盾给金融审判带来新的挑战。电子银行业务随着人们对小额、即时、便捷金融服务的需求不断增长而迅速崛起，是传统金融业务在网络交易模式上的突破，但相应的立法和监管措施却长期缺位。在一些新型交易过程中，银行方面已尽其所能提高防范措施，而客户亦已尽到合理的谨慎注意，尽管如此，仍有不法分子抓住银行交易系统暗藏的漏洞实施诈骗，电子银行业务风险仍然不可避免。在现有技术难以查清交易真相、争议双方各执一词、创新业务又暂无法律（甚至包括行政监管规定）可依之时，如何发挥司法能动打破审判的僵局，是互联网金融背景下法官不得不面临的一道难题。笔者认为，在尚无法探知案件全部真相的情况下，通过确定交易双方的法定、约定义务，合理分配举证责任进而认定损失承担，既在鼓励金融创新与规范市场秩序之间寻找平衡，也在维护金融交易效率与保护金融消费者合法权益之间达到平衡，是金融司法应当彰显的价值追求。

---

[1] 参见郭丹著：《金融服务法研究：金融消费者保护的视角》，法律出版社2010年版，第33～34页。

[2] 我国目前尚未制定关于电子资金划拨的具体法律法规，而国外已形成一套相对成熟的制度，如美国1978年《电子资金划拨法》、《统一商法典》第4A编、联合国贸易法委员会《电子商务示范法》《国际贷记划拨示范法》等规范皆有关于数据电文归属原则的具体规定。

二、电子银行交易效力之司法认定

电子银行业务中最重要的交易环节就是客户身份认证。我国《电子签名法》规定,当事人可以约定在民事合同中使用电子签名,用于识别签名人身份并表明签名人认可其中的内容,可靠的电子签名与手写签名或盖章具有同等的法律效力。不同于个人书写习惯的唯一性,电子交易的特点在于其虚拟性、无形性及匿名性,故作为电子签名接收一方的银行必须且只能依赖双方事先商定的认证程序来推定某项交易指令是否经过客户授权,进而判断依此指令形成的交易合同是否对双方具有约束力。在审判实践中,电子银行客户经常会以涉诉网络交易并非其本人或者授权其他人所为,从而否定该涉诉交易的合法性。对此,笔者认为,应当从以下若干方面来考察涉诉电子交易的法律效力。

首先,电子银行服务协议中应明确约定经双方认可的电子身份认证要素。根据《电子银行业务管理办法》的规定,金融机构应采取适当的措施和采用适当的技术,识别与验证使用电子银行服务客户的真实、有效身份。实践中,银行向客户提供电子银行服务,一般会事先与客户约定某个具体的身份认证要素,如客户号(用户昵称、证件号码等信息)、密码、电子证书、USB 密钥、动态口令、签约设置的手机号码等。客户在申请书上签字确认后,即表明其对使用该身份认证要素完成的电子银行交易之效力予以认可。当然,银行必须向客户充分揭示并告知利用电子银行进行交易可能面临的风险、已采取的风控措施以及客户应当采取的措施。

其次,电子银行系统的验证方式应与具体业务的风险程度相匹配。如通过网上银行购买理财产品、申请质押贷款、开通资金归集等业务,本就系对双方金融服务合同约定的重大变更,会对客户的权利义务产生重大变化,而通过电子交易方式完成该等业务变更较传统临柜方式具有更大的风险,因此,银行应采取更为审慎的验证方式,除登录密码外,还需同时以其他方式进行多重验证,以更严格的标准来排除非客户本人或其授权者操作的可能性。

最后,对当事人意思表示的认定应遵循电子交易的特殊规律。在一些涉及电信诈骗的案例中,客户通常认为本人系受到案外人诱骗而在不知情的状态下,协助案外人通过了身份验证程序(如透露手机验证码、亲自使用并按下 U 盾 OK 键等),继而发出某项交易指令,该行为并非其本人的真实意思表示,不应对其产生约束力。对此笔者认为,"意思"依其"表示"而客观化显现,就意思表示的客观要件而言,是指在客观上可认为其在表示某种法律效果意思。然在电子银行业务中,鉴于电子交易系统无法辨别屏幕背后真正的操作者是谁,故通过特定的身份认证程序来替代面对面的临柜业务识别已成为银行业当前较为合理的选择。客户发出指令虽系受到欺诈,或退一步而言,欺诈指令甚至系由案外人自行发出,客户实际并未参与,但于银行系统而言,此乃行为人依照事先约定的认证方式所为。只要银行依照上文所述设置了合理的验证程序,亦对该种验证后果尽到充分告知,则行为人最终能够通过验证即可,而不问其是否客户本人。此外,银行设置认证方式必然与客户本人特定信息相关,倘若行为人能够通过身份验证,只能认为其已获客户授权或因客户过错所致。就意思表示的主观要件而言,通常存在意思与表示不一致的瑕疵。传统民法理论认为,“意思与表示构成功能性的一体性,具有双重作用……一方面使表意人得自主决定其私法上的行为;他方面亦系表意人应对其意思表示瑕疵负责的归责原因。相对人信赖的保护,乃私法自治上自主决定的当然结果及其必要的调剂”。[1]表意人因受第三人欺诈而向相对人作出一定意思表示,除非相对人对该欺诈系明知或应当知道,否则应当认定该意思表示成立。“盖善意无过失的相对人既未参与,不应使其蒙受不利也。”[2]因此,即使客户事后认为其发出的指令并非出自其内心真意,也不能否定其在外观上已对电子银行系统形成的意思表示。银行系统依约完成验证程序并接受交易指令后,相应的电子交易合同即应当认为依法成立并生效。

三、当事人权利义务规制之价值取向及具体考量因素

面对各种新类型电子创新业务所引发的纠纷,如何确定法官在裁判该类案件时的价值取向,科学地分配相关当事人的权利义务,凸显金融审判对该类业务健康发展的前瞻引领和合理规制,笔者认为可以从以下方面考量。

(一)基于合同附随义务的考量

交易双方因电子银行业务引发争议,客户通常认为银行未对其资金安全尽到保障义务,未就某项新型业务履行明确说明义务或风险告知义务,或者未对某类可疑交易进行及时提醒并协助止损。然而,就履行电子银行服务合同的角度而言,由于该类合同系银行单方制订的格式合同,对银行重权利、轻义务的现象普遍存在,因此客户很难从合同约定条款中找到银行对应的义务,要认定银行违约显然缺乏明确的合同依据。而“附随义务完善了法律和合同配置当事人权利义务的结构及机制……与契约自由原则下的约定义务不同,附随义务以诚实信用原则为基础,旨在平衡合同当事人之间及当事人与社会间的利益关系,实现实质正义”。[3] 我国《合同法》第60条第2款规定:“当事人应当遵循诚实信用原则,根据合同的性质、目的和交易习惯履行通知、协助、保密等义务。”这一条概括地确认了我国合同法上附随义务的地位并列举了其重要的类型,实际上是借鉴了德国民法上“保护义务”的概念。在学理上,保护义务被分为两类:一是照顾义务,特别是保护另一方当事人的生命、健康、所

---

〔1〕 王泽鉴著:《民法总则》(增订版),中国政法大学出版社2001年版,第354页。

〔2〕 同上书,第392页。

〔3〕 宋建立:《储蓄存款合同中的附随义务及责任》,载《人民司法》2009年第3期。

有权及其他财产的义务;二是信息提供义务,旨在确保当事人的自主决定自由,使其能够在充分掌握信息的基础上不受任何外界因素干扰地自主作出决定,实现私法自治。[1]

商业银行提供电子交易服务应当履行的附随义务主要包括:第一,对客户资金的安全保障义务。通过提供安全可靠的互联网络交易系统、不断完善技术防范手段,减少客户资金被非法盗取的安全隐患。需注意的是,虽然银行应客户要求给付资金是合同项下的主给付义务,但对该资金的安全保障仍属附随义务的范畴,而不应与从给付义务相混淆。"从给付义务的违反一般可诉请履行,或要求承担违约责任,甚至解除合同;而违反附随义务,一般不得请求履行,仅得提出替代损害赔偿……"[2]第二,对新类型电子交易方式所含风险的提示义务。主要考察两个要素:一是风险提示的内容是否全面、明确、清晰;二是风险提示的方式是否合理。风险提示的内容一般包括开通电子银行业务所面临的系统技术风险、资金被盗的欺诈风险、身份认证介质遗失的风险等,对于一些有别于常规银行业务、开通后甚至不需要密码的高风险业务(如资金归集业务),尤其需要进行特别提示。提示的方式则包括口头提示和签署书面业务回执,但值得注意的是,仅在业务回执底部列出电子银行交易规则的名称、银行网址及客服电话等内容,并不能免除其作为金融服务提供一方应当履行的风险告知义务,银行应对客户就使用电子银行业务可能遇到的风险在业务回执上进行具体释明和告知。第三,对履行电子交易合同之重要环节的通知提示义务。包括业务开通时以有效渠道告知客户,业务发生重大变更时及时向客户进行验证,系统监测到可疑交易时及时提醒客户等。第四,提供及时、全面、可靠的咨询服务之义务。该项义务应包含以下几层含义:银行工作人员应全面了解本行所开设的各类电子银行业务(尤其包括新类型的业务),并熟悉大致的业务流程;发生争议时,应及时了解客户的账户情况,包括已开通的业务种类及功能设置等;作为专业金融机构,其提供的咨询意见应当能够有效解决客户问题、协助客户发现风险并及时止损。

(二)基于金融消费者保护理论的考量

传统民法强调私法自治原则,肯定当事人"得自主决定地创造其相互间的私法关系",但其机能的发挥"须以当事人的自由平等,及由此而产生的自由竞争及机会均等为前提要件,始足确保契约内容的妥当性"。[3] 当交易的一方在市场地位、技术手段、信息获取、议价能力及风险承受能力等方面相较另一方均处于明显的弱势

[1] 参见迟颖:《我国合同法上附随义务之正本清源——以德国法上的保护义务为参照》,载《政治与法律》2011 年第 7 期。

[2] 刘力:《附随义务三题——以审判实践为中心兼及对理论之检讨》,载《法学》2005 年第 11 期。

[3] 王泽鉴著:《民法总则》(增订版),中国政法大学出版社 2001 年版,第 245 ~247 页。

地位时,很难认为双方具有平等的交易基础。英国的丹宁勋爵在“邦德”(Bundy)案中提出“不对等磋商能力”原则,认为在某些情况下,一方当事人的磋商能力极强而另一方极弱,或利用一方之无知或无能,或为他人利益施加不当影响或压力,致使一方的磋商能力严重受损,如此而签订的契约实不公平。[1] 当契约不公平过于显著又没有其他正当性的情况下,就与契约的正义观念背离过远,有必要由国家代表社会进行干预,纠正契约显著不公平的状态。[2] 而消费者保护法作为突破传统民法“私法自治”原则的一类民事特别法,将维护交易公平上升为经营者的法定义务,突破了个案的限制,因此“更具适用的实益及规范功能”。[3]

在金融消费领域,由于金融活动的专业性和复杂性,这种不对等性尤为明显。特别是在银行业跨入互联网时代的背景下,金融消费者囿于较弱的网络技术操作能力、新型业务模式认知能力、外部入侵风险防范能力等因素的影响,其合法权益更易受到侵害。如何在消费者权益保护法的基本宗旨与规范框架下,“通过加重金融机构对消费者的法定义务和民事责任、赋予参与金融活动的个人相应的消费者权利等方式矫正交易双方的力量差距”,[4]是金融立法与司法均应重视的问题。我国2013年修订的《消费者权益保护法》首次明确规定银行、证券等金融业经营者应当向消费者履行说明义务、安全保障义务、保密义务等法定义务。国务院办公厅于2015年发布的《关于加强金融消费者权益保护工作的指导意见》也从建立金融消费者适当性制度、保障金融消费者财产安全权、知情权、自主选择权、公平交易权、依法求偿权等具体权利的角度提出了框架性意见。

从电子银行服务合同履行的司法实践来看,电子银行客户权益受到侵害主要体现于以下几个方面:第一,电子银行消费行为安全性亟待提升。互联网支付环境下业务开通的便捷性暗藏风险,不法分子骗取手机实时动态验证码后即可完成从开通到支付的一系列交易行为。第二,银行对消费者知情权的重视程度不足。在信息不对称的情形下,银行对合同重要事项的说明不完整、风险告知不及时;履行说明义务的准确性尚需完善,导致消费者对重要概念产生误解;仅通过口头方式告知,未确保交易信息的有效书面交付等。第三,消费者金融业务选择权受限。例如,网上贷款业务搭售理财产品或保险产品,限制消费者行使冷静期利益等。第四,银行与消费者权利义务不对等。例如,在电子银行服务协议中通过免责条款免除己方责任、加重对方责任,以统一公告的形式单方变更或解除合同等。第五,对个人金融信息的

---

〔1〕 参见谈李荣著:《契约多重性下银行与客户利益格局的法律研究》,法律出版社2008年版,第86页。

〔2〕 参见胡启忠著:《契约正义论》,法律出版社2007年版,第113页。

〔3〕 王泽鉴著:《债法原理》(第2版),北京大学出版社2013年版,第131页。

〔4〕 何颖著:《金融消费者权益保护制度论》,北京大学出版社2011年版,第40~41页。

保护亟待加强。例如,因个人信息遭到泄露或非法使用而导致网上银行资金被盗,银行对个人信息的支配利用存在瑕疵,对错误信息未及时修改、补充或删除等。上述情形所反映的金融消费者在接受电子银行服务过程中所处的弱势地位,使"契约即公正"这条古典契约理论遭遇了挑战,"这群资力相对弱势的银行客户,基于经济与法律间利益衡平的政策考量,理应受到更为周延的公权力介入保护"。[1] 因此,在金融审判活动中应贯彻金融消费者倾斜保护理念,将合同法有关附随义务的原则性规定具体化为消费者权益保护法中银行的法定义务,对该等义务的违反可能导致银行承担相应的侵权责任。在如此规则下,双方的不平等地位始得矫正。

(三)基于危险转移与危险控制理论的考量

关于危险负担的概念,系出自买卖合同中标的物发生灭失时的损失分配原则,该制度的设计精髓在于,当危险的发生不可归责于合同任何一方当事人时,由其中一方首先负担此一危险所造成的损失,至于该损害的发生是否有真正应负责之人,则在所不问。由于自标的物交付时起,买受人因受该物之交付,进而可享受该物之利益,并处于避免危险发生之较佳地位,故其因承担相应的灭失危险。同理,客户与银行签订电子银行服务合同,虽无买卖标的物存在,仅有资金转移之关系,但该等转移行为的本质是相类似的,故危险负担转移的时点,可以客户完成所需手续,将其资金存入电子银行账户之时为准。至此,银行即取得运用该笔资金之权利,享有运用该笔资金之利益,且在不可归责于双方当事人之情形下,处于避免资金发生被盗用危险之较佳地位,故当客户的电子银行账户资金经由外部入侵或在传输过程中被截取密码信息而遭盗取时,该等危险应由银行负担。[2] 此外,危险控制理论认为,债务关系当事人之间的接触越紧密,一方当事人对另一方当事人的信任度越高,行为的危险性越高,则保护义务存在的可能性越大,它所涵盖的内容越为广泛[3],故"危险物之所有人或管理人对于危险物所生之损害,应负赔偿责任"。[4] 由于危险责任并非源于行为人的过错,而是源于危险,因而其确定也就不在于行为人的行为不法性和道德上的可谴责性,而在于危险的控制性。双方在损害发生前实际处于一种不平等的状态,造成损害的一方与受损害的一方在控制损害发生上并不具有平等的能力,双方信息并不对称,因此,这种损害责任的确定并不是以通过恢复平等状态来实现公平正义,而是通过损害的分配来实现公平正义。[5] 鉴于此,在当前银行技术手

---

〔1〕 谢易宏:《网路银行法律问题之研究》,载《月旦法学杂志》2001 年第 4 期。

〔2〕 参见曾更莹:《网路银行所涉法律问题初探》,载《律师通讯》1996 年第 10 期。

〔3〕 Fikentscher/Heinemann, Schuldrecht, 10 Auflage, S. 27. 转引自迟颖:《我国合同法上附随义务之正本清源——以德国法上的保护义务为参照》,载《政治与法律》2011 年第 7 期。

〔4〕 郑玉波著:《民法债编总论》,台北三民书局股份有限公司 1978 年版,第 136 页。

〔5〕 参见郭明瑞:《危险责任对侵权责任法发展的影响》,载《烟台大学学报》2016 年第 1 期。

段尚无法应对所有系统安全漏洞,但银行仍然提供高风险电子银行交易服务的环境下,由于银行不仅是电子银行交易系统的设计者和管理者,更是客户资金的直接持有者,无论从危险的转移还是对危险的控制上,其相较于客户都处于避免危险发生的较佳地位,因此在双方皆不可归责的情况下,由银行对客户的损失先行承担赔偿责任确为一条合理的应对路径。

(四)基于法经济学角度下成本因素的考量

波斯纳认为,就法律经济学而言,"任何法律,只要涉及资源使用——而事实上恰恰如此——无不打上经济合理性的烙印……判决时,你也正在对资源使用的各种可能进行明确或不明确的比较和选择。无疑,判决必须依最有效率地利用资源这一原则进行。"〔1〕"对于公平正义的追求,不能无视代价。"〔2〕科斯也强调:"所有替代方案都有成本。"〔3〕通过法律的经济分析方法可以发现,单个银行客户权益遭受侵害而双方皆无证据证明存在过错时,由银行先行承担损失的赔偿责任更有利于社会整体资源的合理分配。对此,我国台湾地区的司法裁判有较全面的论述。在我国台湾地区某信托投资公司诉庄某清偿信用卡消费款一案〔4〕中,系争信用卡条款约定:信用卡如有遗失或被窃,发卡机构承担挂失前24小时内遭冒用之损失;反之挂失前之24小时以前冒用之损失,无论其签名是否相符,应由持卡人负责。该案法官依"优势之风险承担人"的标准认为,信用卡在挂失前被冒用的风险,发卡机构显然较持卡人更有能力避免。若将冒用风险归诸于持卡人负担,则持卡人一旦遗失信用卡,在挂失前毫无保护的余地,且通常持卡人在办理挂失前对信用卡的遗失并未察觉,而未能及时挂失,因此该条款与消费者保护法所规定的平等互惠原则有悖,应认无效。该案裁判从法经济学的角度对交易双方的利益进行了衡量,使公平正义这一抽象的概念有了现实的落脚点。

复观电子银行交易这类高风险的业务模式,其中不可避免地会发生交易系统受到黑客攻击、验证要素被他人截取等威胁银行账户安全的情形,尽管双方事先约定交易凭密码或特定身份验证要素进行,但这并不能排除因客观技术缺陷或漏洞而导致双方皆不可归责之损失产生的可能性。在此种情况下,参照上述成本要素分析方法,笔者认为:首先,就风险预防能力而言,将风险分配于支付最少成本即可预防风险发生者,方能达成契约最高经济效率之目的。鉴于整个电子银行交易系统皆由银

〔1〕 [美]理查德·波斯纳著:《法律的经济分析》(上册),蒋兆康译,中国大百科全书出版社1997年版,译者序。

〔2〕 熊秉元著:《正义的成本》,东方出版社2014年版,第31页。

〔3〕 凌斌:《界权成本、洛克世界与法律经济学的视角转换》,载《北大法律评论》2012年第1期。

〔4〕 参见我国台湾地区桃园地方法院1997年桃简字第1171号民事判决,载台湾"司法院"法学资料检索系统——判解函释:http://jirs.judicial.gov.tw/Index.htm,最后访问日期:2015年1月20日。

行开发、管理,其中的交易界面和具体步骤也由银行设置,客户只能被动使用,因此发生风险后,由银行通过加强技术升级、优化交易步骤、完善验证模式、增加通知渠道等多种方式来提高交易安全性,相较于对系统运行机理一无所知的客户而言,付出的成本更低且是可预期的。其次,就损失处理能力而言,银行较客户更容易获得产生类似交易损失的成本、频率和原因等详细交易信息,亦具有更强的经济、技术、法律能力向有关责任方追偿,而单个客户的举证能力有限、求偿途径单一,其弥补损失的金钱、时间成本相对较高。最后,就损失承担能力而言,银行既具有更强的经济负担能力,亦可通过增加服务成本等形式,在大量客户之间进行成本分摊,使每个客户承担的数额非常微小,从而减除单个客户可能存在的损失风险;还可以通过保险或其他方式转嫁风险,或以较强的谈判实力与第三方支付机构、特约商户等约定风险比例分担。综上,由银行先行承担损失风险,较之由经济能力较弱的客户承担,更符合效益与经济成本的考虑。

四、电子银行交易双方之举证责任分配——以未经授权的交易为例

《电子银行业务管理办法》第89条规定,"金融机构在提供电子银行服务时,因电子银行系统存在安全隐患、金融机构内部违规操作和其他非客户原因等造成损失的,金融机构应当承担相应责任。因客户有意泄漏交易密码,或者未按照服务协议尽到应尽的安全防范与保密义务造成损失的,金融机构可以根据服务协议的约定免于承担相应责任,但法律法规另有规定的除外"。该条对银行与客户之间就未经授权交易损失的责任承担进行规定,但对于双方举证责任的分配,仍需在司法实践中进一步探索。但无论举证责任分配予哪一方,电子交易的无形性与不可逆性使银行与客户均面临难以举证的困境,毕竟,"举证责任由哪一方承担,实质上是将举证责任的不可能从一方转移至另一方"。[1] 尽管如此,司法仍不应回避,而需对此有所应对。

(一)客户的初步举证责任

在传统银行卡的未授权交易(如伪卡盗刷)中,持卡人需证明其资金损失确系他人盗刷所致,或至少其提供的证据足以对是否真卡交易形成重大质疑。由于银行卡存在物理载体,其特点在于交易时间、空间的唯一性,所以持卡人的举证义务一般集中在,当同一张卡往返于真卡所在地与盗刷地之间不存在合理的时间区间,盗刷地的卡片系伪卡的可能性则较大。然而电子交易仅由客户发出交易指令、银行系统依约应答而完成,除非客户使用具有唯一认证标识的登录介质,否则电子交易在理论上可以在任何地点的网络系统中完成。因此,客户实际上很难证明该交易非其本人

---

〔1〕 Ch. E. Knobbout-Bethlem, *Consumers in Electronic Payment*, Kluwer, Deventer, 1992, p. 286.

或其授权的人实施。鉴于银行处于优势之风险承担地位,法院一般将更多举证责任分配给银行,但客户仍应承担其证明能力范围内的初步举证责任:第一,基础法律关系成立,即其依法开立电子银行账户并妥善保管特定的身份认证介质;第二,损失发生的事实,即银行未经授权实施了交易行为导致其账户内业务变更或资金减损;第三,及时采取的补救措施,即其在损失发生后的合理时间内通知银行采取措施避免损失的扩大。

(二)银行的举证责任

对于客户的主张,银行可以从以下几个方面进行举证:第一,证明客户在保管交易关键信息方面存在过错,如向第三方泄露交易密码、未妥善保管身份认证介质等。但实践中除非客户自认,银行对此其实很难证明。一方面,确实存在犯罪分子非法获取客户身份信息并猜出交易密码的可能性;另一方面,在一些电信诈骗案件中,也存在客户主动泄露交易密码却在案件审理中刻意隐瞒的情况,导致密码泄露的真实原因无法得到查证。第二,证明银行提供的安全认证方式具有唯一的属人性质,以此来解决前述密码泄露原因未知的困境。这也是银行对客户资金安全尽到安全保障义务的体现。以U盾为例,如果银行可以证明系争交易必须使用U盾验签确认,而完成交易所需的最终步骤也必须在该U盾上操作完成,不存在被他人以电子方式窃取的可能性,那么当客户确认该U盾一直由其实际控制,且未能举证证明他人可以在其他地点不通过U盾完成同样的交易时,只能推定该交易系由客户本人或其授权之人完成。第三,证明银行在交易的开通和履行过程中已尽到合理的风险提示和通知义务。这就涉及电子证据的保存与再现问题,客户一般会主张其没有收到过银行任何风险提示短信,而银行则会辩称其已发送相关短信,并提供业务常规流程,证明在正常情况下系统会自动向客户预留的手机号码发送短信验证码及风险提示文字。但常规流程并不意味着银行实际已经履行了相关义务,如果银行未能在后台系统保存短信发送记录的期限内,本着维护客户资金安全、及时解决纠纷的态度积极调查、取证,则可能承担举证不能的不利后果。综上,当银行提供的证据足以证明系争交易是经客户授权,或虽系未授权交易,但客户自身存在过错,且银行在提供服务的过程中不存在过错,即已尽到合理的安全保障、风险提示、业务通知等义务,其对客户损失的承担才可相应免除。反之,则需根据双方的过错程度按比例分担损失。

五、结语

电子银行交易系统自诞生之日起就面临着遭受外部攻击的安全性风险,亦面临其业务创新速度过快导致客户难以应对而引发各类纠纷的风险。法律不能要求银行在现有技术框架下构建一个绝对安全的交易系统,也无法避免客户在风险鉴别及防范方面存在弱点。正如恩格斯所言,不要试图追求无内部矛盾的、只有在全人类的无限进程中才能完成的"绝对真理",而应该"沿着实证科学和利用辩证思维对这些科学成果进行概括的途径去追求可以达到的相对真理"。[1] 金融审判的作用正在于首先承认这些现实问题,进而通过合理分配举证责任、认定损失承担,树立正确的价值导向与交易规则,不断积累审判经验,为电子银行业务的健康有序发展提供良好的司法环境。

〔1〕 [德]恩格斯著:《路德维希·费尔巴哈和德国古典哲学的终结》,人民出版社1972年版,第11页。

互联网金融风险传导机制与违约成因的法律研究

孔 丽*

引 言

近年来,互联网技术、信息通信技术不断取得突破,推动了互联网与金融的快速融合,传统金融机构通过互联网化向产业链前端延伸,互联网企业通过金融化向产业链的后端延伸。2013~2014年,互联网金融这一新生儿曾几何级增长;2014~2015年,互联网金融经历超前成长的烦恼,高速发展的背后是大规模的问题平台产生;2015~2016年,随着互联网金融监管政策的落地及市场自身的优胜劣汰,互联网金融经历了从野蛮生长,到被正名,再到被立"家法"的过程之后,迎来新的发展时代,逐步实现从"经营流量"模式向"经营风险"模式的转变。

本文将从互联网金融风险传导的特征,剖析互联网金融风险扩散、蔓延的途径,从法律的视角研究互联网金融出现违约的成因,并提出互联网金融风险传导的防御对策。

一、互联网金融的六种模式

对互联网金融的理解,学术界有很多看法,公众界有很多误区。2015年7月18日,中国人民银行、工业和信息化部、公安部、财政部、国家工商总局、国务院法制办、中国银监会、中国证监会、中国保监会、国家互联网信息办公室十部委联合印发的《关于促进互联网金融健康发展的指导意见》,明确了互联网金融的概念:"互联网金融是传统金融机构与互联网企业利用互联网技术和信息通信技术实现资金融通、支付、投资和信息中介服务的新型金融业务模式。"[1]

互联网金融是金融基于互联网思维下衍生出来的一种新兴商业模式,依托于互

---

* 海华永泰律师事务所律师。

〔1〕 参见《关于促进互联网金融健康发展的指导意见》中国人民银行、工业和信息化部、公安部、财政部、国家工商行政管理总局、国务院法制办公室、中国银行业监督管理委员会、中国证券监督管理委员会、中国保险监督管理委员会、国家互联网信息办公室于2015年7月18日发布,2015年7月18日生效。

联网与移动技术的虚拟化、智能化、电子化和数字化功能，互联网金融具有了平台虚拟化、支付智能化、渠道电子化和信用数字化的特点，身兼支付结算、信贷融资、投资理财等功能。其实，互联网金融并未改变金融的本质，只是改变了金融服务模式。

贯彻政府机构对互联网金融进行分类监管的指导意见，从服务内容上，互联网金融存在六大业态："互联网支付""网络借贷""股权众筹融资""互联网基金销售""互联网保险""互联网信托和互联网消费金融"。[1]

互联网金融的六种模式解析

模式分类	含义	服务宗旨	主体/媒介	责任与义务	监管机构
互联网支付	通过计算机、手机等设备，依托互联网发起支付指令、转移货币资金的服务	服务电子商务发展；为社会提供小额、快捷、便民小微支付	银行金融机构；第三方支付机构；第三方支付机构与其他机构开展合作	清晰权利义务关系；建立风险隔离机制、客户权益保障机制；披露服务信息；揭示业务风险；不得夸大支付服务中介的性质和职能	中国人民银行
网络借贷	个体网络借贷是指个体与个体之间通过互联网平台实现的直接借贷	坚持平台功能；提供信息服务	互联网企业	不得提供增信服务；不得非法集资；信息中介性质	银监会
	网络小额贷款是指互联网企业通过其控制的小额贷款公司，利用互联网向客户提供的小额贷款	提供小额贷款服务	互联网企业	遵守小额贷款公司监管规定；降低客户融资成本	银监会

[1] 参见《关于促进互联网金融健康发展的指导意见》中国人民银行、工业和信息化部、公安部、财政部、国家工商行政管理总局、国务院法制办公室、中国银行业监督管理委员会、中国证券监督管理委员会、中国保险监督管理委员会、国家互联网信息办公室于2015年7月18日发布，2015年7月18日生效。

续表

模式分类	含义	服务宗旨	主体/媒介	责任与义务	监管机构
股权众筹融资	通过互联网形式进行公开小额股权投融资的活动	服务创新创业企业；服务小微企业	互联网网站/其他类似的电子媒介	如实披露企业的关键信息，不得误导或欺诈投资者	证监会
互联网基金销售	通过互联网合作销售基金等理财产品	向客户提供金融服务	基金销售机构/其他机构	防范期限错配和流动风险；不得与基金产品收益混同，备付金专款专用	证监会
互联网保险	通过互联网销售保险产品	提供针对性的保险服务	保险公司	确保交易安全、信息安全和资金安全	保监会
互联网信托和互联网消费金融	通过互联网进行产品销售及开展其他信托业务	向客户提供金融服务	信托公司/消费金融公司	审慎甄别客户身份；评估客户风险承受能力	银监会

二、互联网金融风险传导机制

风险传导机制是风险因素分析以及防范策略的实施作用于各种变量因素，最终影响整个经济活动的过程。可以理解为风险是怎样从源头产生，怎样传播，最终会引起怎样的后果。

传统金融风险的传导机制，已有一系列成熟的理论研究：有的从风险传导条件来展开论述，如学者张志英在《金融风险传导的相关问题研究》中，将风险传导条件概括为“金融风险的累积达到了传染的临界点、被传导对象与风险源有密切的联系”。[1] 有的从风险传导过程来展开论述，如学者姚国庆在《金融危机的传导机制：一个综合解释》中，认为金融危机的传导机制体现了一种综合效应，称为“凯恩斯—威克塞尔—财富—资产负债表效应”，它基本概括了金融危机的主要传导过程。[2] 有的从经济全球化的视角分析金融风险的传导机制和途径，如学者邵烨著有《经济全球化下，我国金融风险传导机制及策略探讨》，主要分析我国金融风险的国际传导

〔1〕 参见张志英：《金融风险传导的相关问题研究》，载《管理科学文摘》2008 年第 Z1 期。

〔2〕 参见姚国庆：《金融危机的传导机制：一个综合解释》，载《南开经济研究》2003 年第 4 期。

机制——心理预期传导机制、资本互动机制和贸易收支机制。[1]

互联网金融是在传统金融的基础上,借助互联网技术和信息通信技术发展起来,既有传统金融业务的在线化,也有基于互联网的新金融模式以及基于电子商务、广告等平台的互联网金融生态圈。因此,互联网金融的风险传导机制,既具有传统金融风险传导的固有特性,也具有其不同于传统金融风险传导的时代性。

(一)互联网金融风险的传导源头

在传统金融模式中,由金融机构提供资金媒介、信用媒介的作用,并提供金融服务和支付结算业务,企业与个人均直接与金融机构发生金融活动。以银行金融机构为例,不管是吸收存款、发放贷款,还是其他承兑、保理或者担保等业务,均发生在同一平面之中,在时间与空间上具有统一性,交易对象明确,交易信息透明,只有风险累积到临界点时,才会爆发。

互联网金融的本质仍属于金融,金融的最主要功能就是资金融通,相较于传统金融的资金融通,互联网金融的资金融通主要通过互联网或者移动互联网进行,融通的虚拟化使金融业务失去了时间和空间限制,导致互联网金融的风险形式更加多样化。因此,本文将互联网金融风险的传导源头聚焦于资金融通的途径上。

(二)互联网金融风险的传导过程

金融风险是在金融活动过程中产生和发展的,是一个动态的过程,并且具有很强的传染性,由美国次贷危机引发的全球金融危机就是其例。传统金融通过特定的传导机制积累加剧后可能引发一轮金融危机。概言之,金融风险的传导机制涉及金融系统、投资和消费、实体经济部门、社会信用等各个层次,是一个互联互动的综合过程。

基于传统金融风险的传导过程,互联网金融风险的传导过程,可以理解为在事件的导火线作用下,互联网金融风险源所含的风险因素被引爆,风险沿着一定联系途径向互联网金融中传播和扩散。互联网金融的六种模式,都运用了互联网技术平台来进行资金融通。其风险源中所隐含的风险因素如下:

1.信息不对称的风险

鉴于互联网技术平台的特点,融通的虚拟化,导致存在信息不对称的风险,对客户的身份、信用评价、资金来源等信息审核方面,没有传统金融的严谨,存在很大的不确定性。从理论上讲,互联网的金融市场,本可以通过大数据信息系统、移动互联网和云计算等技术,实现支付清算和资金融通等领域内的信息对称以及降低信用风险的目标。但实践中却并非如此。

信息不对称的风险传导路径如下所示:

---

[1] 参见邵烨:《经济全球化我国金融风险传导机制及策略探讨》,载《商业时代》2012年第26期。

融通虚拟化→信息审核困难→信息不对称的风险→法律解决机制不对称→违约产生→刑事责任、民事责任、行政责任

2. 信用风险

互联网金融的信用风险,可以理解为因债务违约所导致的风险。互联网金融的客户群体特征和平台特征,决定了信用风险的存在。以网络借贷为例,网络借贷所服务的客户对象一般是传统金融机构信用体系未能覆盖的群体,此类客户不符合传统金融信用要求,无法得到传统金融机构充足的信贷服务。网络借贷平台自身恶意欺诈投资者,如伪造虚假的借贷信息、拆分借贷资金等,由于信息的不对称,加大了互联网金融交易的信用风险。互联网技术自身的问题,也会发生信用风险。

信用风险的传导路径如下所示:

专业的信用体系未建立→信用信息缺失→信用风险→法律未能降低信用风险→违约产生→刑事责任、民事责任、行政责任

3. 流动性风险

互联网金融流动性风险,继承了传统金融流动性风险的主要基因,但也具有自身的特点。结合十部委《关于促进互联网金融健康发展的指导意见》中关于互联网金融的定义,互联网金融流动性风险可以理解为:互联网金融企业无法以合理成本及时获得充足资金用于偿付到期债务、履行其他支付义务和满足正常开展的其他资金需求的风险,或者投资群体无法按预期期限和收益标准获得预期收入的风险。互联网金融的六种模式,有的属于互联网信贷融资类,直接内含流动性风险;有的属于互联网支付结算类或互联网投资理财类,因为其管理的资金流量庞大,存在诱发流动性风险的潜能,比如,资金被挪用的风险,一旦资金被挪用,导致平台无法及时提供充足资金,造成整个资金链的断裂。

流动性风险的传导路径如下所示:

信息不对称的风险/信用风险→资金挪用/资金滞留→资金不足→流动性风险→法律未能有效预防→违约产生→刑事责任、民事责任、行政责任

三、互联网金融风险传导机制中的违约成因分析

本文着重于从法律体系的角度,分析在互联网金融风险传导过程中,互联网金融市场主体违约的成因。自 2006 年以来,与互联网金融有关的各项法律法规及监管制度和政策有 40 多项,在全国范围内适用的有近 30 项,其中仅 2 项是在 2010 年之前发布,其余皆是在 2010 年以后发布。

从上述规定的内容来看,互联网金融的法律体系,体现了政府监管性的特点。监管性的法律体系,未实现信息对称,也未降低信用风险,更未预防流动性风险。严厉的监管性互联网金融法律体系,由于忽视了互联网金融自身的市场特点,以非法

吸收公众存款罪、擅自公开发行证券罪为网络借贷、股权众筹融资设定了法律“红线”。我国《合同法》《证券法》及其他证券投资基金类的有关法规，均因上述因素的考虑，而对涉众性债权和股权融资设置了诸多的“家法箩筐”。譬如，P2P平台，必须秉持中介信息性质，坚持平台功能，符合民间借贷纠纷债权转让和居间合同的特点，一般被认为是合法的网络借贷，若采用承诺回报或公开宣传等形式，或用平台作为担保，则因具有非法性、利诱性而被认定为非法吸收公众存款。

1. 法律“红线”的高压，使市场主体对已有法律解决信息不对称和信用风险问题的思路进行规避

在互联网金融的市场实践中，由于我国监管性的法律体系，使市场主体对已有法律解决信息不对称和信用风险问题的思路进行规避，与多重监管制度进行博弈，一旦发生资金周转困难或者某一环节的资金链断裂，市场主体则破罐破摔，直接“跑路”，违约与欺诈问题也随之出现。

2. 具有兼顾互联网金融市场实践的可操作性的法规缺失，不能有效隔离风险的传导路径

以互联网融资信贷为例，互联网金融平台为投资者提供高额收益，代偿和担保，承担的负债等综合费用过高，只要债务人因自然风险、市场风险、社会风险等原因出现亏损、资金周转困难，不能履约按时归还借款，便会导致整个金融平台的信贷资金不能正常运转，借款人筛选和监督的失败，使其资产质量趋于恶化，便产生了金融风险。由于互联网金融市场上，除了法律的高压“红线”，具有兼顾互联网金融市场实践的可操作性法规缺失，导致风险因素被引爆时，法律体系并不能及时有效地隔离风险的传导路径，既然没有合法有效的救济途径能“力挽狂澜”，那么“铤而走险”的逃跑也许能“一跑永逸”地把棘手问题都抛掷于社会。这也是为何2013~2014年出现大规模的平台倒闭、遭投资者挤兑、“跑路”和资金周转难、欺诈等问题的根源所在。

四、互联网金融风险传导机制的防御对策

十部委《关于促进互联网金融健康发展的指导意见》提出：健全制度，规范互联网金融市场秩序。健全制度，主要是从互联网行业管理；客户资金第三方存管制度；信息披露、风险提示和合格投资者制度；消费者权益保护；网络与信息安全；反洗钱和防范金融犯罪；加强互联网金融行业自律；监管协调与数据统计监测八个方面来开展。依托于上述8个方面，从传导机制入手，结合传导过程中互联网金融市场主体的违约成因，从法律体系的角度分析抵御互联网金融风险传导的对策。

1. 进一步健全互联网行业管理制度，完善市场准入机制

在健全互联网行业管理制度方面，应根据网络借贷平台、股权众筹融资门户和

互联网支付中第三方支付机构以及合作机构的法律地位,确立这些平台的市场准入机制。注册资本金是建立市场准入机制、防范信用风险的首要门槛。鉴于互联网金融信用风险高的特点,计提一定比例的风险资本金,用于风险吸收和分担。风险资本金的提取,应与平台总体融资规模和资本质量相匹配。比如,P2P 平台风险资本金的提取,应与借款人的借款额度、借款期限和违约了挂钩。

2. 在立法方面,完善我国企业和个人投融资者的征信体系,将信息披露、风险提示和合格投资者制度落到实处

完善的征信体系,是有效降低信息不对称及规制信用风险的重要举措。依据十部委《关于促进互联网金融健康发展的指导意见》的指引,在立法上,完善我国企业和个人投融资者在投融资、账务、营业和信用记录等方面的信息,建立企业和个人的信用征信体系。

3. 融合性法律体系的构建,弥补监管性体系的不足

互联网金融的法律规制要实现资本形成与投资者保护之间的平衡,逐步改变以往监管性的法律体系构建。围绕互联网金融的功能展开,互联网金融主要为满足小微投融资者的需求,因此,向小额投资能力的小微投资者进行配售资产,建立与之营业行为相匹配的配售制度,是遵循投资者适当性及保护投资者的前提,也是融合性法律体系构建的体现。

互联网金融多样性和进化性的属性,对监管具有规避能力,完善融合性法律体系的构建,与互联网金融的创新性相结合,弥补监管性法律体系的不足。

结语

要发挥互联网金融降低交易成本、提高金融效率、促进和实现金融功能的优势,就需要建立以信息对称为核心,规制互联网金融信用风险和流动性风险的法律路径。希望能对互联网风险防御有所帮助。

笃行篇

浅谈全国首例适用电子督促程序办理互联网金融案件

——以某小额贷款公司与朱某申请支付令案为中心

陈辽敏[*] 孙怡悦[**]

近年来,我国民商事案件的数量逐年增加,督促程序的案件却在逐年下降,督促程序未能很好地发挥减轻当事人诉累,提高法院审判效率,简化诉讼程序的作用。而在德国、奥地利,大量的民商事案件通过督促程序审结。为更好地发挥督促程序的巨大优势,2011年德国全面彻底地实现了督促程序的电子化。电子督促程序就是在督促程序的基础上,运用互联网技术,实现支付令的网上申请、网上审查、网上提交证据材料、网上送达、网上询问、网上自动生成支付令的一系列流程,电子督促程序使督促程序的便捷、快速功能更为凸显。为了缓解"案多人少"矛盾,杭州市西湖区人民法院(以下简称西湖法院)借鉴比较法经验引入电子督促程序,办理了一起互联网金融案件。以下将对案件基本情况、审理经过以及遇到的问题进行梳理和分析。

一、案件基本情况

2015年1月4日朱某通过支付宝网站与某小额贷款公司在线签订了授信额度为6000元的"花呗"消费贷款服务合同,授信额度有效期为合同生效之日起一年,在授信额度有效期内可循环使用;朱某应通过发出网络消费交易的支付指令,逐笔向贷款人申请提取贷款资金;在支付宝担保交易服务形式下,某小额贷款公司将于朱某确认收货后进行贷款发放;服务类型为不分期服务,即在贷款发放后次月的还款日须一次性全额归还消费贷款本金,逾期利息按照日利率万分之五计算。同日,朱某在淘宝网使用"花呗"消费两次,消费金额合计6000元。同日,小额贷款公司向朱某发放消费贷款6000元。截至2015年5月15日朱某尚欠贷款本金6000元,逾期利息269.63元。还款期限届满后,经多次催讨,朱某未按约还款付息,故该小额贷

* 浙江省杭州市西湖区人民法院副院长。
** 浙江省杭州市西湖区人民法院法官。

款公司于2015年5月25日通过电子邮件的形式向西湖法院申请支付令，请求朱某偿还所欠借款6000元并支付相应利息。

二、审理经过

西湖法院对该小额贷款公司的支付令申请及证据材料进行网上审查，并就申请人有无对待给予义务、申请人是否申请诉前保全、被申请人可否送达等问题，通过电子邮件向申请人进行询问。经审查，认为符合法律规定的受理条件后，采用电子邮件向申请人发送了受理案件通知书和缴费通知书。申请人缴费后，立案庭将案件流转给审理法官。

审理法官审查申请人的申请和证据材料，并就合同中逾期利息的约定条款、贷款的性质、催讨方式等问题再次通过电子邮件向申请人进行询问，审理法官认为符合发送支付令的条件。因朱某和小额贷款公司签订的“花呗”消费贷款服务合同的附件中有一个加粗、特别提示的法律文书送达地址确认书，确认因合同争议引起的任何纠纷，申明司法机关（包括但不仅限于人民法院）可以手机短信或电子邮件等现代化通信方式或邮寄方式向本人送达法律文书；指定接收法律文书的手机号码或者电子邮箱为合同约定的指定支付宝绑定的手机号码或电子邮箱；指定的邮寄地址为其本人的户籍地址；送达方式适用于各个司法阶段，包括但不仅限于一审、二审、再审、执行以及督促程序；若送达地址有变更，借款人应当及时告知贷款人或司法机关变更后的送达地址；如果提供的送达地址不确切或不及时告知变更后的地址，使法律文书无法送达或未及时送达，其本人自行承担由此可能产生的后果。

审理法官当即以电子邮箱和短信等数据电文方式向朱某发送支付令、申请书和证据材料。审理法官考虑到申请人和被申请人对督促程序并不十分了解，特意制作了《督促程序风险提示书》，特别提示被申请人应当自收到支付令之日起15日内清偿债务，或者向人民法院提出书面异议，被申请人在前款规定的期间不提出异议又不履行支付令的，申请人可以向人民法院申请执行。为预防有些被申请人基于不诚信原则，随意提出异议，风险提示书还特别提醒：转入诉讼程序后，如经过法院生效裁判文书认定申请人的主张成立的，被申请人具有承担相应不利法律后果的风险：被申请人可能不仅会承担申请人申请支付令的费用损失，还有可能需要承担相应的诉讼费用；如果申请人与被申请人之间的协议具有相关约定，被申请人可能需要承担申请人因提起诉讼而支出的合理的律师费等费用；被申请人可能会承担相应的信用风险。要求申请人、被申请人充分了解相关法律法规的规定及提出异议的风险，合理适当行使权利。

从申请人通过电子邮箱提交支付令申请，到西湖法院通过电子邮箱和短信发出支付令，整个程序只用了4个多小时时间。为确保被申请人有效行使自己的权利，次日,西湖法院还采取直接送达和邮寄送达的方式向朱某送达支付令。现异议期已经届满,朱某未提书面异议,支付令已经发生法律效力。

三、西湖法院试行电子督促程序的现实背景

随着社会经济的发展,我国互联网金融发展迅猛,日益成为传统金融的补充,也成为社会各界关注的热点。互联网金融具有开放、共享、平等、普惠等特点,是一种更加民主化、而非少数专业精英控制的金融模式,比正规金融机构更加草根化、贴近大众、注重客户体验。[1] 互联网金融在缓解信息不对称、提高交易效率、优化资源配置、丰富投融资方式等方面发挥了积极的作用。互联网金融对于经济金融的发展具有潜在的正向附加值,是一个具有内在生命力的行业。

在"互联网+"的环境下,在线完成商品买卖、投资理财、民间借贷等民商事行为日益增多。西湖区已有互联网金融企业150余家,是支付宝(中国)网络技术有限公司(以下简称支付宝)的发源地,也是浙江蚂蚁小微金融服务集团有限公司(以下简称蚂蚁金服)的住所地,蚂蚁金服为小微企业和个人消费者提供金融服务,旗下拥有支付宝、支付宝钱包、余额宝、招财宝、蚂蚁小贷以及筹备中的网商银行。蚂蚁金服每天的支付笔数超过8000万笔,支付宝钱包的移动活跃用户数达到1.9亿户,[2] 互联网金融业务蓬勃发展。

近年来,西湖法院案件逐年攀升,2015年收案18,690件,同比上升17.02%,其中民商事案件上升34.79%;2016年收案已达20,942件,与2015年全年收案相比上升了12%,其中民商事案件上升4.2%。在立案登记制度逐步推行之后,可以预见,法院的工作负荷将会进一步加剧,[3]"案多人少"的矛盾日益凸显。

督促程序对缓解案多人少的矛盾可以发挥积极的功效,而电子督促程序能使督促程序的便捷、快速功能更为凸显。电子督促程序这种网上申请、电子送达的特点与互联网金融的网上借贷技术和理念不谋而合。在法官员额制和立案登记制改革的大背景下,发挥好电子督促程序的过滤作用成为法院迫切需要解决的问题。

四、试行电子督促程序的意义

(一)电子督促程序对于法院可以发挥优化司法资源配置和实现诉讼效率的作用

电子督促程序因其电子化程度较高,事务性工作可以由法官助理处理,法官可

---

[1] 参见张晓朴:《互联网金融监管的原则:探索新金融监管范式》,载《金融监管研究》2014年第2期。

[2] 参见《蚂蚁金服日支付笔数超过8000万》,载凤凰财经官网:http://finance.ifeng.com/a/20141016/13191901_0.shtml,最后访问日期:2017年4月6日。

[3] 参见周翠:《再论督促程序电子化改革的重点》,载《当代法学》2016年第6期。

以从繁重的事务性工作中解脱出来，极大地减轻了法官的负担，并优化了司法资源的配置。电子督促程序属于快速、简便且不经过言词辩论就能获得执行名义的过滤程序。原则上，只有当债务人对所欠债务的理由和数额没有争议而仅因缺乏支付能力或者支付意愿不履行债务时，督促程序就能发挥作用，因此这一过滤程序发挥着巨大的司法减负作用，提高了法院的办案效率。电子督促程序还有利于节省司法经费开支，降低纸张和邮寄成本，在诉讼经济方面发挥了较好的作用。

（二）电子督促程序对于当事人可以发挥利民、便民的作用

电子督促程序中的债权人可以通过互联网等电子方式申请支付令，无须亲自到管辖法院所在地申请，将大大减轻债权人的成本负担。而且电子督促程序无须进行庭审辩论，节省了债权人、债务人的诉讼时间和精力成本，有利于双方当事人尽快实现权利和履行义务。督促程序的收费低廉，仅为普通程序收费的1/3，也大大减轻了当事人的诉讼成本。

（三）电子督促程序对于经济发展有利于提升社会经济软实力

随着互联网的迅猛发展，有些债权人与债务人远隔千里，双方通过互联网在线完成商品买卖、投资理财、民间借贷等民商事行为。电子督促程序快速实现正义的方式，有利于企业的业务拓展，实现资本快速回笼，最大限度地激发市场活力，带动经济的腾飞，对于整个社会的经济发展具有重大作用。

五、适用电子督促程序遇到的主要问题

（一）管辖权问题

2015年实施的最高人民法院《关于适用〈中华人民共和国民事诉讼法〉的解释》第23条规定：债权人申请支付令，适用《民事诉讼法》第21条规定，由债务人住所地基层人民法院管辖。而互联网金融案件的债务人分布在全国各地，互联网金融企业为减少自身诉累，会更多地选择普通诉讼程序，并约定债权人所在地法院管辖。这将会加大债权人所在地法院送达、庭审的工作压力，无法更好地发挥督促程序简便、快捷和不经庭审等功能。

（二）送达问题

《民事诉讼法》第87条第1款规定，经受送达人同意，人民法院可以采用传真、电子邮件等能够确认其收悉的方式送达诉讼文书，但判决书、裁定书、调解书除外。由于支付令并未明确被纳入《民事诉讼法》第152条和第154条的判决或裁定之列，因此支付令能否采用电子送达的方式送达仍处于争议状态。

最高人民法院《关于适用〈中华人民共和国民事诉讼法〉的解释》第135条规定："电子送达可以采用传真、电子邮件、移动通信等即时收悉的特定系统作为送达媒介。"第136条规定："受送达人同意采用电子方式送达的，应当在送达地址确认书

中予以确认。”以上规定均没有明确受送达人确认的阶段。如果必须在诉讼阶段，则债务人需先到法院填写同意电子送达方式的确认书，然后法院通过电子邮箱发送支付令，这样电子督促程序的便捷功能就无法发挥作用。

（三）异议问题

《民事诉讼法》第216条第2款规定：“债务人应当自收到支付令之日起十五日内清偿债务，或者向人民法院提出书面异议。”最高人民法院《关于适用〈中华人民共和国民事诉讼法〉的解释》第438条第1款规定：“债务人对债务本身没有异议，只是提出缺乏清偿能力、延缓债务清偿期限、变更债务清偿方式等异议的，不影响支付令的效力。”因此，我国对督促程序中的异议提出采取形式审查的方式，并且仅列举了裁定驳回异议的几种情形，在现有诚信体系尚不健全的背景下，债务人随意提出异议的情况比较普遍。这样既不能及时保护债权人的合法债权，也不能充分体现诉讼经济与效率原则。

（四）电子证据的效力问题

随着电子商务的蓬勃发展，电子邮件、电子合同、聊天记录等在交易活动中普遍运用。新修订的《民事诉讼法》将电子证据列为独立的证据类型，但对于电子证据证明力的认识尚处于探讨阶段，加之对电子证据的判断需要计算机领域的相关专业知识，难免会给法官在证据的审查认定上带来较大的难度。[1] 法官对电子证据的证明能力和证明力的认定都是经其自由心证，没有形成法律上系统的规则，但是电子证据的效力问题又是涉电子商务案件不可回避的问题。

---

〔1〕 毛坚儿、高志刚：《电子证据的认证规则不同于书证和视听资料》，载《人民法院报》2005年8月30日，第C03版。

第三方支付非授权支付法律责任探析

杨 晖*

一、第三方支付之业态及立法发展概况

(一)相关概念的厘清

网络支付、电子支付、行动支付、第三方支付、非银行支付机构这些概念似有相同,但细究却不尽相同。

第三方支付,从机构设立方面理解,是指电子商务经营者或具信用保障的独立机构,独立于银行的中介平台,向客户(金融消费者)提供与银行支付结算系统的接口和功能,为资金划转提供信用保障或者协助完成资金划转。从狭义上来讲,是指具备一定实力和信誉保障的非银行机构,借助通信、计算机和信息安全技术,采用与各大银行签约的方式,在用户与银行支付结算系统间建立连接的电子支付模式。

中国银监会2010年颁布的《非金融机构支付服务管理办法》第2条规定的第三方支付机构提供的非金融机构支付服务是指在收付款人之间作为中介机构提供网络支付、预付卡的发行与受理、银行卡收单、中国人民银行确定的其他支付服务的货币资金转移服务。此项规定将第三方支付机构定义为非金融机构、中介机构,其提供的是货币资金转移服务。

可见就资金划转而言,第三方支付是传统金融机构之外的独立的资金流通渠道和平台。第三方支付区别于传统的柜台交易模式,通过电子信息传输资金支付指令和多元化的支付通道完成资金支付划转。电子支付、网络支付、行动支付都是从支付信息传递通道和形式方面定义。具体来讲,用户可以通过网络、电话和手机、移动支付终端等多种渠道进行支付。从其支付服务方式本质来看,是以电子数据形式完成货币资金的划转,是金融服务的重要组成部分。第三方支付机构无金融机构之名,但有金融机构之实。

随着第三方支付业务的发展,其已脱离了最初主要依托于电子商务平台的业务形态,逐步拓展多种支付服务,并逐渐发展为与银行体系相得益彰的支付渠道。

---

* 法学博士,上海第二中级人民法院。

2016年7月实施的《非银行支付机构网络支付业务管理办法》,用非银行支付机构概念替换第三方支付机构,并将网络支付定义为:收款人或付款人通过计算机、移动终端等电子设备,依托公共网络信息系统远程发起支付指令,且付款人电子设备不与收款人特定专属设备交互,由支付机构为收付款人提供货币资金转移服务的活动。我国台湾地区学者蔡钟庆将行动支付定义为借由“移动式电子装置”发出交易指示及意思确认,进行资金转予收受方。[1] 美国1978年《联邦电子资金转移法》(Federal Electronic Funds Transfer Act,EFTA)将电子支付(Electronic fund transfer,EFT)定义为:通过电子终端、电话、计算机(包括网上银行)以及磁条发起的资金划转,具体包括指令、委托或者授权金融机构收款、付款。电子资金划转包括但不限于以下几种方式:POS机、ATM机、直接存取款、电话资金划转以及通过电子终端的借记卡交易。[2]

可见电子支付、网络支付、行动支付是从支付的资金支付指令信息传递方式来定义。电子支付区别于传统的面对面资金划转,网络支付可以归为电子支付其中一种渠道,或者从广义上讲,电子支付都可以认为是一种网络支付,但在互联网语境下,网络支付应是特指通过公共信息网络发起的资金支付指令,包括一部分通过公共信息网络的移动电子装置发起的资金支付指令。而行动支付强调的是发起资金支付指令是通过移动电子装置,而这种移动电子装置有可能通过公共信息网络完成指令传导。三者关系如图1所示:

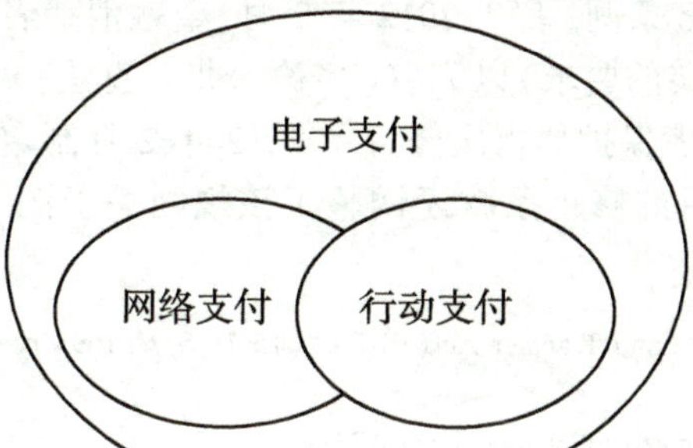

图1

(二)第三方支付发展概况

从立法方面来看,美国早在1978年就制定了EFTA以保护个体消费者的电子资金划转及汇款权益。其明确了几种电子资金支付方式:通过ATMs的资金划转;通过POS机终端的资金划转;通过自动清算系统进行的资金划转;通过电话账单支

〔1〕 我国台湾地区中信金融管理学院蔡钟庆助理教授持此观点。

〔2〕 See 12 CFR 1005.3(b).

付计划完成的经常性或者阶段性的资金划转;远程银行计划以及汇款划转。[1] EFTA 明确电子终端是指一种电子设备,而除了消费者使用电话方式之外,还包括其发起的其他电子资金划转。这些方式包括但不限于:POS 机、ATM 机、现金分配机。[2] 2009 年美联储(Federal Reserve System,FEB)制定了《E 条例》[Regulation E(12 CFR 205)]禁止对 ATM、借记卡交易收取额外费用,除非消费者明确表示同意接受该组织的额外服务。[3]《E 条例》的附件 A 规定还明确了接触设备(信息)包括:借记卡、个人身份信息(身份证号)(PINs)、电话转账机电话账单支付密码,以及其他可以对消费者账户资金发起电子资金支付的信息和方式。美国 1974 年《诚实信贷法》和美联储《Z 条例》[Regulation Z(12 CFR 1026)]对信用卡资金划转进行规范并明确了客户对非授权支付承担责任的客观条件及分段责任承担;[4] 美国联邦金融机构审查委员会(the Federal FinancialInstitutions Examination Council,FFIEC)指导的未经授权电子资金划拨加重银行责任规则。

《多德—弗兰克华尔街改革和消费者保护法》(以下简称《多德—弗兰克法》)(Dodd-Frank Wall Street Reform and Consumer Protection Act,Dodd-Frank Act)将美联储享有的 EFTA 授予其的规则制定权转移给了金融消费者保护局(Consumer Financial Protection Bureau,CFPB)。此举足以可见电子支付对金融消费者保护的意义重大,《多德—弗兰克法》修订了 EFTA 并建立了新的消费者保护系统,对美国消费者向境外个人及商业组织进行汇款提供保护。2011 年 11 月,金融消费者保护局重述了美联储修订的《E 条例》。[5] 2012 年 2 月,金融消费者保护局对《E 条例》增加了附件 B(对汇款划转的要求)以完善《多德—弗兰克法》对汇款划转的保护。[6] 2012 年 8 月,金融消费者保护局再次修订了 2012 年 2 月制定的规则,调整"汇款划转提供商"的定义。8 月的修正条款还调整了该规则关于汇款日之前的汇款划转,

---

[1] See The Electronic Fund Transfer Act(EFTA)(15 U. S. C. 1693 et seq.) of 1978:These services include

- transfers through automated teller machines(ATMs);
- point-of-sale(POS) terminals;
- automated clearinghouse(ACH) systems;
- telephone bill-payment plans in which periodic or recurring transfers are contemplated;
- remote banking programs;and
- remittance transfers.

[2] See 12 CFR 1005.2(h).

[3] See 74 Fed. Reg. 59033(Nov. 17,2009) and 75 Fed. Reg. 31665(June 4,2010).

[4] See Truth in Lending Act and Regulation Z §226 - 12b(1), available at https://www.federalregister. gov. last visited 17 Feb. 2014.

[5] See 12 CFR Part 1005(76 Fed. Reg. 81020)(December 27,2011).

[6] See 77 Fed. Reg. 6194,February 7,2012.

包括预授权的汇款划转的相关规定。应该说,美国最初的电子资金立法并未从机构监管角度入手,而是强调了支付行为的电子化特征,划定金融消费者(客户)、银行、支付机构的责任,并始终强调了银行作为客户账户资金的安全保障义务。

欧盟于 2015 年 11 月修订了内部市场支付服务指令(Payment Services Directive 2,PSD2),该指令于 12 月通过了欧盟法律审核,相关条款自 2018 年 1 月 13 日起生效。旨在进一步推动欧盟层面的电子支付市场发展,新修订的指令相比较 2007 年的支付服务指令(EC/2007/64/号指令),充分考虑到网络和移动支付的发展及支付服务企业的多样性,为创新支付服务提供法律保障,以确保更加安全的支付环境。新版指令要求,银行和支付服务提供者必须为初始支付提供者提供客户账户接口,以便协助客户进行交易。同时,初始支付提供者也要履行数据安全监管责任,对非授权支付交易承担责任。初始支付服务提供者和账户信息服务提供者将承担数据安全责任。[1]

我国台湾地区于 2015 年 7 月 1 日正式施行“电子支付机构管理条例”,该条例规定了电子支付机构的业务模式包括:代理收付实质交易款项;收受储值款项;电子支付账户间款项移转;其他经主管机关核定之业务。第 6 条则规定:电子支付机构收受使用者支付款项之范围包含:(1)代理收付款项:实质交易之金额、电子支付账户间款项移转之资金,及已执行使用者支付指示,尚未记录转入收款方电子支付账户之款项。(2)储值款项:使用者预先存放于电子支付账户,以供与电子支付机构以外之其他使用者进行资金移转使用之款项。

可见,我国台湾地区的电子支付机构业务仍停留在为电子化交易提供第三方资金流转渠道服务及信用担保支付服务,而且其所指的行动支付模式实际上就是实体信用卡虚拟化及账户储值:(1)实体信用卡虚拟化。此模式把实体信用卡虚拟化成为手机信用卡,使用者必须绑定银行账户或信用卡,才能使用 Apple Pay 等手机支付服务,资金流向与实体信用卡支付模式雷同。(2)账户储值。使用者可以不绑定银行账户与信用卡,仅单纯在第三方支付机构(如支付宝)网络平台开通储值账户,因此,资金流不会经过 Visa Master Card、银联等信用卡组织与收单银行。这两种行动支付模式,第一种为客户提供支付信息传递通道,在此种支付方式下,资金流并不通过手机支付完成,仍在所绑定的银行卡或信用卡开户银行的控制之下,要通过银行账户之间的资金划转实现资金转移,手机支付所完成的只是支付指令的信息传导;而在账户储值方式下,客户资金存管于客户在第三方支付机构平台注册的账户(电子支付账户),第三方支付机构在传导支付指令的同时完成了资金划转,或者说资金流并不通过银行账户体系完成。

---

〔1〕 See New Payment Services Directive will come into force in January 2016. OUT-LAW. COM. 2016/01/15.

在我国，从 2010 年 2 月《非金融机构支付服务管理办法》的颁布，到 2014 年中国银监会、中国人民银行《关于加强商业银行与第三方支付机构合作业务管理的通知》（银监发〔2014〕10 号），再到 2016 年 7 月 1 日实施的《非银行支付机构网络支付业务管理办法》，均强调了银行对客户账户资金的安全保障义务。银监发〔2014〕10 号文，强调了银行对客户身份信息及交易信息的验证责任，《非银行支付机构网络支付业务管理办法》第 10 条规定，支付机构向客户开户银行发送支付指令时，银行应当明确约定扣款适用范围和交易验证方式，承诺无条件全额承担此类交易的风险损失先行赔付责任，同时强调支付机构不得代替银行进行交易验证。虽然第 25 条规定，支付机构网络支付义务应符合相关标准和要求，并应当无条件全额承担客户直接风险损失的先行赔付责任。但是第 37 条规定，银行始终要承担客户资金的安全管理责任，不得将此责任转移给支付机构。

在业界，自 2011 年起，美国的 PayPal 推出在线支付市场，发展实体零售支付工具，其平台之影响力走入实体商店的结账柜台，使消费者能在零售商店通过 PayPal 推出之智能型手机 APP 进行付款。2012 年 3 月 PayPal 进一步推出行动刷卡装置（PayPal Here）。2013 年 2 月 PayPal 又与三星合作，结合移动电话之指纹辨识功能，推出更简易的支付方式。随后又推出支付条形码（Payment Code）新式服务，以期能缩短实体店面之购物等待时间。合约条款明确揭露其仅作为支付账户使用者进行支付交易的代理人，纽约州银行局也变更其先前 PayPal 属实质收受存款之见解而认为其新的营运模式是以代理人身份从事银行业务，但非属金融机构，故亦不受相关法令的限制。挪威、瑞典、丹麦政府均朝向无纸钞时代迈进。丹麦政府宣布自 2016 年 1 月起，进行无纸钞交易，推动全国数字付款方式，只有医院、药房和邮局等机构保留现金服务。

2015 年中国第三方支付市场交易规模约 31.2 万亿元，同比增长 36%。[1] 同时，第三方支付快速发展背后存在制度套利与监控空缺。该领域的风险主要在于，第三方支付机构实质性介入清算，尤其是第三方支付机构控制的电子支付账户进行支付交易，形成了独立于银行体系、游离于央行监管之外的交易、清算、结算的闭环，支付体系整体缺乏透明度。据统计，目前获牌的第三方支付公司达 267 家，但从互联网的交易额规模来看，支付宝、财付通、银联商务前三者共同占据市场份额的 80%，大部分支付机构盈利模式不清晰，导致同质化的恶性竞争。在银行卡收单业务方面，部分第三方支付机构争抢客户，或是不计成本压低商户收单手续费，或是通过二次清算编造银行卡交易信息逃避监管，收单行业环境严重恶化，收单市场出现“劣币驱逐良币”的现象。第三方支付机构在安全技术保障、信息识别等风险控制方

〔1〕 参见《互联网支付大案频发，市政府参事建言完善监管》，载网易新媒体（东方网）：http://help.3g.163.com/16/0720/07/BSDBP9RD00964LDE.html，最后访问日期：2016 年 7 月 20 日。

面仍亟待完善。

二、第三方支付的支付服务方式分析

互联网金融就其本质来看，是借助互联网、大数据、云计算、移动支付等现代信息技术完成支付结算和资金融通的金融服务。[1] 第三方支付使金融服务更加便利、高效、普惠，但风险也随之而来。第三方支付机构能否保障客户资金安全，或者说一旦发生非授权支付，客户资金损失由谁来承担责任，近年来的司法审判案例出于不同思路，给出了不尽相同的判决。但客观来讲，第三方支付机构不同于银行等传统金融服务机构，其提供的支付结算服务形式不同，与银行、客户的法律关系自然不同，谈到损失责任的承担自然有所不同，因此，厘清第三方支付机构的不同支付服务方式是法律责任判定之重要前提。

（一）第三方支付机构的性质

我国台湾地区“电子支付机构管理条例”第 3 条规定：第三方支付机构是指经主管机构许可，以网络或电子支付平台为中介，接受使用者注册及开立记录资金转移与储值情形之账户，并利用电子设备以连线方式传达收付讯息，于付款方及收款方间经营下列业务之公司：(1)代理收付实质交易款项；(2)收受储值款项；(3)电子支付账户间款项转移；(4)其他经主管机关核定之业务。我国《非金融机构支付服务管理办法》第 2 条规定，本办法所称非金融机构支付服务，是指非金融机构在收付款人之间作为中介机构提供下列部分或全部货币资金转移服务：(1)网络支付；(2)预付卡的发行与受理；(3)银行卡收单；(4)中国人民银行确定的其他支付服务。《非银行支付机构网络支付业务管理办法》第 2 条规定，本办法所称支付机构是指依法取得《支付业务许可证》，获准办理互联网支付、移动电话支付、固定电话支付、数字电视支付等网络支付业务的非银行机构。

上述立法将第三方支付机构定性为提供支付服务的中介机构、非金融机构，但支付结算又属于金融服务范畴，其又应视为提供金融服务的准金融机构。从现今的发展趋势来看，第三方支付已不仅局限于最初的网络支付，而是成为线上、线下全面覆盖，应用场景更为丰富的综合支付工具。第三方支付机构承担了完成一项支付指令的信息流或者资金流传导的职能。从为客户提供支付结算的金融服务，直接影响客户资金划转的层面上讲，第三方支付机构对客户资金安全负有不可推卸的安全管理责任，在不同的支付模式下，第三方支付机构的资金安全保障义务的边界并不相同。

---

[1] 参见吴晓灵：《如何从三个角度理解对互联网金融的监管》，载《互联网金融观察》2014 年第 2 期。

（二）第三方支付机构的支付服务方式

首先，从发展路径与用户积累途径来看，目前市场上第三方支付机构的支付服务方式可以归为两大类。

一类是独立第三方支付方式，是指第三方支付平台完全独立于电子商务网站，不负有担保功能，仅为用户提供支付产品和支付系统解决方案，以快钱、易宝支付、汇付天下、拉卡拉等为典型代表。以易宝支付为例，其最初凭借网关模式立足，针对行业做垂直支付，而后以传统行业的信息化转型为契机，凭借自身对具体行业的深刻理解，量身定制全程电子支付解决方案。

另一类是以支付宝、财付通为首的依托于自有B2C、C2C电子商务网站提供担保功能的第三方支付方式。在此类支付模式中，货款暂由平台托管并由平台通知卖家货款到达、进行发货；买方在电商网站选购商品后，使用第三方平台提供的账户进行货款支付，待买方检验物品后进行确认后，就可以通知平台付款给卖家，这时第三方支付平台再将款项转至卖方账户。[1]

其次，从支付结算过程本身来看，可视为由客户支付指令信息传导与账户资金划转两者相结合的过程。即信息流指引资金流，共同完成一项支付指令。以第三方支付机构在信息流转与资金划转中的作用为标准，可将其支付服务方式划分为以下三类，如图2所示：

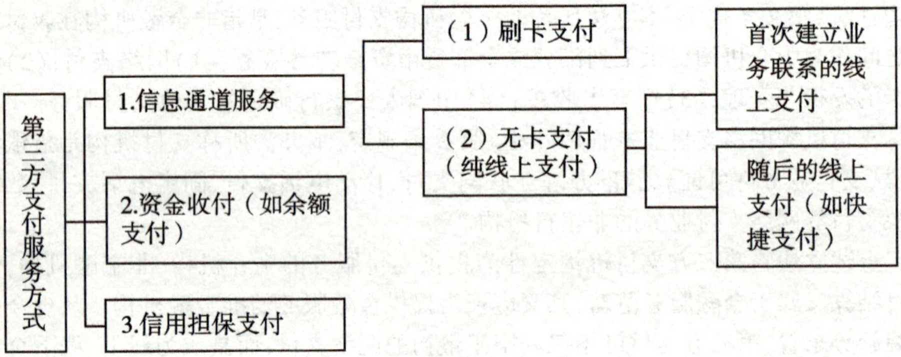

图2

1. 信息通道服务：第三方支付机构只负责将客户的支付指令信息（包括银行卡信息、身份信息、交易信息）传递给银行卡发卡行，不涉及资金划转，并由发卡行完成支付指令所指向的资金划转，第三方支付机构扮演了信息中介角色。其中，又可以划分为需要刷银行卡的支付服务，以及无须银行卡的纯线上支付服务。

[1] 参见罗明雄、丁玲：《北京软件和信息服务交易所：互联网金融六大模式解析》，载《中国科技财务》2013年第9期。

(1)刷卡支付:需刷银行卡的支付通道服务,类似银行卡的收单业务。即通过第三方支付机构刷客户的银行卡完成支付。

以某第三方支付机构提供APOS第三方支付服务,即通过移动POS机结合商户手机APP客户端,以刷借记卡为媒介完成的转账支付服务为例。

信息流转:①点击POS机上的确认按钮后,第三方支付机构将这笔转账的交易请求发送给银联;

②银联将交易请求发送给借记卡的发卡行;

③借记卡的发卡行验证卡号、密码等信息无误后,对该借记卡账户进行转出资金的记账,并将交易成功的信息发送给银联;

④银联将交易成功的信息发送给转入信用卡的发卡行,信用卡发卡行对该信用卡账户进行转入资金的记账;

⑤银联将交易成功的结果发送给第三方支付机构;

⑥第三方支付机构将交易成功的结果发送到移动POS机的手机APP端;

⑦发卡行向客户预留手机发送资金被划转的信息。

资金流转:交易次日,转出的借记卡发卡行,通过银联的清算系统,将资金划转给转入的信用卡发卡行,第三方支付机构在整个过程中不涉及资金划转,只负责信息流转。

(2)无卡支付:无须银行卡的纯线上支付服务,即以电子信息方式发起支付指令。第三方支付机构发起的客户支付指令无须银行卡实体卡片,只需卡片信息及客户身份信息等支付信息即可完成支付交易。具体又可细分为首次建立关联的线上支付,以及随后的纯线上支付。

2. 资金收付服务:第三方支付机构接受客户交易指令,直接完成资金划转。第三方支付机构同时完成客户支付指令的信息流传递与资金划转。此种模式又分为两种情形:一种是对开立在第三方支付机构的客户账户资金(电子支付账户)的收付;另一种是接收客户银行账户资金向电子支付账户的划转。

如某第三方支付机构提供的账户资金余额支付服务,即根据客户的支付指令,直接将客户的电子支付账户资金进行划转。

3. 信用担保支付服务:第三方支付机构为客户保管交易金额、电子支付账户(开立在第三方支付机构的客户账户)间款项移转资金及已执行使用者支付指示、尚未记录转入收款方电子支付账户款项,待实质交易完成之后,再执行资金划转。目前,根据我国的立法情况,不允许电子支付账户之间的款项转移。

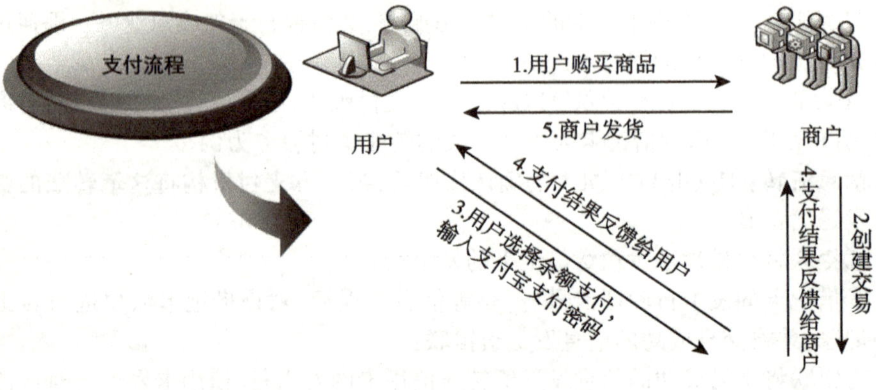

图3 某第三方支付机构的信用担保支付服务

在上述三种类型的支付服务中，第三方支付机构提供的第一类支付服务，并不掌控客户账户（银行账户）资金的流转，而只传递支付指令信息；第二类和第三类支付服务，则由第三方支付机构完成客户账户资金（电子支付账户、余额账户及交易资金）的划转。

三、第三方支付不同支付服务方式对应之法律关系及法律责任分析

（一）不同支付服务方式下形成的法律关系

在前述对第三方支付机构支付服务方式的分析基础上，可以简单来讲，第三方支付机构形成了与客户、银行（银联）、商户不同的法律关系，并且因支付服务方式的不同，相应的法律关系也有所不同。即通过对客户账户（银行账户、电子账户）不同控制关系来确定由谁来对客户账户安全负有责任为主要判定标准，结合不同的归责原则来看，确定对非授权支付交易造成的账户资金损失的责任主体。

第三方支付与客户（金融消费者）之间的法律关系：不论在何种支付服务方式下，第三方支付机构为客户提供了传递支付指令信息、资金划转服务，其与客户（金融消费者）之间形成金融服务合同，[1] 其是何种法律关系要考虑在不同支付方式下，第三方支付机构是否只提供信息通道服务还是同时提供资金划转服务等因素来确定。

1. 信息通道服务：在信息通道服务中，第三方支付机构向客户提供银行之外的支付指令信息传递通道服务（包括通过银联网关，而不与银行直接签订合作协议的支付信息通道服务），只负责信息流的传递，并不控制客户账户（银行账户）资金，资金划转由银行完成，此时第三方支付机构与客户形成服务合同关系。

---

〔1〕 由于《合同法》并未将服务合同或金融服务合同作为有名合同规定，为便于表述，笔者将第三方支付机构与客户件形成的关系统称为金融服务合同。

2. 资金收付:这种支付服务方式下,客户在第三方支付机构注册电子支付账户,此账户资金收付由第三方支付机构完成(此处账户不同于银行账户,第三方支付机构与客户并不形成储蓄合同关系),双方之间形成委托代理关系,即第三方支付机构受客户委托代理收付电子支付账户的资金。

3. 信用担保支付:第三方支付机构在买卖交易双方(客户与商家)之间充当交易资金信用担保角色,在实质交易进行中,保管暂存于电子支付账户的交易资金,待实质交易完成后,将交易资金划转给商家,第三方支付机构与客户之间形成委托代理关系,暂时保管资金并完成资金划转。

第三方支付与银行之间的法律关系:在第三方支付参与下,传统意义上全部由银行通道完成支付行为的一部分或者大部分,改由第三方机构承担。在不同支付方式下,第三方支付机构介入支付流程的程度不同,决定了其与银行形成的法律关系也不相同。

1. 信息通道服务:在此种支付方式下,第三方支付机构作为单纯的支付信息指令传递通道(信息交换与信息初步确认),其与银行形成了委托代理关系。即第三方支付机构为客户提供了区别于银行自有通道的、另外的支付指令信息传递通道,第三方支付机构通过与银行签订服务合作协议,对外标示为银行支付通道,以合作银行名义完成客户支付指令的接收、传递与反馈。此时,其作用类似于银行卡收单行的作用。在一些情况下,第三方支付机构并未与银行直接达成合作协议,而是与银联等支付结算机构合作,借助银联网关,对外标示银联通道,形成与银行间的隐名委托代理关系。需要注意的是,在此种隐名委托代理关系中,一旦发生伪卡交易及纯线上支付的非授权交易,使客户资金受到损失,第三方支付机构与银联、银行之间的法律责任认定往往争议较多。

2. 资金收付与信用担保支付:如前文所述,这两种支付服务方式的共同特征是,从资金的流向来看,第三方支付机构不仅传递支付指令信息,还控制资金划转。即支付指令主要针对客户电子支付账户的资金而非银行账户,客户电子支付账户资金支付通过第三方支付机构完成,第三方支付机构与银行不发生直接的法律关系。

(二)第三方支付机构对非授权支付之法律责任分析

非授权支付是指未经授权电子资金划拨,又称虚假的支付命令,是指客户以外的第三人所进行的,从客户的账户中划拨资金,而该客户并没有对该划拨进行授意的电子资金划拨。[1] 美联储《E条例》规定的非授权交易电子资金划转,是指消费者账户由除其本人之外的其他人未获得授权而发起的交易,并且消费者本人并未受益。

---

〔1〕 参见郭玉军:《网络社会的国际法律问题研究》,武汉大学出版社2010年版,第353页。

如前文所述，第三方支付机构向客户提供的支付服务，发生非授权支付交易，导致客户账户（银行账户、电子账户）资金损失大多发生在信息通道服务方式下，因此，下文将着重就信息通道服务方式下各方法律责任展开论述。

司法审判定分止争，明确第三方支付机构对非授权交易应承担何种法律责任，首先要明确归责之原则。司法审判之公正要兼顾程序与实体正义，而法律责任的认定最终应体现实质正义，尤其在金融消费领域，毋庸赘述。金融消费者不论其为自然人还是组织，相对于银行等金融经营者而言始终处于弱势；从第三方支付机构的定性及支付服务方式来看，虽然非银行支付机构的支付服务市场发展迅猛，但到目前为止，银行账户仍具有垄断地位。第三方支付机构开立的客户账户（电子支付账户）并不具备银行账户的储蓄功能，尤其是在纷争较为集中的信息通道服务中，第三方支付机构分别与客户、银行（银联）形成不同性质的法律关系，在判定基于电子支付、网络支付、行动支付等互联网金融业态下的支付行为各方的法律责任时，一方面要立足于法律关系自身，另一方面也要充分考量金融服务相对于其他经济活动的特殊性。

1. 银行的责任

银行的责任判定以严格责任原则为主。银行与客户之间形成储蓄合同关系，对银行账户资金负有安全保障义务，其对客户通过第三方支付机构完成对银行账户的非授权资金划转承担责任的情况，主要集中在信息通道服务方式中，因其在此种支付方式下控制客户银行账户资金的划转，但又根据支付指令的发起方式不同，银行责任有所不同。

（1）伪卡支付：需要银行卡物理介质，在通过伪卡发起支付指令的情况下，银行对第三方支付机构传导的伪卡信息进行最终校验，其如果未识别伪卡信息，未尽到账户资金安全保障义务，违反了储蓄合同约定的银行对客户银行账户资金的安全保障义务，除非银行证明伪卡支付的持卡人具有过错，否则银行应该承担资金损失赔偿责任。此时，银行承担责任的法律基础皆因其与储户之间的储蓄合同关系，因此，对其责任的认定应适用严格责任归责原则。

案例：（2016）沪02民终2270号潘某诉某银行借记卡纠纷案

主要案情：潘某借记卡被连续盗刷数笔后，潘某当即便向公安部门报案，并向银行挂失卡片。其中一笔2万元系通过异地的某第三方支付机构的APOS机刷卡完成。潘某随向法院起诉，认为银行未尽到安全保障义务，要求其承当包括该笔2万元在内资金损失。银行认为该2万元交易系通过第三方支付机构与银联通道完成交易，银行并未与该机构有业务合作关系，因此就该笔交易银行不承担责任。

裁判理由：一审法院认为银行对储户银行账户资金负有安全保障义务，持卡人妥善保管该银行卡,未有故意泄露密码等信息并于盗刷后及时报案、通知银行挂失,已经尽到了持卡人的谨慎注意义务,故判决银行承担盗刷造成资金损失。二审法院认为,系争的2万元虽通过第三方支付机构完成支付,但是此笔交易仍需通过刷银行卡,并经第三方支付机构、经由银联将支付信息传递给银行,并由银行进行识别校验并完成持卡人银行账户资金的划转。因此,银行没有尽到对持卡人银行账户资金的安全保障义务,没有识别出伪卡信息,存有过错,应承担该笔交易所造成银行账户资金损失。

(2)纯线上支付:在通过电子信息发起支付指令的情况下,此时区分首次建立业务联系支付和随后的线上支付两类情况来分别分析银行的责任。

首次建立业务联系的支付,即客户首次在第三方支付平台上,通过信息校验,将其名下的银行账户(借记卡、信用卡)与第三方支付账户绑定支付。根据银监会〔2014〕10号文的规定,客户银行账户与第三方支付机构首次建立业务关联时,应经过双重认证,即客户在通过第三方支付机构认证同时,还需通过商业银行的客户身份鉴别。账户所在银行应通过物理网点、电子渠道或其他有效方式直接验证客户身份,明确双方权利与义务。如果以这种方式给客户银行账户资金造成非授权支付损失,银行应承担损害赔偿责任。《非银行支付机构网络支付业务管理拌饭》第10条规定,在首笔交易时,支付机构不得代替银行进行交易验证。因此,银行对首次交易负有最终交易信息审核责任并且银行对客户银行账户资金的安全保障义务,除了证明客户有违谨慎注意义务,故意泄露账户信息、身份信息、交易密码等过错,应对首次建立业务联系而发生的非授权支付损失承担赔偿责任。虽然银行与第三方支付机构同时对支付信息进行校验,但相关金融监管规定强调了银行作为银行账户资金的安全保障义务,银行对交易信息进行最终审核,因此其对非授权支付的责任应适用严格责任原则。

随后的线上支付(无卡支付),如快捷支付等。银监会〔2014〕10号文还规定,对预留手机号码且设定短信通知的客户,商业银行应在客户进行支付时对第三方支付机构提供的手机号码和银行预留的手机号码进行一致性检验,通过后方可进行支付。如果银行已按照前述要求在业务关联时进行了相关信息验证,确保客户身份真实可靠,在交易时可以无须再次验证。那么,在这类第三方支付机构提供的线上支付服务中,银行不承担支付指令的信息校验责任,此时若因非授权交易造成了客户银行账户资金损失,可以相应减轻银行的损失赔偿责任。即在此类支付交易中,对支付信息的审核由第三方支付机构完成,对银行责任的判定应适用过错责任原则。

2012年12月美国货币审计署(Comptroller of the Currency,OCC)签发了一项关于分配系统遭受袭击与客户账户欺诈的关系的声明。OCC重申“希望银行建立风险管理系统,该系统能识别和适当考虑对网上账户新的和不断发展的威胁,并且调整对客户的授权、安全层级,以及其他与不断发展的泄露风险相匹配的措施”。[1]总之,银行承担责任的关键在于:非授权支付是通过何种方式发起的(伪卡方式、电子信息方式),不论客户账户信息、支付信息、客户身份信息、交易密码等信息是如何被非授权方获得,或者客户只要对上述信息的泄露不存在过错,并证明其并未发出支付指令或者并非造成安全程序泄露的起源,那么就推定银行作为客户账户资金的实际占有人(控制人),其应对客户账户资金的负有安全保障义务并承担非授权支付致客户账户(银行账户)资金的损失责任。

2. 客户(金融消费者)的责任

客户(金融消费者)的责任判定适用过错责任原则。对于客户责任的认定,一般从其客观行为考量其是否具有过错。在第三方支付交易中,不论是信息通道服务、资金收付还是信用担保等第三方支付服务,也不论资金划转是通过电子账户还是银行账户完成,客户相对于第三方机构、银行均处于弱势地位,客户将资金的安全保障委托给第三方支付机构及银行,则客户(金融消费者)仅需负注意和通知义务。即从常理判断,客户对于电子签名数据、身份识别信息、账户信息、交易密码等信息是否尽到了一般谨慎注意义务,有无主观故意泄露行为,若无,则客户对于非授权交易造成的资金损失不负责任。因此,对客户(金融消费者)的责任判定适宜过错责任归责原则,而不宜加重客户责任。

但美联储《Z 条例》对未经授权信用卡电子资金划拨规定了客户承担有责任限制的无过错责任规则。即不考虑客户是否存在过错,在客户通知银行后,银行仅可以要求客户承担不超过 50 美元的责任。[2]《E 条例》第 205 条第 6 款规定,客户对借记卡未经授权电子资金划拨的责任承担应该分为三种情形,并且对于损失应该分

---

〔1〕 See OCC, Information Security, "Distributed Denial of Service Attacks and Customer Account Fraud", Alert, Dec. 21, 2012.

〔2〕 See Randy Gainer, "A Cyberspace Perspective: Allocating the Risk of Loss for Bankcard Fraud on the Internet", 15 *John Marshall Journal of computer & Information Law*, 1996, p. 44.

段进行计算。[1] 综合考察其分段承担责任的条件，不难发现其实仍是以客户存在过错为条件，即客户是否及时履行了谨慎注意义务，妥善保管相关账户信息及身份信息，在合理时间内通知银行非授权支付指令并非客户本人发出。

因此，参考域内外相关立法，客户承担责任的条件可以设定为：第一，客户账户（银行账户、电子账户）用于资金划转；第二，客户账户资金充足且银行对客户账户资金进行了划转；第三，银行、第三方支付机构向客户披露了银行卡、电子账户的使用方式、条件及客户义务；第四，银行、第三方支付机构对非授权支付信息进行了验证；第五，客户在发现未经授权电子资金划拨时没有及时通知银行并未妥善保管相关账户信息及身份信息。

当然在讨论银行与客户责任的同时，还要考虑二者之间的责任平衡：对银行加重非授权支付损失赔偿法律责任，能够促使银行加大力度开发防止未经授权电子资金划拨发生的安全体系。因为开发安全体系防止未经授权电子资金划拨发生的最大受益者是银行，所以银行当然负有提高电子资金划拨安全性的责任。另外，对于客户来说，作为金融消费者，承担责任的能力有限，从司法审判所要达到的实质公正意义来讲，若让客户（金融消费者）承担账户资金安全自负责任，从技术等客观条件上看，其并不具备此种能力，有违客观合理性。但是若过于加重银行责任，则有纵容客户（金融消费者）的疏忽行为，引发客户（金融消费者）的道德风险，亦不可取。

3. 第三方支付机构的责任

第三方支付机构的责任区分情况适用过错责任或严格责任。如前文所述，在信息通道服务、资金收付、信用担保不同支付服务方式中，第三方支付机构对客户账户资金的作用并不相同。因此，应结合第三方支付机构在不同支付方式中发挥的作

---

〔1〕 See Regulation E 205.6(b). 第一种情形，客户在未经授权电子资金划拨发生后及时通知了银行。如果客户在得知借记卡遗失或者被盗之日起两个工作日内通知了发卡机构，那么客户所承担的责任不应超过50美元，或者在通知发卡机构前发生的未经授权电子资金划拨二者中较小的金额。第二种情形，客户在未经授权电子资金划拨发生后未及时通知银行。假如客户在获悉借记卡丢失或者被盗之日起两个工作日内没有通知发卡机构，客户所承担的责任不得超过下列金额中较小的金额：500美元；或者两笔金额之和——第一笔为下列金额中较小的金额：50美元；或者在通知发卡机构前发生的未经授权资金划拨金额，第二笔则是两个工作日结束之日起到通知发卡机构前所发生的未经授权资金划拨金额。但是，如果发卡机构能够证明客户在两个工作日内履行了通知义务通知则损害不会发生，那么将突破对客户的责任限制，也就是说，发卡机构对该笔损失不承担责任。第三种情形，定期对账单传送后还不及时通知。为了避免承担进一步的责任，客户必须在收到定期对账单之日起60日内对未经授权电子资金划拨进行报告。如果客户没有及时报告，客户的责任不应该超过60日期满之日起到通知发卡机构前所发生的未经授权划拨金额，但是，如果发卡机构能够证明，若客户在60日内通知了发卡机构，损失根本就不会发生，那么对于这部分损失应该由客户承担。在发生借记卡未经授权使用时，如果可以适用第一种和第二种情形，客户可能还会对以上两种情形下产生的损失承担责任。参见张萍萍：《美国未经授权电子资金划拨责任划分规则研究》，西南政法大学2014年硕士毕业论文，第12页。

用，区别对待其法律责任，即确定其对客户的安全保障义务边界。

在衡量银行或者客户是否承担电子资金划拨损失的责任时，一个主要的标准是银行的安全程序是否为相关金融监管机构规定的、符合商业惯例的合理的安全程序。那么，对第三方支付机构而言，无论是作为单纯的信息通道还是担负了一部分的资金划转职能，其向客户提供的服务是否符合相应的安全标准，或者其是否符合安全技术保障，也是考量其责任范围的必要条件。美国《网络银行环境审核指引》（2005 年 FFIEC 指导）要求，银行的安全程序应该随着科技的发展、客户信息的敏感性、内部和外部对信息的威胁、金融机构商业协议的变化和客户信息体系的变化而监测、评估和调整。该标准同样适用于重新评估网上银行控制措施。[1] 同样，该标准也适用于为客户提供支付服务的第三方支付机构。

（1）信息通道服务：第三方支付机构并不控制客户账户资金，那么对第三方支付机构就非授权支付是否承担责任的判定标准，不宜重于银行，或者对其责任判定，可以略轻于银行责任。另外，从第三方支付机构与客户在信息通道服务方式下形成的服务合同关系来看，第三方支付机构所获得的服务收益，也是参照银行卡收单行的收费标准，因此对第三方支付机构责任判定不宜适用银行对客户账户资金的安全保障义务责任标准，而应以过错责任归责原则确定第三方支付机构对非授权支付的法律责任。这里需要注意的是应区分在伪卡支付和纯线上支付（无卡支付）的情况下银行与第三方支付机构的责任分配问题。

在伪卡支付中，根据相关金融监管立法，由银行负责支付指令信息（包括账户卡片信息、客户身份信息、交易密码等）的最终校验，并完成客户银行账户的资金划转，因此银行应该承担此类伪卡交易造成的客户账户资金损失赔偿责任。而第三方支付机构若在此类支付交易中，因其未建立符合金融监管的安全技术系统，未建立有效的风险识别系统导致无法识别伪卡交易信息的，其亦应向客户承担账户资金损失赔偿责任。

在纯线上支付（无卡支付）中，区分首次建立业务联系的支付和随后的线上支付，判定第三方支付机构承担责任的关键是对客户支付指令信息负责校验。在首次建立业务联系的第三方支付服务中，最终的支付信息校验由银行完成，那么第三方支付机构的校验责任弱于银行，其责任相应可以消减，只承担与支付信息校验相当的责任。而在随后的线上支付（快捷支付），主要由第三方支付机构完成支付信息校验，那么，其应该对此种情况下非授权支付造成的客户账户资金损失承担赔偿责任。

（2）资金收付及信用担保支付：第三方支付机构对客户账户（电子账户）资金拥

---

〔1〕 See FFIEC, "Frequently Asked Questions on FFIEC Authentication in an Internet Banking Environment", Aug. 15, 2006, p. 5. available at http://www.ffiec.gov/pdf/Auth-ITS-Final%206-22-11%20(FFIEC%20Formated).pdf, last visited Feb 16, 2014.

有控制权，其系受客户委托代为保管、收付资金，因此，此时对其责任的判定应该比照银行对客户账户（银行账户）资金的安全保障义务责任标准，适用严格责任原则。第三方支付机构若未履行对客户电子支付账户资金的安全保障义务，未采取合理技术手段履行安全程序，其应承担非授权支付的法律责任。《非金融机构支付服务管理办法》《银行卡收单业务管理办法》《非银行支付机构网络支付业务管理办法》及银监会〔2014〕10号文均规定第三方支付机构的安全技术标准应该达到银行监管部门的标准，因此在司法审判中，若其未建立符合标准的安全技术系统等相应风险控制系统，则就非授权支付损失承担损害赔偿责任也不为过。

案例：（2012）佛城法民一初字第1383号　邵某诉支付宝公司等不当得利纠纷案

主要案情：邵某在通过网银向其支付宝账户充值过程中被不法分子“网络钓鱼”，资金被用于购买某网游公司的游戏点卡，邵某起诉要求银行、支付宝、网游公司赔付转款资金。

裁判理由：该笔交易类型是即时到账支付，而非担保交易，支付宝在核对订单号、付款情况后，支付款项至网游公司并不存在违约或过错。判决驳回邵某诉讼请求。

关于银行与第三方支付机构二者责任的协调问题，尤其是在第三方支付机构通过银联网关完成支付指令，而其并未与银行直接建立合作关系的情况下，还是应该以谁主导了客户账户资金的控制权来作为责任承担的主要标准，而不应拘泥于是否有直接的合作关系。换言之，即使银行并未与第三方支付机构直接建立合作关系，但是银行作为银联成员，其授权银联向第三方（包括第三方支付机构）开放使用银行支付通道，即接收支付指令，因此可以视为第三方支付机构获得了银行的授权，委托代理银行完成支付指令中的信息传导部分服务。银行以无直接合作协议的理由并不能开脱其未尽审核客户支付指令信息审核、卡片校验义务，不能视为其履行了对客户银行账户资金的安全管理保障义务。

支付服务的变革是把“双刃剑”，在便利、高效的同时也蕴含风险。法律责任认定虽然是司法审判问题，但是也必须基于互联网金融发展态势，尤其是要充分考量金融消费者与金融经营者（第三方支付机构）在金融活动中的角色。单向思维恐不得全面，系统判断方能平衡各方利益，因此，围绕第三方支付服务本质，结合法理，理应是司法认定各方对非授权支付责任的明智之举。

汽车众筹的法律风险与防范建议

王少汉*

2017年2月21日零壹财经联合华中新金融研究院与零壹研究院发布《2016年中国互联网众筹年度报告》(以下简称报告),报告显示汽车众筹在2016年下半年引来“大爆发”,全年筹集资金规模达到93.9亿元,已成为互联网众筹新的增长极,但相关风险也在第四季度集中爆发。

随着《网络借贷信息中介机构业务活动管理暂行办法》(以下简称《暂行办法》)的办法,P2P[根据《互联网金融信息披露个体网络借贷》(以下简称《个体网络借贷信息披露标准》)T/NIFA第2.4条,个体网络借贷P2P lending个体和个体之间通过平台实现的直接借贷,本文以《暂行办法》与《个体网络借贷信息披露标准》的定义为准]的监管逐步落地,越来越多的P2P面临或正在进行转型,作为与P2P具有较高近似度的网络众筹,成为P2P转型的选择之一,汽车众筹即在这样的大背景下再次进入投资者与研究者的视线。

作为舶来品的众筹,通说是指一种向群众筹资,以支持发起的个人或组织的行为,一般分为股权众筹、债权众筹、实物众筹、公益众筹,国内更倾向于将P2P等同为债权众筹。而本文所讨论的汽车众筹,一般列入实物众筹。在监管层面,除了前述的《暂行办法》与中国证券业协会曾发布的《私募股权众筹融资管理办法(征求意见稿)》,目前尚未有明确的监管政策就实物众筹、公益众筹进行规范,也因此导致了实物众筹领域的“创新生长”。

本文根据现有市场的汽车众筹主流模式,结合当前已有的监管政策,简要分析。

* 海华永泰律师事务所律师。

一、主流汽车众筹的模式

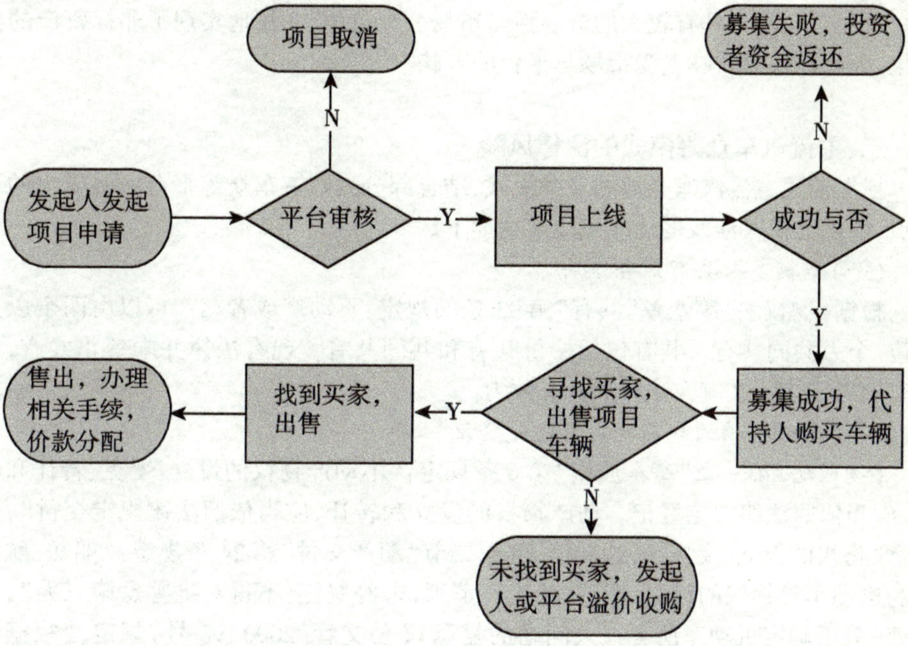

1. 发起人发起项目申请。汽车众筹的发起人主要包括二手车商、其他业务项目车辆持有者(包括催收环节取得车辆的持有人)、短期资金需求者(名为卖车,视为抵押融资)等。

2. 平台审核。除了对发起者本身的资信审核外,还包括对车辆车况的审核与评估,包括但不限于车辆所有权、车龄、车况、保险、里程等内容,基本按照二手车交易所需的通用标准审核。

3. 项目上线。平台审核通过后,项目在平台上线,主要的推介模式或者宣传词汇为"汽车众筹"或者"车辆众筹",以偏向所有权为准,部分平台以采取债权的形式宣传。

4. 成功与否。项目上线后,在限定的期间内由投资者进行"众筹"购车,若限期未"满标",则项目失败,投资者前期已投入的资金返还;若限期"满标",则视为项目成功,由投资者、发起人、平台、代持人(平台或者平台指定的第三人)签署协议,明确权利义务。

5. 成功"众筹"购车后,由平台或者代持人寻找合适的买家,部分平台考虑到回报投资人,会要求发起人或者由平台等承诺溢价收购,一旦限期未出售成功的,进行溢价收购程序，从而实现投资人的退出。部分平台在该环节会引入"投票"机制，由投资人对"众筹汽车"的处置进行投票，达到一定比例后再行出售，否则由发起人或者平台等实现溢价收购。

由于车辆本身具有较大的流动性与市场公允价值，变相地实现了非标资产的标准化，因此该种模式越发受市场与平台的青睐。

二、主流汽车众筹模式的法律风险

根据前述主流汽车众筹的业务模式，结合部分失败汽车众筹平台所暴露出的风险点，就以上模式涉及的法律风险归纳如下。

（一）车辆多人共有是否违法

根据《物权法》第八章"共有"第93条的规定：不动产或者动产可以由两个以上单位、个人共同共有。共有包括按份共有和共同共有。现有法律并未禁止共有，单一车辆属于多人共有在法律上具有效力。

（二）车辆权属的界定是占有还是登记

《物权法》第一章"基本原则"第6条规定："不动产物权的设立、变更、转让和消灭，应当依照法律规定登记。动产物权的设立和转让，应当依照法律规定交付"，第二章"物权的设立、变更、转让和消灭"第二节"动产交付"第24条规定："船舶、航空器和机动车等物权的设立、变更、转让和消灭，未经登记，不得对抗善意第三人"；公安部《关于确定机动车所有权人问题的复函》（公交管〔2000〕98号）规定："根据现行机动车登记法规和有关规定，公安机关办理的机动车登记，是准予或者不准予上道路行驶的登记，不是机动车所有权登记。"机动车作为动产，原则上是以占有推定物权，其物权的设立不是以登记为准，登记是对抗要件，而非设立要件。

（三）代持的法律意义与效力

代持作为由名义权利人代为持有实际权利人财产的形式，在诸多领域被应用，常见的包括股权代持，在现行法律框架下并未禁止，因此，只要代持双方符合法律法规的相关规定，代持行为及法律效力并不必然无效。在"汽车众筹"的业务模式中，为了向投资人体现标的车辆的权属归集，往往采取代持的形式，由代持人作为机动车的登记所有权人。一方面，形成《物权法》上的登记对抗效力，使车辆得以对抗善意第三人；另一方面，通过车辆所有权登记的形式，使投资者确信"已经对标的车辆设立物权"，为代持提供基础。现实中，投资人一般不可能对项目车辆行使占有权，通常采取代持的形式，名义上由代持人对车辆进行占有。在该种情况下，代持人由于先天控制了车辆，事实上还兼具保管的功能。在上述模式嵌套下，一旦发生法律风险，如果投资人要求对车辆的物权进行认定，事实上是无法满足的。一方面，在车辆多人共有的情况下，如果需要进行物权认定，需要确定所有的共有人；另一方面，

"汽车众筹"平台的交易文本，由往往采取债权化的形式，即投资人享有债权而非物权。

（四）资金流转的风险

为防范P2P资金流转风险，2017年2月23日中国银行业监督管理委员会下发了《网络借贷资金存管业务指引》（以下简称《指引》），明确要求P2P从业机构必须实现资金存管。而"汽车众筹"作为新兴的融资模式，尚未列入《指引》的监管范围。当然，作为"汽车众筹"从业机构，随着投资者对于资金安全越发关注，绝大部分的从业机构还是采取了第三方支付机构资金"存管"模式。但应该注意到，在银监会就《指引》的答记者问中，银监会明确表述"人民银行发布的《非银行支付机构网络支付业务管理办法》中明确规定，非银行支付机构不得为从事信贷、融资、理财、担保等金融业务的机构开立支付账户，第三方支付机构作为非银行支付机构，也不具备开展资金存管业务的基本条件"；第三方支付机构根据业务机构的申请所开立的账户，在资金的流转上，其接受的指令来自业务机构，而非投资人，投资者耳熟能详的"平台卷款跑路"很多就是采取了第三方支付。事实上，正因为第三方支付机构的非法乱象，国家监管部门在近几年密集出台了相关规范政策。

（五）广告宣传的风险

"汽车众筹"从业平台更倾向于将业务标的宣传为物权而非债权，但投资人实际的行权更多是基于债权而非物权，通说的"汽车众筹"本质上无法达到现有法律法规条件下对车辆物权的确认。

同时，"汽车众筹"从业平台往往将投资收益采取正向宣导的方式，某些平台的"汽车众筹"产品预期年化宣传居然达到了"数百"。尽管从收益本身而言，这种超高预期回报收益并非完全无实现的可能，而平台的正向宣传却忽略了投资本身的风险属性，似有夸大之疑。尽管在主流汽车众筹义务模式中架构了溢价收购的条件，但最终是将物权的价值实现转变为发起人或代持人的债权实现，本质上是对风险的改变，而从业平台却往往对其掩饰不语。

根据《广告法》第3条"广告应当真实、合法，以健康的表现形式表达广告内容，符合社会主义精神文明建设和弘扬中华民族优秀传统文化的要求"及第4条"广告不得含有虚假或者引人误解的内容，不得欺骗、误导消费者"的规定，"汽车众筹"的广告宣传，似有不真实的嫌疑。

三、汽车众筹的法律建议

针对上述的上述风险，笔者作为互联网金融的从业者，为防止"汽车众筹"出现大规模集中式的爆发式风险，结合现有的监管政策与方向，提出如下建议：

（一）建立健全并完善监管的顶层设计

互联网金融的本质是金融，无论何种的业务模式，在金融属性的监管本质下，应当秉持“预则立、不预则废”的原则，从“宽”从“广”监管，在监管对象上以“宽”为准，扩大现有规范的适用范围，在监管环节上以“广”为本，覆盖不同业务模式下的业务本质环节，尤其是控制资金流转环节。同时，仍应防止“一管就死、一放就乱”的监管悖论，秉承“双创”精神，给市场从业者更多的发挥空间。

（二）强化行业自律协会功能

随着国家级的中国互联网金融协会以及各地方互联网金融协会的建立，行业自律协会在互联网金融这一新兴业态中逐步发挥了有效作用，对于监管真空的现状，行业自律协会作为更贴近行业的自律组织，对于市场的灵敏度与反馈力较之政府监管更有优势。针对互联网金融的丰富业态，行业自律协会应积极构建不同业务分类的子协会，引导、规范各业务机构朝着有效、稳健、可持续发展的方向发展。

（三）强化从业者与投资者教育，构建信息对等，防范道德风险

互联网金融作为近年兴起的新兴业态，从业者与投资者并未完全、深入、彻底地了解不同业务的本质与风险，从业者与投资者的信息不对等往往容易引发市场的误解，一旦发生风险，容易引发“多米诺骨牌效应”。应充分利用技术发展的长足优势，构建信息对等路径，从而达到即便出现风险，也可以“说得清、道得明”，不至于一发不可收拾，形成“群访、群闹”等现象。

从拍拍贷案谈网贷平台的审核披露义务与损害赔偿责任

蔡亚楠*

一、问题之提出

2012年12月31日，李某通过拍拍贷金融信息服务有限公司（以下简称拍拍贷公司）运营的网络借贷平台拍拍贷发布"××优质商家信用贷潍坊××××××宾馆经营借款"，金额10万元，年利率20%，期限12个月，分12期还清的网上借款需求。唐某通过拍拍贷平台向李某出借8000元，拍拍贷公司为上述交易提供居间服务，由拍拍贷公司对借款人李某提供的材料进行审核评估并收取服务费。截至2014年2月28日，李某仅归还了两期还款后再无还款，遂唐某将李某与拍拍公司起诉至法院，要求李某偿还剩余本息并要求拍拍贷公司承担连带责任。审理法院认为，本案的争议焦点主要在于被告拍拍贷公司是否是该笔借款的还款主体，依据借款协议及原被告双方的陈述，拍拍贷公司在本起借款关系中主要行为是提供平台、审核信息，其地位应为居间人，而非借款方或保证人，原告关于被告拍拍贷公司应承担连带还款责任的请求无依据，不予支持。[1]

该案作为国内首例投资人起诉网贷平台的案件而备受关注，借由此案笔者认为以下几个问题值得大关注和探讨：

1.本案审理时《网络借贷信息中介机构业务活动管理暂行办法》（以下简称《暂行办法》）尚未颁布，对于网贷平台的责任与义务缺乏法律上明确的规定，审理法院只能依据借款协议、注册协议等协议约定及《合同法》关于居间人的义务规定判案，且被告拍拍贷公司辩称其与原告的合同上没有注明拍拍贷公司有审核义务。但是为了出借人考虑，也会审核借款人的资信情况，而这种审核并不是拍拍贷公司的义务。审理法院认为，本案争议焦点主要在于拍拍贷公司是否是还款主体，对于原告

---

* 人人行科技股份有限公司法务。

〔1〕 本案资料来源中国裁判文书网：http://wenshu.court.gov.cn/content/content?DocID=636846e4-ac08-431d-97c4-4f4926ef069c&KeyWord=%E6%8B%8D%E6%8B%8D%E8%B4%B7。

诉称拍拍贷公司未尽到审核义务并未表达立场。原告诉称拍拍贷公司在审核时没有发现李某提供的营业执照上没有年检及李某经营的宾馆已终止运营的事实,认为拍拍公司未尽到审核义务。如果本案发生在《暂行办法》颁布后,法院对于拍拍贷公司是否尽到审核义务会如何认定?

2.《合同法》规定居间人在故意隐瞒与订立合同有关的重要事实或者提供虚假情况,损害委托人利益的情形下,需要承担损害赔偿责任。也就是说,居间人承担损害赔偿责任的前提条件是有主观故意。网贷平台作为专业的金融信息中介机构其注意义务是否应高于普通居间人?网贷平台因能力不足或过失遗漏了与订立合同有关的重要事实或者提供了虚假情况导致投资人作出错误判断而遭受损失的,是否应该承担相应的赔偿责任?

3.本案中原告的诉求是拍拍贷公司承担连带责任,假如将原告的诉求变更为拍拍贷公司承担补充赔偿责任,依据当前的《暂行办法》,是否会得到法院的支持?

下文笔者主要围绕上述问题展开探讨和论述。

二、基本概念与关系厘清:网贷平台的定位与法律关系

《暂行办法》将网贷平台定位为网络借贷信息中介机构,为借款人与出借人实现直接借贷提供信息搜集、信息公布、资信评估、信息交互、借贷撮合等服务。我国《合同法》第424条规定:“居间合同是居间人向委托人报告订立合同的机会或者提供订立合同的媒介服务,委托人支付报酬的合同。”从法律地位上来看,网贷平台属于《合同法》中居间人的定位,网贷平台与投融资双方是居间法律关系,投融资双方为借贷法律关系。

笔者认为,网贷平台作为专业的金融信息中介机构,较普通居间人应负有更高标准的审核与披露义务。主要原因在于:一方面,从绝大多数网贷平台业务模式来看,投资人与借款人之间是陌生人关系,加之我国征信体系并不完善,投资人对借款人的信用判断完全依赖于平台对借款人及借款项目的审核及信息披露。投资人选择某个借款项目往往是相信平台的专业能力,从而弥补投资人获取信息和辨别风险客观上的不便和困难。而普通的居间人通常只要报告订立合同的相关信息,虽然对交易对手方也进行一定审核,但经居间人撮合后,投资人可与交易对手方直接进行沟通,进一步审核交易对手的资质和相关信息,投资人做出最终交易决策不仅依赖于居间人提供的信息,也取决于自身与交易对手的沟通磋商。另一方面,网贷行业是互联网与金融相融合的新兴产物,平台利用计算机技术、大数据技术等手段为投融资双方提供居间服务,让借贷这一传统民间行为可以突破地域和时间的限制,网络借贷在带来便捷、高效的同时也面临着各种各样的风险,这就需要平台具备专业的知识支撑平台的运作,并应积极采取有效措施防范风险。从行业特殊性来看,网

贷平台应被赋予更积极的信息审核与披露义务。

三、问题聚焦:网贷平台的义务与责任界定

围绕网贷平台的核心义务即对借贷双方的资格条件审核、融资项目审核及信息披露义务,《暂行办法》主要作了如下原则性规定:“网络借贷信息中介机构承担客观、真实、全面、及时进行信息披露的责任;对出借人与借款人的资格条件、信息的真实性、融资项目的真实性、合法性进行必要审核;采取措施防范欺诈行为,发现欺诈行为或其他损害出借人利益的情形,及时公告并终止相关网络借贷活动。”《合同法》规定,“居间人应当就有关订立合同的事项向委托人如实报告”。在本文开头提及的案例中,借款人李某发布的借款信息显示为宾馆经营借款,而李某提交的宾馆营业执照中显示该宾馆未进行当年度年检,且宾馆于发布借款当日已终止经营,以此可以判断借款人发布的借款信息可能不实,拍拍贷公司对借款人信息真实性审核存在瑕疵。虽然拍拍贷公司辩称其在与原告签署的合同中没有注明拍拍贷公司有审核义务,但《暂行办法》施行后,网贷平台的信息审核与披露义务已不单纯是合同义务也是法定义务。此外,网贷平台在与用户签署的合同中往往也会有免责性声明,例如,“(本平台)最大程度的确保借款人信息的真实性,但不保证审核信息完全无误”,该类条款也可能因格式条款而无效。

《暂行办法》对网贷平台的法律责任作出了原则性规定[1](第七章“法律责任”第40条),但并未对网贷平台违反上述义务间接造成投资人损失需对投资人承担何种法律责任作具体规定。从居间法律关系来看,《合同法》第425条的规定为网贷平台违反上述义务承担法律责任提供了依据:“居间人故意隐瞒与订立合同有关的重要事实或者提供虚假情况,损害委托人利益的,不得要求支付报酬并应当承担损害赔偿责任。”但根据上述规定,居间人仅在主观故意的情形下造成委托人利益损害的方承担损害赔偿责任。前述案例中,被告拍拍贷公司可能由于疏忽或自身风控能力不足导致在信息审核上出现漏洞,并非主观故意隐瞒与订立合同有关的重要事实。原告认为,借款人李某发布的借款信息页面上写明被告拍拍贷公司审核了借款人的有关信息材料,其基于对拍拍贷公司信息审核的信赖作出出借决策而遭受了损失,此时拍拍贷公司是否应承担相应的赔偿责任?

笔者认为,如前文所述,从我国网贷平台的创新业务模式及网络借贷行业的特

---

[1] 《暂行办法》第40条规定,网络借贷信息中介机构违反法律法规和网络借贷有关监管规定,有关法律法规有处罚规定的,依照其规定给予处罚;有关法律法规未作处罚规定的,工商登记注册地地方金融监管部门可以采取监管谈话、出具警示函、责令改正、通报批评、将其违法违规和不履行公开承诺等情况记入诚信档案并公布等监管措施,以及给予警告、人民币3万元以下罚款和依法可以采取的其他处罚措施;构成犯罪的,依法追究刑事责任。

殊性来考虑,网贷平台较普通居间人应负有更高、更专业的注意义务,如果仅以故意为损害赔偿的要件,可能不利于保护投资人的合法权益,对于能力不足或不规范的平台没有起到一定财产性惩罚的作用。因此,网贷平台因过失遗漏与订立合同有关的重要事实或披露了虚假的信息,导致投资人基于错误判断作出出借决策而遭受损失的,也承担一定的赔偿责任较为合理。

那么,网贷平台承担的是哪种性质的赔偿责任,目前尚存争议。一方面,网贷行业尚无相关判例参考;另一方面,从普通居间人的损害赔偿责任来看,也存在三种不同的观点和判例,即连带责任、按份责任和补充责任。

笔者认为,网贷平台故意[1]或过失间接给投资人造成损失的,应根据过错程度承担相应的补充责任,原因如下。

首先,平台的过错行为并不必然导致投资人的损失,投资人遭受损失的直接和根本原因在于借款人的违约。也就是说,只要借款人不违约,投资人就不会受到损害,平台的过错行为只是投资人遭受损失的次要原因。因此,如果让平台承担投资人的全部借贷损失即连带赔偿责任,显然是不公平的。

其次,按份责任的各责任人按照各自份额承担法律责任,责任人对其他责任人的债务份额不承担责任,这就意味着如果网贷平台根据其过错程度承担相应份额的赔偿责任后不能向借款人追偿,即借款人对平台承担的这部分份额不需要向投资人或平台偿还,这显然有失公平。

最后,补充责任是以主债务人不履行或不完全履行债务为前提,在第二顺序中承担责任,后位赔偿义务人根据其过错过程承担相应的补充责任后可向主债务人追偿。采用补充责任一方面对网贷平台具有一定惩罚性,另一方面允许其向主债务人追偿也保障了平台的合理利益。

四、制度完善:明确网贷平台信息审核与披露标准

法院在审理网贷平台损害赔偿案件中的另一重要难题是判定平台违反相关义务的标准,也就是说目前对网贷平台的信息审核与披露并没有一个明确的标准,平台是否尽职难以认定。例如,有的平台是熟人间小额借贷,平台只会进行纯线上的审核,对于纯线上审核无法核实到的风险问题,如何认定平台是否尽职履行审核义务?笔者认为,监管层面应明确网贷平台信息审核与披露的标准,且对不同业务模式的平台相关标准可做相应调整和适用,便于法院查考及评价平台的尽职程度。

五、结论

综上所述,笔者认为网贷平台因故意或过失间接导致投资人损失的,应承担补

---

〔1〕 此处的故意不考虑平台自身实施违法犯罪行为或协助借款人实施违法犯罪活动的情形。

充赔偿责任。法院在审理相关案件中，对于平台是否尽到相关义务应具体问题具体分析，参考行业惯例的同时也要根据每个网贷平台运营模式的不同进行个案分析，在判决平台赔偿金额大小时应根据平台过错程度的大小，结合交易类型、投资人损失的金额、平台收取服务费的标准等判定平台承担相应的赔偿额度。

简评 Madden 案[1]司法裁决背景下美国网贷平台监管的新动向

陈伟铭*

一、案件进程

2005 年纽约市民 Madden 与美国银行签订了一份信用卡合同，约定年利率为 27%。为了按期索取合同约定的利息，美国银行在合同中约定双方的法律关系适用银行所在的特拉华州的法律，由此导致贷款不受纽约州 25% 的年利率限制。后来 Madden 未能如期还款，产生了超过 5000 美元的债务，而美国银行的信用卡项目被 FIA 信用卡服务中心合并。2008 年 FIA 将 5000 美元的债务转让给专门从事购入债务并催收的 Midland 公司。2010 年当 Midland 公司要求 Madden 按照合同约定的 27% 利率偿还账务时，Madden 却认为其在催收信用卡还款的过程中存在欺诈及不公平的行为，违反了《公平债务催收法案》的规定，利率超出纽约州高利贷取缔法规定的 25% 的上限，所以拒绝偿还并对 Midland 公司提起集体诉讼。

被告人 Midland 公司却认为自己作为银行的代理人，享有基于《国民银行法案》下的优先权保护。此外，双方合同选择适用的特拉华州高利贷取缔法并没有 25% 的利率限制。审判此案的纽约南区联邦地区法院遵循 Phipps v. FDIC 及 Krispin v. May Department Stores Co. 案[2]的先例，判决 27% 的利率条款有效，理由是《国民银行法案》优先于各州立法。

后来，Madden 又将此案上诉到管辖纽约州的第二巡回法庭，原先的判决结果也因此被推翻。第二巡回法庭认为 Midland 公司既不是国民银行的代理人或分支机构，也不是代表国民银行处理业务，支持 Madden 的主张并不会影响到任何国民银行基于《国民银行法案》所享有的权利，因此 Midland 公司不能以国家银行才享有的优先权保护为由要求 Madden 遵守 27% 的利率条款。美国银行将债务转移给 Midland

---

[1] Madden v. Midland Funding, LLC, 786 F. 3d 246(2d Cir. 2015).

* 上海交通大学凯原法学院硕士研究生。

[2] Phipps v. FDIC, 417 F. 3d 1006(8th Cir. 2005); Krispin v. May Department Stores Co., 218 F. 3d 919(8th Cir. 2000).

公司之后,对该债务便不再享有利益关系,所以该债务应当受到纽约州高利贷取缔法的约束。最终,第二巡回法庭将案件发回地区法院以确定原合同中当事人合意选择法律适用条款的有效性。

Midland 公司随即向联邦最高法院请求复审,希望通过联邦最高法院对案件的审核来推翻第二巡回法庭的决定。美国银行协会等组织,也纷纷充当法庭之友的角色,支持请愿。它们认为第二巡回法庭的判决结果挑战了延续数世纪以来的先例:一个有效成立的合同不会因为发生债权债务的转移而失去效力或条款需要被修改。[1] Midland 公司进一步引用了第七巡回法庭波斯纳大法官的言论:"只要债权让与人被允许索要利息,普通法就会发生效力,赋予受让人同等的权利,这是基于无论任何的差别,普通法都将受让人放在与让与人同等的地位上。"[2] 此外,它们认为,这将会导致银行的商业模式发生实质上的结构调整,因为转让合同的利率条款在许多州内都要受到限制,所以银行将很难将债务转让出去。

应联邦最高法院的请求,美国副检察长也发表评论,其认为第二巡回法院的判决忽视了"缔约时生效"的法律原则;第二巡回法院对优先权保护的定义过于狭窄,即便银行将贷款转让给第三方,银行仍然对该笔贷款存在利益关系,因为如果拒绝承认接收贷款的第三方享有优先权保护,银行便不能将贷款卖出,该笔贷款也就会一直留存在银行的资产负债表内,直接影响银行的利润;第二巡回法庭对 Madden 案的判决与先前的 Barnett[3] 判例发生冲突。但是,副检察长最终基于三个原因建议联邦最高法院不需要复审此案:其一,第二巡回法庭与审理 Phipps v. FDIC 案及 Krispin v. May Department Stores Co. 案的第八巡回法庭的审判结果并没有直接分歧;其二,下级法院对优先权问题未进行充分探讨;其三,Midland 公司仍有可能依双方合意选择适用特拉华州法律的条款在重审中胜诉。受此影响,2016 年 6 月 27 日联邦最高法院拒绝了 Midland 公司的复审申请。[4]

二、判决的合理性探讨

《国民银行法案》规定的优先权保护是指当《国民银行法案》与各州高利贷取缔

---

〔1〕 In 1833, the Supreme Court acknowledged that one of the "cardinal rules" of usury is that "a contract, which, in its inception, is unaffected by usury, can never be invalidated by any subsequent usurious transaction". See Nichols v. Fearson, 32 U. S. 109 (1833) (emphasis added); Gaither v. Farmers & Mech. Bank of Georgetown, 26 U. S. 37, 43 (1828) ("[F]or the rule cannot be doubted, that if the note free from usury, in its origin, no subsequent usurious transactions respecting it, can affect it with the taint of usury").

〔2〕 Olvera v. Blitt & Gaines, PC, 431 F. 3d 285 (7th Cir. 2005).

〔3〕 Barnett Bank of Marion Cnty., N. A. v. Nelson, 517 U. S. 25, 33 (1996).

〔4〕 See Dylan M. Aluise, "Madden Marketplace Lending Case Study", *Harvard Law Review*, 2016, pp. 6-7.

法发生冲突时，国民银行、分支机构或其代理人可以选择优先适用《国民银行法案》，即它们能在任何一个州内适用银行总部、分支机构或业务所在州的利率限制规定，只要不超其中一个州的最高利率限制，就不视为发放高利贷，从而规避其他州对利率的限制。在此案中，银行与借款人的利率只需要遵守银行所在的特拉华州的高利贷取缔法，不受到借款人所在的纽约州高利贷取缔法限制。通过法案带来的豁免效应，使银行贷款与高利贷划清界限。而在上述主体之外的第三方，则需要遵守银行及借款人所在州高利贷取缔法更为严格的利率限制。为了规避利率限制，第三方通常会通过购入银行贷款，依赖银行享有的优先权保护，维持贷款的高利率，并向借款人索取高额利息。

(一)优先权保护的适用主体

在 Madden 案中，地区法院及第二巡回法院都将裁判重心放在 Midland 公司能否享有《国民银行法案》的优先权保护。通常认为，只有国家银行、分支机构或其代理人才能享有优先权保护，美国货币监管署进一步明确表示受让银行债务的第三方并非代表银行催收债务，而是为了自身利益，所以不能视为银行的分支机构或代理人。由此可见，只有贷款的真正利害关系人国民银行、分支机构或其代理人时，优先权保护才得适用。

法院在实践中为了厘清银行与贷款受让人之间的关系，形成了“真正贷款人”理论。按照该理论，由银行产生贷款，市场贷款平台向银行购买并成为债权人，那么该笔贷款便不再是银行贷款，而是利害关系人，即贷款平台的债权，所以市场贷款平台才是真正贷款人。在 CashCall[1]一案中，法院基于以下几点认为 CashCall 公司为真正的贷款人：CashCall 公司承担该笔贷款的全部经济风险及享受经济利益；贷款在第一次债务到期前发生转让；CashCall 公司承担贷款拖欠及监管的风险，向合作银行提供补偿等。这些理由都体现出 CashCall 公司与该笔贷款具有紧密的利益关系。

按照上述理论，Midland 公司是此案中的真正贷款人，代表自己催收债务，银行对该笔贷款不再有利益关系，所以 Midland 公司是贷款的真正利害关系人，该笔贷款便不能享有《国民银行法案》下的利率豁免，因此上诉法院认为纽约州的高利贷法应当优先适用是有一定的理论依据。

(二)合意条款在高利贷诉讼中的可执行性

虽然第二巡回法院驳回了 Midland 公司提出的优先权保护主张，但是并未对合同中合意选择适用特拉华州高利贷取缔法的条款作出判决。而实际上这一条款将会影响到 Madden 提出的适用纽约州高利贷取缔法的主张。在地区法院的审理过程

---

〔1〕 Consumer Fin. Prot. Bureau v. CashCall, Inc., No. CV157522JFWRAOX, 2016 WL 4820635 (C. D. Cal. Aug. 31, 2016).

中,双方都承认如果利率条款适用特拉华州法,那么27%的利率就应予以履行。但是,地区法院认为根据《国民银行法案》的优先权就已经能够处理此案。后来巡回法院在否定优先权保护的同时,又基于该问题将案件发回地区法院要求正式确定可得适用的法律。

对于第二巡回法庭的判决结果,有两点值得注意:其一,第二巡回法院并未承认特拉华州的法律可以适用于作为非银行机构的被告。这可能暗示了巡回法院对适用特拉华州法律持消极态度。其二,通常来说,如果适用当事人合意选择的法律会损害到法院所在地的公序良俗,那么法院有权拒绝执行合意条款。而高利贷明显会影响当地的社会秩序及道德风俗,所以合意条款的可执行性也成为在高利贷诉讼中双方的核心争论点。根据第二巡回法院的意见,以往判例对当事人合意选择法律适用条款的可执行性呈现出不同态度。在现实情况中,纽约州的部分法院在双方约定的利率违背州法的情况下,仍然选择尊重双方合意,这体现意思自治优先的法律原则。而有的法院却恰恰相反,认为公序良俗能排除私人自治。除此之外,法院也认为无论是按照纽约州还是特拉华州的法律,27%的利率都是过高的。

(三)"缔约时有效"原则的适用可能性

信用卡合同是法院确定 Midland 公司与 Madden 之间权利义务的载体,合同背后蕴涵的法律原则也直接或间接地影响到案件结果。但是,地区法院及巡回法院的判决中都忽略了一个重要的合同原则——"缔约时有效"原则。依照该原则,一笔贷款在产生时不被认为是高利贷,以后也不会被视为高利贷。[1] 换言之,贷款合同自缔约时有效,不因随后发生转让而失去效力。100 多年前,联邦最高法院解释称:"在高利贷原则中有两个基本规则……其二,合同在开始时不因高利率条款受损,此后也不会因为高利率的交易而被宣告无效。"[2]而第五巡回法院也表示:"票据非暴利的特征不会因为转让而改变。"[3]

按照该原则,作为贷款受让人的 Midland 公司有权承受贷款转让人 FIA 及美国银行的合同权利,其中当然包括27%的年利率。虽然 Midland 公司依照判决结果不能主张优先权保护,但是该合同法原则并不以优先权保护的适用为前提。法院现在应当进一步思考的是如果 Midland 公司主张按照该原则催收27%利率的贷款,这很可能与纽约州高利贷取缔法25%的利率限制条款相冲突,法院该如何有效地协调这

---

〔1〕 FDIC v. Lattimore, 656 F. 2d 139 (5th Cir. 1981). See generally R. Vance, "Galloping Preemption: Developments in Banking Law", *University of Kentucky College of Law Conference of Financial Institutions Law*, April 2006.

〔2〕 Nichols v. Fearson, 32 U. S. 103, 109 (1833).

〔3〕 FDIC v. Lattimore Land Corp., 656 F. 2d 139, 148 - 49 (5th Cir. 1981).

种法律利益的对弈。

事实上，Midland公司也正以此为主要的上诉依据对第二巡回法院的判决提出上诉，如果这一主张成立，Madden案对借贷及银行业带来的“寒蝉效应”[1]也会被大大削减。

三、判决对美国市场贷款平台的影响

根据《国民银行法案》，仅有银行、分支机构或其代理人享有优先权保护。市场借贷(marketplace lending)平台(以往也被称为P2P网贷平台)因为不具有国家颁发的银行牌照，所以不能享有优先权保护下的利率豁免，而被限制了利率空间。现实中，非银行机构会选择成为银行的代理人，或通过与银行合作来突破限制。此案中Midland的做法在美国是一种常见的商业习惯。银行为了尽早获得还款或增加资金流动性来产生新的债务，会将债务转卖给专门的催收公司，这类行为先前就曾被起诉到法院，如Phipps v. FDIC案及Krispin v. May Department Stores Co. 案，[2]但是法院均认定该类行为不违背法律规定。自此以后，这一先例成为高利息放贷机构的保护伞，许多资金持有者选择位于犹他州的Webbank等小银行代为发放贷款，其中很重要的原因是犹他州没有最高的利率限制。

市场借贷平台也涉及像Midland公司作为债务购买人的情况。它们通常使用贷款银行来产生贷款，然后从贷款银行回购贷款，并提供相关服务或通过第三方公司提供服务。如果Madden事件后，贷款购买方不能再和银行收取相同的利息，那么借贷行业可能都将要面临结构性改革，其中包括了贷款的产生、利率及贷款转让后的银行参与。所以，第二巡回法院的判决给这种商业模式带来很大的不确定性，这种不确定性将有可能蔓延到整个美国银行及借贷业。由于美国是判例法国家，先例对今后法官的判决具有很大的约束作用，即类似案件类似处理。在第二巡回法院管辖权范围内的纽约州、康涅狄格州及佛蒙特州将首当其冲，这三个州的非银行贷款平台会不得不受到各州高利贷取缔法的约束，降低贷款利率，减少平台利益。许多借款人因此受到鼓舞，认为之前的贷款利率不符合各州高利贷取缔法的规定而提起集体诉讼，贷款平台担心它们能否按照之前合同约定的利率获得相应的贷款利息。此外，在其他州，也出现了要求当地法院效仿第二巡回法庭的声音。

Midland公司现在因为违背纽约州高利贷取缔法的规定而面临《公平催收法案》的处罚及刑事责任。如果罪名成立，Midland公司将依照纽约州法律被处以三级

[1] “寒蝉效应”系法律用语，是指以法律或不明确行动施加不必要的负担，来禁止合法的对话。此处是指判决对借贷及银行业的不利影响。

[2] Phipps v. FDIC, 417 F. 3d 1006(8th Cir. 2005); Krispin v. May Department Stores Co., 218 F. 3d 919(8th Cir. 2000).

重罪。更为重要的是包括 P2P 网贷公司在内的市场借贷平台也将会重新建构与银行的合作方式,以避免 Madden 一案适用的可能性。在未来,网贷平台可能将更多的债务留放在银行的资产负债表上,银行从而成为最大贷款提供方及真正贷款人,始终与贷款保持着利益关系。在判决影响的范围内,贷款受让人催收贷款的行为便被视为代表银行处理业务,从而规避判决适用的可能性。此外,市场借贷平台通过银行投资贷款资产或将给银行的补偿推迟至借款人全部或部分还清借款时,实现银行及借贷平台的利益共享、风险共担。斯坦福大学法学院、哥伦比亚大学法学院及福特汉姆大学法学院的研究人员发现截至 2016 年 5 月,向纽约州、康涅狄格州及佛蒙特州的高风险借款人提供贷款的市场借贷平台下降了 48%,但是同期向高风险借款人提供贷款的市场借贷平台上升了 124%。[1] 这说明为了最大限度减少风险,贷款平台开始减少在受直接影响的 3 个州内从事贷款交易,有的甚至开始转移贷款资产。

四、判决带来的制度改革

受到 Madden 一案的影响,2016 年 12 月负责监督国民银行的美国货币监管署在《探讨向金融科技公司发放特殊目的国家银行牌照》中表示将考虑在联邦层面允许金融科技公司申请新型的全国性银行牌照,以帮助其迅速扩张。这意味着市场贷款平台,如美国的网贷公司 Lending Club,将能够借助银行牌照吸收存款、发起电子支付或发放贷款。

(一)减少州法限制

在美国,商业银行分为国民银行与州立银行,前者是全国性银行,根据《国民银行法案》向联邦政府注册,受到联邦法律约束,而后者向州政府注册,受到各州银行立法的约束。如果网贷公司取得全国性银行牌照,它将同银行一样享有《国民银行法案》下的优先权保护,能够绕开许多州法限制,对于跨州经营的网贷公司,它们也将不需要削足适履节省在防范各州不同政策风险上的精力。同时,为了避免各州及消费者的担忧,美国货币监管署规定申请银行牌照的金融科技公司将受到联邦评估,确保风险管控合理、消费者保护充分、流动性及资本强劲。取得全国性银行牌照也不意味着彻底摆脱州法的限制,它们将与普通的国民银行受到州法的一定限制,需要遵循包括反歧视、公平催收、税法、侵权在内的一系列州法。

(二)减少对银行的依赖

相比市场贷款平台的发展,美国现行的管理框架显得过于落后,如果不进行改

---

[1] See Colleen Honigsberg et al., "The Effects of Usury Laws on Higher-Risk Borrowers 10" (Columbia Bus. Sch., Research Paper No. 16 - 38, 2016), https://papers.ssrn.com/sol3/papers.cfm?abstract_id=2780215.

革，硬生生地将旧监管制度套在了这些借贷平台身上，反倒可能阻碍互联网金融的发展。像 Lending Club 及 Prosper 这些规模较大的市场参与者往往采取“出口模式”，即由银行产生贷款，再通过网上贷款平台出售给投资者们，从而能利用银行基于《国民银行法案》下的优先权保护突破各州的利率限制。这种模式对于银行及网上贷款平台而言是一种“双赢”，但是 Madden 一案使这种“出口模式”难以继续，如果网上贷款平台能够取得银行牌照，它们便不再需要与银行合作，就可以直接通过网络向线上线下的投资者发放贷款，又能取得高于各州利率限制的利息，这对平台未来的发展无疑是强心剂，但这也使小型银行面临新的竞争挑战。

（三）新型的监管难题

虽然发放银行牌照能够帮助金融科技公司从“标志清晰的前门”进入联邦银行系统，而非“走后门”，但是这也带来新的监管及利益平衡难题。许多州政府及金融服务部门认为这是联邦政府插手各州内部事务，损害了美国联邦与州的双轨制，新规将使包括市场贷款平台在内的金融科技公司直接处于联邦监管之下。由于各州的行业监管严于联邦监管，新规将可能其被滥用，成为逃避州政府监管范围的工具。此外，消费者保护群体也提出抗议。其中，一个重要原因是这将给专在发薪日前为工人阶级提供短期贷款的“发薪日借款”打开方便的大门，加剧其对消费者的高利贷盘剥。比如，美国纽约州认定“发薪日借款”是违法的，并且规定民间借贷年利率不得超过16%，如果从事该类贷款的公司冒充金融科技企业拿到全国性银行牌照，它们就可能规避州方面的监管，从而随意规定利率，损害消费者的权益。而且，这一规定相当于为申请银行牌照的金融科技公司提供了联邦背书，它们将不需要向联邦存款保险公司交纳存款保险，当公司破产时美国货币监管署将成为新的破产管理人，其是否能够在扮演好这一角色的同时，维护好普通存款人的利益也仍然有待检验。而且，对于取得银行牌照的金融科技公司能否自己选择一个基准州并适用该州的高利贷取缔法或如果公司继续选择与银行合作，利率限制又该如何规定等问题也有待美国货币监管署的解释。

在美国，金融科技公司的监管主体比较复杂，主要原因在于传统的金融体系相对完善，也拥有独立的 FICO 信用评分系统，呈现出平台少但监管严的特点。包括货币监管署、消费者金融保护局、州政府在内的监管架构将消费金融、证券发行等几个不同的领域混合起来，但并没有为金融科技行业专门设计一个系统的监管架构。[1]因此，这次制度改革会成为未来金融科技公司发展的新机遇，也能够在 Madden 案后为市场贷款平台提供新的替代模式。

从许多方面来看，联邦最高法院拒绝受理此案对市场贷款平台来说是个好消

〔1〕 参见周炎炎：《美国考虑给金融科技公司发银行牌照然而业界并不买账》，载腾讯科技网：http://tech.qq.com/a/20170117/007783.htm，最后访问日期：2017年2月27日。

息。如果联邦最高法院受审此案,并支持第二巡回法庭的判决结果,就相当于形成能够约束各州法院的判例。现在联邦最高法院拒绝复审此案,将判决影响地方化,为银行及市场贷款平台减少损害及面对新的制度改革留足更多的时间。

广闻篇

信用卡网络盗刷案件中发卡行的责任认定

——兼论互联网支付中持卡人的权利保护

王 鑫* 孔燕萍**

一、引言

当前,我国的支付服务体系呈现出多元化发展趋势。中国人民银行发布的《关于中国支付体系发展(2011~2015年)的指导意见》指出,近年来非现金支付工具广泛应用,形成以票据和银行卡为主体,互联网支付、移动支付等电子支付方式为补充的工具系列。根据中国人民银行发布的统计数据,2015年银行业金融机构发生电子支付业务1052.34亿笔,其中,网上支付业务为363.71亿笔,金额为2506.23万亿元,2016年第一季度至第三季度,全国共发生网上支付业务330.77亿笔,金额1565.81万亿元。[1] 可见,随着互联网金融的蓬勃发展,银行业金融机构和第三方支付机构的合作进一步推动了互联网支付的快速发展,互联网支付[2]作为新兴的支付方式,因其高效性和便捷性,越来越多地被社会公众所接受并应用。

但互联网支付繁荣发展的同时,相关支付风险也逐渐显露。传统的信用卡支付方式必须使用信用卡这一物理载体才能完成持卡人和商户之间的交易,但在互联网支付过程中,无须借助信用卡介质本身,仅通过核实信用卡持卡人的身份信息、信用卡信息以及实时动态验证码,即可在第三方支付平台或者银行支付平台上完成交易支付。在此过程中,商户对持卡人及信用卡"面对面"的审核义务彻底丧失,而是由支付机构对持卡人及信用卡相关信息进行"非面对面"式的审核,审核方式的虚拟性和及时性进一步放大了金融风险的隐蔽性和传染性,导致信用卡通过互联网支付被盗刷后引发的民事纠纷逐步呈现明显增长的趋势。

实践中,大部分信用卡网络盗刷案件具有一定的相似性,原告系信用卡持卡人,

---

* 上海市浦东新区人民法院金融庭庭长。

** 上海市浦东新区人民法院金融庭法官助理。

〔1〕 该数据来源于中国人民银行发布的2015年、2016年支付体系运行总体情况。

〔2〕 2015年7月中国人民银行颁布的《关于促进互联网金融健康发展的指导意见》对互联网支付的定义是,通过计算机、手机等设备,依托互联网发起支付指令、转移货币资金的服务。

被告系发卡行,原告在正常使用信用卡的过程中,接到了自称被告银行客服的电话,称可以帮原告调高信用额度或者提供其他服务,要求原告提供被告银行发送到其手机上的实时动态密码,原告在与其交流的过程中将被告银行发送的相关动态密码告知了诈骗分子,导致其信用卡在第三方支付平台或者银行的支付平台通过互联网支付的形式被盗刷。原告认为系争交易非其本人作出,其从未授权被告银行开通网上银行,故起诉被告银行要求其承担相应的赔偿责任或者确认原告对系争交易不承担还款责任。对于该类案件,能否适用传统的信用卡盗刷案件的裁判思路,值得进一步的探索。

二、互联网支付中发卡行附随义务履行失当

(一)新型支付形态下发卡行附随义务履行的正当性

传统的盗刷案件主要是通过复制"伪卡"和破解密码的形式完成,因此,银行作为服务提供者的安全保障义务,是判定发卡行责任的主要依据。但互联网支付环境下,支付行为已经脱离了信用卡物理介质本身,适用在严格责任归责原则下的安全保障义务存在困境。发卡行的义务更多体现在全面履行通知、协助、保密等义务上,如发卡行对互联网支付业务的使用说明及相应的风险提示、及时通知、协助挽回损失等义务,以及持卡人对非本人交易及时告知义务。上述义务系持卡人和发卡行基于诚实信用原则而产生,并非双方合同义务,难以从合同严格责任原则进行认定,安全保障义务理论难以提供有力的说理依据。

"附随义务扩大了对当事人权利的保护,反映了法律对当事人利益保护的日益周密和细致。与契约自由原则下的约定义务不同,附随义务以诚实信用原则为基础,旨在衡平合同当事人之间及当事人与社会间的利益关系,实现实质正义。"[1]信用卡领用合约系发卡行单方制订的格式合同,对持卡人权利保护的约定在合同中明显不足,如果严格遵循合同约定,很难认定银行存在违约行为。因此,在互联网盗刷案件中,以是否履行附随义务作为判断发卡行责任承担的依据更具有合理性。

"在我国现行法上,附随义务不仅基于诚实信用原则而发生,而且有些是根据法律的直接规定而产生的。《合同法》第60条第2款[2]概括地确认了附随义务的地位和列举了重要的类型。"[3]发卡行应履行的附随义务,从权利设置的角度来看,是发卡行对互联网支付功能及使用方式的明确告知,对新型支付方式存在高风险的重要提示;从合同履行过程来看,是对单笔支付业务的通知、可疑交易的及时提醒、持

---

[1] 宋建立:《储蓄存款合同中的附随义务及责任》,载《人民司法》2009年第3期。

[2] 《合同法》第60条第2款规定:"当事人应当遵循诚实信用原则,根据合同的性质、目的和交易习惯履行通知、协助、保密等义务。"

[3] 崔建远著:《合同法总论》(上卷),中国人民大学出版社2008年版,第201页。

卡人信息的妥善保管;从权利救济角度来看,是对系争交易的及时止损。发卡行上述附随义务的内容贯穿了信用卡合约履行的各个阶段,也涵盖了每一笔互联网支付的始终。正是由于互联网支付风险高于传统信用卡支付方式,故要求发卡行履行上述附随义务具有现实意义,尤其在第三方互联网支付中,对于互联网盗刷产生的责任如何划分,需要重点考虑持卡人及发卡行对合同义务,尤其是附随义务的全面履行情况。

(二)发卡行附随义务履行不足——持卡人知情权缺失

持卡人行使各项权利的依据在于信用卡领用合约对双方权利义务的约定。消费者知情权,是指消费者所享有的知悉其购买、使用的商品或者接受的服务的真实情况的权利。因此,持卡人在申请办理信用卡之初,发卡行就应当在领用合约中明确约定互联网支付功能及具体使用方式,以确保持卡人作为金融消费者享有的知情权。互联网支付不同于传统有卡支付,其交易的完成并不需要信用卡介质本身,只需知晓银行卡及持卡人的基本信息及动态密码。从金融消费者知情权的角度来看,发卡行对这类新兴支付方式的具体内容进行释明既是法定要求,也是平衡双方权利义务、确保公平的价值追求。但实践中,发卡行在说明义务的履行中存在如下缺陷:

1. 银行对提供互联网支付服务告知不明

一方面,发卡行对于信用卡具有电子支付功能没有进行特别告知。实践中,信用卡具有电子支付功能是金融行业的交易惯例,也是源于信用卡合约中格式条款的规定,但对一些持卡人来说,囿于消费习惯和认知水平,并不知晓信用卡电子支付功能的存在,而发卡行对此也没有进行特别告知。另一方面,对于因信用卡电子支付功能衍生出的各项金融服务,也没有进行及时明确的告知,导致当事人对具体服务内容并不知晓。比如,有的银行推出了"网上支付免签约"服务、"手机及网上渠道快捷服务"等业务,但均只在官方网站上进行公示或者短信告知服务项目,并没有就使用服务与持卡人达成合意。发卡行通过短信推送金融服务时,采取默认开通形式,即持卡人不明确表示反对即接受服务内容,不仅剥夺了持卡人的知情权,更是侵犯了持卡人的选择权。

2. 银行对规范使用互联网支付告知不明

发卡行对于如何使用互联网支付功能告知不足,一些持卡人缺乏对新金融的理解,互联网支付知识欠缺,对动态密码的作用并不理解,对动态密码实际上可以代替交易密码完成交易的事实一无所知,这固然和持卡人本身的认知有关,但也与发卡行相应义务履行不全面直接相关。比如,从网上支付的具体验证方式来看,个别发卡行将开通电子支付功能和首次扣款绑定在一起同时验证,但在发送动态密码验证短信时,并未告知动态密码用于开通电子支付服务,仅仅告知了动态密码用于扣款,使持卡人对于其持有的信用卡被开通了网上支付功能并不知情。

此外,银行在信用卡领用合约的重要提示里约定:"信用卡具有电子支付功能……持卡人通过物理网点、电子渠道或在首笔交易发生前开通电子支付功能的，银行将依照监管要求验证持卡人身份、卡片信息等，持卡人同意并授权银行为交易安全之目的采取以上行为。”但是，对于持卡人如何开通电子支付功能，是否具有选择权，如何选择开通方式均没有明确约定。

3. 银行对救济保障约定不足

信用卡被盗刷后，持卡人一般均会向银行提出协助挽回损失的要求，即要求发卡行通知相应的第三方支付机构或者其他主体，终止交易，追回损失或者获取相应的交易信息，上述协助义务是发卡行应当履行的附随义务。在互联网支付中，发卡行、持卡人、第三方交易平台之间的法律关系各不相同，在非本人真实支付的情况下，持卡人要得知支付项目的具体内容或者申请终止支付，需得到发卡行的协助，发卡行基于诚实信用原则亦应履行该项义务。对于发卡行和第三方交易平台来说，二者之间对于系争交易的处理也应当成为其双方合同内容的一部分。目前，发卡行对于如何与第三方支付平台就争议交易进行处理缺乏明确约定，发卡行多以支付已经完成为由，拒绝及时提供相应的信息，也缺乏对应的救济规则，支付的高效性并未带来争议处理的及时性。

三、发卡行责任认定法律困境

（一）格式条款中“凭密开通”效力的认定

“凭密开通”是当前开通信用卡互联网支付的普遍规则，即发卡行对于互联网支付开通的审核仅限于审核验证码的准确性，如果验证码相符，则开通就视为持卡人的真实意思表示。但“凭密开通”规则是否意味着持卡人和发卡行之间形成了有效的合意，即凡使用验证码发出的开通指令，均视为持卡人所有？对此不宜一概而论，“凭密开通”是当前开通信用卡互联网支付的普遍规则，即发卡行对于互联网支付开通的审核仅限于审核验证码的准确性，如果验证码相符，则开通就视为持卡人的真实意思表示。但“凭密开通”规则是否意味着持卡人和发卡行之间形成了有效的合意，即凡使用验证码发出的开通指令，均视为持卡人所为？对此不宜一概而论，“凭密开通”不同于传统的“凭密支付”规则，互联网支付处于“非面对面”交易模式下，对于第三人直接窃取持卡人信息开通互联网支付服务的，用户实质上并不存在开通的意思表示，也就不存在“凭密开通”的合意。且“凭密开通”属于格式条款的约定，在互联网支付的背景下，实质上剥夺了持卡人“当面”审核权，与传统交易相比，风险大大提高，因此须审查发卡行对此是否尽到了详尽的说明提示和风险告知义务。否则，银行应当承担相应的责任，当然，如果持卡人存在泄露密码等信息行为的，也应当承担相应的责任。

（二）发卡行信息保管义务的认定

对于互联网支付引发的盗刷纠纷，发卡行是否应当对持卡人的损失承担责任或者承担何种程度的责任，实践中存在很大争议。特别是一个案件中既存在发卡行义务履行不充分，又存在持卡人信息保管不完善，主次责任如何承担之争更为激烈。《合同法》规定，当事人双方都违反合同的，应当各自承担相应的责任。在双方违约引发的责任比例分配问题上，应当充分考虑公平与效率并重的司法价值追求，根据具体案情予以认定。

在互联网盗刷案件中，犯罪嫌疑人需获知两个关键信息：一个是信用卡及持卡人的相关信息；另一个是实时的动态密码。对于信用卡信息泄露的责任是否应由持卡人承担，按照约定，持卡人应当妥善保管自己的信息，但是对于何为“妥善保管”的标准，则存在一定的争议。银行一般认为，只要信息泄露，就是持卡人没有妥善保管；持卡人则认为，其在合理保管自身银行卡的情况下，已经尽到普通人的审慎管理义务。首先，对于信用卡及持卡人的基本信息，银行和持卡人都能予以获知，也不能排除犯罪嫌疑人通过其他非法途径取得。因此，对于持卡人来说，只要证明了合法持有并使用信用卡，即能证明其妥善保管了信用卡的基本信息，发卡行如认为持卡人不慎泄露信息，应当对此承担举证责任。其次，对于动态密码，由于银行也不知晓动态密码的具体内容，故对于动态密码泄露的责任，应由原告证明其没有泄露动态密码。

（三）发卡行审慎审核义务的认定

信用卡虽然具有网上支付功能，但仍需持卡人通过特定的渠道和方式进行开通，且银行也应当依约审核验证持卡人的相关信息。所以，在涉案信用卡进行系争网上支付之前，被告应当依约审核验证原告是否向其发出了开通电子支付功能的指令。虽然开通该项服务的指令可以通过物理网点、电子渠道或在首笔交易发生前开通，但无论通过哪种方式开通，发卡行都必须尽到审慎审核义务，确保开通指令系持卡人真实意思表示。实践中，一些发卡行通过同一个动态密码将开通电子支付功能和首次交易同时审核验证，而且在发送动态验证码时仅告知了动态验证码系用于支付完成的验证，并没有有针对性的告知该动态验证码可用于开通互联网支付功能。因此，发卡行该项行为违反了法定的附随义务。

（四）持卡人违约行为对发卡行责任承担的弱化

对于互联网金融引发的盗刷案件来说，持卡人自身行为的不适当也是导致损失发生的重要原因，持卡人在使用银行卡时，必须遵守相应的合同义务，特别是妥善保管自身信息的谨慎义务。持卡人存在违约行为的，也会影响到法院对于双方责任承担的认定。例如，持卡人对自称被告客服的主叫号码未作谨慎识别，轻易相信第三人的陈述，存在明显过错；持卡人也未谨慎保管个人信息，将相关动态密码悉数告知第三人，导致盗刷交易最终完成。

四、完善信用卡互联网支付机制的思考

(一)外部机制的完善

1.完善互联网支付相关法律制度

信用卡互联网支付中当事人的权利义务如何明确,只是互联网金融发展中遇到的法律问题的冰山一角。实践中,互联网金融支付以及金融消费者权益保护法律的缺位,直接影响金融商事纠纷中如何认定各方主体之间民事责任的承担,故亟须完善相应的法律法规。虽然实践中已有一些规范性文件对互联网支付中发卡行的行为进行了一定的规范,如中国银监会、中国人民银行《关于加强商业银行与第三方支付机构合作业务管理的通知》(银监发〔2014〕10号文),对商业银行与第三方支付机构建立业务关联时作出了相应的要求,但是囿于规范性文件的法律效力,其在持卡人权利保护方面所起的实质作用微乎其微,仍然需要相应的法律规范加以规制。

2.加强互联网支付监督管理

2015年7月中国人民银行发布的《关于促进互联网金融健康发展的相关指导意见》明确指出,互联网支付业务由中国人民银行负责监管。可以说,对于新兴的互联网金融业务来说,在不能及时出台法律的情况下,完善监管规范对于金融消费者合法权益的保障具有重要意义。监管部门应当注重对发卡行以及第三方支付机构的行为监管,并督促其将监管要求转化为各方的合同义务,保障持卡人的合法权益。

3.培育社会公众的互联网支付理念

互联网支付在我国属于新兴业态,虽然在实践中得到了越来越多的广泛应用,但社会公众对于互联网支付的风险却是知之甚少,即使是在使用互联网支付的持卡人,对于支付安全知识的认识也是参差不齐,对防范支付风险的意识和能力也尤为不足。因此,互联网支付的发展,需要各方参与机构以及相关政府部门、社会组织加强对社会公众的现代化支付理念的培养,加强安全知识的宣传教育,营造一个能够真正推广互联网支付的环境。

(二)内部机制的完善

1.树立金融消费者保护理念

发卡行应当在推广互联网支付业务的过程中充分尊重并自觉保障金融消费者的合法权益。互联网金融作为一项新兴业务,凸显的是金融交易便捷、高效的价值追求,但是,当效率和公平的价值追求在互联网支付中有所冲突时,应当如何取舍必须做审慎的思考。对于裁判者来说,在金融商事案件中,对于价值追求的判断首先应当尊重双方当事人的缔约意思自由,但是在举证责任分配和格式合同条款的解释上,应当充分贯彻金融消费者保护的原则,倾斜保护持卡人的权利。

2. 完善合同格式条款,尽到告知说明和风险提示义务

信用卡领用合约及章程是互联网支付权利义务的依据,但上述文件均是发卡行单方制订的格式合同。一方面,合同内容上对于持卡人的权利保护明显不足;另一方面,领用合约和章程也没有通过适当的途径交付给持卡人,大多是要求持卡人通过当面阅读后签字确认或者网上自行阅读的形式完成,对互联网支付的风险缺乏特别提示和告知。发卡行应当针对互联网支付的风险和专业复杂程度,充分尊重持卡人的知情权、选择权,不仅明确告知信用卡中关于互联网支付的约定,并且对如何使用该项服务进行有针对性地解释说明,在有更新服务或者说明时,也应当通过一定的方式明确告知持卡人,不可以以网站统一公告的形式进行告知。

3. 合理履行附随义务

在信用卡发生盗刷后,持卡人一般会在第一时间通知银行,要求银行履行协助挽回损失的义务,但目前银行对于如何妥善处理该类投诉没有统一的处理流程和标准。互联网支付一般涉及银行和第三方平台的合作,但对存疑交易的处理缺乏明确约定,不利于持卡人权利的及时保护。此外,互联网支付具有小额支付的特征,每日支付也有相应的上限,而盗刷类案件中比较常见的是同一笔金额的交易进行重复多次支付,而这与普通消费习惯也不相同。在这种情况下,发卡行应当及时提醒或者致电持卡人,核实相应的情况,为持卡人安全权及求偿权的实现提供便利。

五、结语

互联网支付是社会经济快速发展下的产物,随着交易活动的日益频繁,公众对支付的便捷性和高效性需求通过互联网支付的形式得到了很好的满足,但由此带来的交易风险也逐渐显现。在互联网支付引发的盗刷案件中,发卡行和持卡人是否以及如何承担民事责任,在审判实践中具有一定争议性。虽然司法对于新兴业态的发展不易过分干预,但对金融发展过程中公平与效率并重的价值追求也应予以充分尊重。在互联网新型支付形态下,发卡行是否合理履行了审慎审核义务、风险提示和说明告知等附随义务,持卡人是否妥善保管自身信息、尽到普通管理人的谨慎义务,均会影响双方责任的承担。发卡行对互联网支付业务的规范和完善,直接影响到持卡人作为金融消费者的权利保护,因此,外部宏观环境的完善和发卡行内部制度的严格均是促进互联网支付业务规范的重要动因。

论网络保险销售中保险人的先合同义务

王　涛* 黄佩蕾**

一、问题的提出

随着互联网观念的日益普及，网络交易因其快速、便捷的优势而被越来越多的人所接受并广泛使用，保险产品的网络销售亦是如此。然而，在网络投保中，由于交易过程完全依靠虚拟的数据交换，使在保险人履行《保险法》第17条所规定的先合同义务时，在形式上与传统面对面保险交易的协商过程完全不同，主要表现为将保险条款及有关条款的说明内容以数据电文形式纳入投保过程中。[1] 由此引发的问题是，在网络投保中，司法实践中如何认定保险人已经适当履行了保险格式条款提供义务与说明义务、免责条款的提示及明确说明义务？同时，立法中是否有必要就涵盖网络交易在内的远程交易模式为保险人一方设定特别的先合同义务？

二、先合同义务的现行立法

对于上述问题，可先从一般合同的先合同义务、保险合同中的先合同义务、网络交易合同中的先合同义务三个层次观察我国现行立法规定。所谓先合同义务，是指缔约过程中双方当事人承担基于诚信原则产生的附随义务，违反先合同义务的应承担缔约过失责任。

就一般合同订立过程中的先合同义务而言，主要可考察格式条款相关规定。依意思自治原则，合同的订立需要双方当事人的合意，即双方在充分理解合同条款内容及其含义的基础上作出愿受其约束的意思表示，但格式条款由一方事先单独拟定，另一方并无参与其中表达自己意志的机会，因此有必要在合同订立过程中设定特别的先合同义务以弥补这种缔约地位的不对等。我国《合同法》第39条规定了格式条款使用人的提示说明义务，即提供格式条款一方就免除或限制己方责任的条款，负有以合理方式提示并按合同相对人的要求予以说明的义务。未尽该提示说明

---

* 法学博士，上海市第一中级人民法院法官。

** 上海市第一中级人民法院法官助理。

〔1〕 参见贾林青：《互联网金融对保险合同制度适用的影响》，载《保险研究》2014年第11期。

义务的,合同相对人可申请撤销该条款。

相较之下,保险合同订立过程中的先合同义务则更为全面。我国《保险法》第17条规定,在订立保险合同时,保险人负有提供格式条款并说明的义务;对免除保险人责任的条款,负有提示并明确说明的义务。因此,保险人的义务包含两个方面:一是一般格式条款的提供与说明;二是就格式条款中免责部分的提示说明。其中,违反免责条款提示说明义务的,该免责条款不生效力,即视为未被纳入合同中。上述规定与《合同法》相比较,一方面是将说明义务的范围扩展到了格式条款整体,变"按对方要求"的被动说明为主动说明,并明确规定了格式条款的提供义务;另一方面是加重了未履行免责条款提示说明义务的不利法律后果,即从免责条款的效力从可撤销到不生效。至于格式条款的提供,在司法实践中则常被投保人以该义务未履行为主要诉请理由,进而主张保险人未履行免责条款的提示、说明义务,[1]从而影响免责条款法律效力的认定。因此,从是否产生不利的法律效果考虑,保护投保人利益之立法重心仍限于免责条款部分。其中,就司法实践中免责条款提示说明义务的履行标准而言,提示义务要求"足以引起投保人注意",而说明义务的要求则发生了从"使投保人实际知悉免责条款的真实含义和法律后果"到"保险人作出常人能够理解的解释说明"的变化。

从现行立法来看,我国并未对网络交易、电话交易等远程交易模式单独立法,仅在《消费者权益保护法》第28条中提及该情形下经营者负有提供经营地址、联系方式、安全注意事项和风险警示等信息的义务。值得注意的是,该信息提供义务的适用范围是以远程交易方式提供商品或服务,以及提供金融服务的经营者。由此可以看出,远程交易的方式与金融服务的特殊性质均在某种程度上加剧了缔约双方的信息不对称。此外,保监会《互联网保险业务监管暂行办法》中规定互联网保险业务中,保险人负有对保险产品及服务等信息的披露义务。综上所述,在我国现行立法框架下,网络投保中保险人负有一般格式条款的提供义务与说明义务,免责条款的提示及明确说明义务以及一定范围的信息提供义务。

从比较法来看,德国法上亦就格式条款、保险合同中先合同义务分别作出规定。首先,一般交易条款(Allgemeine Geschäftsbedingungen)与我国格式条款概念类似,即由使用人单方面向另一方提出的已预先拟定的多数条款。根据德国《民法典》第305条第2款规定,一般交易条款只有在使用人明确地提示且使相对人有以可合理期待的方式知悉条款内容的可能性,并取得相对人同意使用时才被作为合同的组成部分。违反该条规定的,该一般交易条款不被纳入合同,由此造成无约定的事项则适用相应任意法律规范。由此观之,德国民法典与我国合同法都就格式条款的使用

〔1〕 参见范黎红、王益平:《论保险合同纠纷中"保险条款交付"的证明责任及标准——对保险合同纠纷案件审判实践的分析与总结》,载《上海保险》2012年第11期。

规定了提示与使相对人了解条款内容两方面内容。就前者而言,德国法上的提示及于条款整体,不止限于免责条款部分;就后者而言,德国法上只要求使用人提供使相对人知悉条款内容的可能性即可,并没有规定使用人负有说明义务。此外,从文义及体系解释而言,我国合同法中尽管保险人就格式条款负说明义务,但该义务的履行并非格式条款纳入合同的前提条件。换言之,即使适用格式条款订立合同时未予以说明,并不影响格式条款中非免责部分的效力。

德国《保险合同法》第 6 条、第 7 条分别规定保险人在合同订立时负有建议义务(Beratungspflicht)与信息提供义务(Informationspflicht)。其中,建议义务的内容还包括询问(Fragepflicht)、说明理由(Begründungspflicht)及记录(Dokumentationspflicht)等义务。具体而言,保险人须询问并查明投保人的保险需求,据此给出投保建议并说明理由,同时就建议情况及相关信息予以记录交给投保人。但是,德国法明确规定在远程销售情形该义务不适用,因立法者认为实践中仅依靠远程交流手段难以履行。就信息提供义务而言,保险人须提供包括一般保险交易条款在内的合同条款及《保险合同法信息义务条例》(VVG-Informationspflichtenverordnung)第 1 条中所规定的包括保险人身份、保险代理人身份、保险人营业地址及主营业务、保险给付的方式范围与期限、保险含税及其他费用的总价、可能发生的其他费用、保费支付的方式、撤回权(Widerruf)、保险合同的终止、保险监管机构的名称及地址等信息。并且,当上述信息是通过合同条款提供的,其中有关保险人营业地址、撤回权及保险合同终止的相关信息应予以明显、突出地展示。

就远程交易中先合同义务的规范,欧盟 2002 年出台《消费者远程销售金融服务指令》要求经营者就经营者信息、金融服务信息,包括撤回权在内的远程交易相关信息以及法律救济信息在消费者受合同或合同要约约束之前提供,以保障消费者可对有关金融服务的要约进行相应的判断并在获知全部情形的基础上做出相应的选择。该指令于 2004 年以修订各单行法的形式转化为德国内国法,并于 2008 年《保险合同法》修订时将该信息义务扩展至所有保险合同,即该法第 7 条相关规定,而不论合同是否以远程交易的方式缔结,因立法者认为对投保人而言绝大部分重要的信息提供与合同成立的方式无关。

相比较而言,德国法中规定的保险人先合同义务更为全面,既有普遍性的合同条款及有关合同履行信息的提供,也有针对投保人个别情况的建议作为补充。至于免责条款方面,德国法院判决中指出,原则上保险人只有当免责条款内容较为复杂且投保人不清楚其影响,如当投保人就免责条款相关内容询问保险人时,保险人才有相应的解释说明义务。[1] 若仅从网络投保法律适用情形比较:一是在义务类型

〔1〕 BGHZ 40,22,27 = NJW 1963,1978,1980.

方面，我国与德国法都是以信息披露义务为主。二是在义务履行标准方面，我国司法解释就免责条款说明义务采“保险人作出常人能够理解的解释说明”之形式标准，不要求投保人实质知悉免责条款含义。类似地，德国法中保险人之信息提供义务只要求保险人积极主动地告知以使投保人可以获取信息（Informationsverschaffung），对信息是否被获悉的实际效果则不作要求。[1] 三是在义务履行方式方面，我国说明义务允许以网页、音频、视频等形式履行，德国法信息提供义务要求以书面形式履行。特别地，网页因不属于持久性的数据载体而不符合书面形式要求，但提供下载及打印的网页链接是否符合则存在争议。通说认为，投保人是否实际下载或打印存在偶然性且难以证明，若要按此标准则造成保险人实际上难以仅通过网络履行义务，因此只要网页的技术设计上强制投保人下载或打印信息即可。[2] 该种标准也与前述德国法中的义务履行标准相适应。反之，在格式条款纳入合同条件中所指的“使相对人有可能以可合理期待的方式知悉”条款内容中，若格式条款使用人以网页方式提供条款内容的，则足够明显的下载或打印链接即满足要求，无须强制相对人下载或打印。因为按照民法典规定，格式条款使用人只需提供使相对人知悉条款内容的可能性（die Möglichkeit zumutbarer Kenntnisnahme）即可。由此可知，同样是使合同另一方当事人知悉一定信息，德国法就格式条款的提供及保险人的信息提供分别有不同的标准。四是在法律后果方面，我国保险人未履行免责条款提示、说明义务的，免责条款不生效力；德国法中保险人未履行信息提供义务的，原则上不影响合同效力，但影响投保人撤回权期间的起算。综上所述，我国就一般合同格式条款、保险合同条款、互联网保险业务均规定了保险人一方的先合同义务，但于保险人产生实质不利法律后果的只有其中就保险免责条款的提示、说明义务。

三、保险人先合同义务相关司法实践争议

就涉互联网销售保险纠纷案件而言，司法实践中易产生争议的主要是保险条款的提供义务及免责条款的说明义务。在网络投保过程中，保险人主要依托电子界面履行条款提供、提示及说明义务，但对于电子界面所载明的具体条款内容以及提示、说明的流程，却往往未设计严密的技术手段加以固定及保存，增加了法院判断其是否履行法定义务的难度。申言之，网上销售的保险产品基本上是承保手续比较简单、保费不高、保险期限较短、条款相对简单的险种，保险人通常是按照网页的操作程序来完成其合同条款提供的义务。然而，无可靠电子签名、时间戳等予以固定的数据电文，易产生无法证明实际投保过程的问题。再者，网站合同条款的流程设计

〔1〕 Langheid/Wandt/Littbarski, Münchener Kommentar zum VVG, 2011, 7, Rn. 89.

〔2〕 Brömmelmeyer, Vorvertragliche Informationspflichten des Versicherers-insbesondere in der Lebensversicherung, VersR 2009, 584, 585.

中要求投保人在确认并支付之前必须勾选“已了解责任免除在内的保险条款内容”等类似选项的，是否满足说明义务认定标准也存在争议。

首先，就保险格式条款的提供，需要澄清的是，《保险法》第17条第1款所规定的“投保单应当附格式条款”与该法第13条第2款中所规定的“在保险单或者其他保险凭证载明合同内容”的义务不同，后者是合同成立后的条款交付义务，而非先合同义务。在司法实践中就举证在合同订立时提供保险条款，与就合同内容本身的举证也不同，前者争议主要在于条款的送达，后者争议集中在电子合同是否可固定合同内容的问题上。就该义务争议本身而言，保险人一方认为其以重要内容提示栏的形式提醒投保人仔细阅看条款等材料，并提示如有疏漏应及时通知保险人补充，那么投保人提出异议的则应视为已经收到保险条款。另外，投保人则认为保险公司无证据证明其已提供保险条款进而认为保险人未尽提示及说明义务。申言之，上述争议主要原因在于立法就该义务履行的标准尚无明确解释。参照前述德国法中就其《民法典》中格式条款的提供及《保险合同法》中保险人的信息提供所确立的不同标准比较，可有以保险人提供投保人有获取保险条款的可能性、积极主动地告知（aktiv übermitteln）以使投保人获取到信息两种标准选择。以网页为例，前者是指保险人提供阅读页面、下载或打印链接使投保人有可能获取到保险条款；后者是指保险人通过发送电子邮件附件、在交易流程中设置强制阅读、下载或打印环节，使投保人获取条款内容。笔者认为，采后者标准对投保人利益的保护较为有利。如以此标准，保险人仅提示投保人阅读条款内容，则视为未履行该义务。

其次，就免责条款的说明义务，其争议产生原因则在于立法与司法实践中就合同义务履行方式及相关证据要求的偏差。具体而言，立法中对说明义务的履行不作书面形式要求，在线下交易中以书面或口头形式履行，以及在网络交易中以网页、音频、视频等形式履行均被法律所认可。然而，保险人若要在司法实践中举证其已尽说明义务，多是以网页截屏证明投保人购买保险的流程。然如前所述，无可靠时间戳等技术予以固定的数据电文，实际上无法证明真实投保过程。要解决这一偏差，一是如《互联网保险业务监管暂行办法》第15条中所规定的，可在互联网保险业务中要求以中立第三方保存、服务日志等方式完整记录和保存业务的交易信息，确保能够完整、准确地还原相关交易流程和细节；二是可参照德国法就以网页方式履行信息提供义务的解释，当相关的说明信息在技术上被设计送达至网络上以密码保护的私人空间，且信息在此处可随时调取查用而投保人明白信息调取方式时，[1]保险人仅需就信息的送达举证。换言之，即将对免责条款说明义务的性质定义为程序化的信息披露，而不是针对个别投保人的一一解释说明。就送达的证明而言，笔者认

〔1〕 Langheid/Wandt/Littbarski, Münchener Kommentar zum VVG, 2011, 7, Rn. 106.

为,保险人仅以其网站设计中将勾选“已了解责任免除在内的保险条款内容”选项作为前置程序,投保人确已勾选该选项以举证投保人确认送达的,是否产生转移证明责任的效果存在疑问。此类一方事先单方拟定、概括告知的,旨在使另一方确认特定的事实以变更证明责任的确认条款属于格式条款范围,有损害合同相对人利益的嫌疑。

除此之外,前述关于说明义务争议产生的原因还部分在于,立法者对于说明义务的履行标准已从使投保人实际知悉免责条款真实含义之实质标准,降低至只要求保险人作出说明之形式标准。但是,司法实践中却仍存在以偏重保护投保人利益为目的而坚持实质说明标准的现象。[1] 笔者认为,司法实践中应放弃一贯以免责条款提示说明义务作为维护投保人利益主要手段的思路,转而凭借立法规范促使保险人履行先合同义务。

四、代结语:保险消费与远程交易中的先合同义务

从现行立法来看,保险消费与远程交易中均规定了以要求一方提供信息为主的先合同义务,以弥补缔约过程中双方信息的不对称。然而,对于一般有形物的远程交易,缔约时消费者只能依赖经营者对产品的描述说明,而无法对产品进行实地检验,也难以获得个性化的信息,故较线下交易而言处于信息上的劣势。保险作为法律产品,与一般有形物不同的是,其范围完全依赖法律规定和合同约定而确定,故其体现出高度的标准化与抽象化。此种无形化的特点,使包括保险在内的金融服务尤其适合远程销售方式。

但是,对于保险消费者而言,现阶段的信息提供义务是否已足够确保其在缔约时获得充分的信息条件从而得以选择符合其需求的保险产品,还值得讨论。首先,完整的信息提供义务是保障意思自治的必要条件,投保人既要对其投保决定自我负责,那么理应在此之前获得与作出决定相关的所有信息。相较于其他金融服务交易中金融机构所负的告知说明义务、风险评估义务等,我国保险法只要求保险人就合同条款予以说明,显然是不够的。一是合同条款与个别特定的保险产品相关,但投保人本身在市面上品种繁多的保险产品中作出初步选择即存在困难。二是保险合同条款中包括大量的专业术语及对法律条文的直接引用,以及其他相关信息披露,难免造成信息的庞杂冗余,如无保险人从中协助指出重点内容,反而不利于投保人对信息的理解。三是即使合同条款本身做到明确易懂,但条款本是针对绝大部分投保人普遍适用的,难以区分个别投保人的特殊情况。四是投保人在合理估计自己保险需求方面常存在困难,相比保险人一方可使用精算工具确保每一款产品至少保持

〔1〕 参见罗璨:《保险说明义务程序化蜕变后的保险消费者保护》,载《保险研究》2013年第4期。

收支平衡，但对于投保人而言，往往要等到保险事故发生时，才能确切地知道自己在合同订立时所确定的风险需求是否得到切实的保障。因此，在保险合同的缔约过程中，与其苛求投保人自己合理估计保险需求，并针对该需求去找寻合适的保险产品，不如参照其他金融服务交易中的金融机构适当推介义务设计，使处于信息绝对优势地位的保险人亦负有相应义务，使其在正确评估投保人风险需求并了解相关情况的基础上，向其推荐合适的保险产品，更大限度地消除投保人的信息劣势。

浅议上海市小额贷款公司监管路径之演变

刘新宇* 彭 凯**

一、上海市小额贷款公司监管演变路径之梳理

自2008年5月4日《关于小额贷款公司试点的指导意见》(银监发〔2008〕23号)发布以来,上海市相继出台了《关于本市开展小额贷款公司试点工作的实施办法》(沪府办发〔2008〕39号,以下简称《实施办法》)、《上海市小额贷款公司监管办法》(沪府办发〔2016〕42号,以下简称《监管办法》)以及《上海市小额贷款公司互联网小额贷款业务专项监管指引(试行)》(以下简称《互联网小贷指引》),在监管规范相继更新与落地的过程中,上海地区小额贷款公司监管在准入资格、业务运营、监管红线等方面发生了如下演变:

(一)股东要求

表1

法规名称	规范内容要点	备注
《关于小额贷款公司试点的指导意见》	股东类型包括自然人、企业法人与其他社会组织	第1条第1款
	股东无犯罪记录和不良信用记录	第2条第6款
《实施办法》	股东类型包括自然人、企业法人与其他社会组织	第2条第1款第1项
	主要发起人股东为企业法人,注册地且住所在试点区(县),管理规范、信用良好、实力雄厚,净资产不低于5000万元、资产负债率不高于70%、连续三年盈利且利润总额在1500万元以上(崇明县要求可适当降低)	
	其他发起人股东原则上为所在试点区(县)的投资人	

* 北京大成(上海)律师事务所执行副主任,高级合伙人。上海交通大学凯原法学院博士研究生。

** 北京大成(上海)律师事务所律师。

续表

法规名称	规范内容要点	备注
《监管办法》	股东类型包括自然人、企业法人与其他社会组织	第2条第1款第1项
	主要发起人股东为企业法人，注册地且住所在本市，管理规范、信用良好、实力雄厚，净资产不低于1亿元、资产负债率不高于70%、连续三年盈利且利润总额在3000万元以上	
《互联网小贷指引》	主要发起人应为稳健经营且主要经营指标在国内排名靠前的互联网企业，或有互联网平台资源支撑的全国性大中型企业（集团），应在境内具有长期从事互联网相关业务的经验	第2条

根据表1，就主要发起人要求而言，《监管办法》较之于《实施办法》对净资产、3年利润总额两项指标提出了“翻倍”要求。同时，《监管办法》取消了发起人住所的“区（县）一级”限制，即小额贷款公司主要发起人注册地且住所须在上海市，不再局限于试点区（县）。

此外，针对从事互联网小额贷款业务的小额贷款公司，其主要发起人需进一步满足：(1)高知名度；(2)具有长期互联网业务从业经验两种要求。这些都是对于主要发起人的资历经验的一种强调。资历经验是指在做出投资决策时，知识、能力和经验上所具备的专业性，具体体现在知识背景、职业、商业经验、投资经验、谈判磋商能力等多个方面，[1]对于该两项要求的具体标准，将由主管部门进行审定确认。

（二）注册资本要求

表2

法规名称	规范内容要点	备注
《关于小额贷款公司试点的指导意见》	注册资本来源应真实合法，全部为实收货币资本，由出资人或发起人一次足额缴纳	第2条第3款
	有限责任公司不低于500万元，股份有限公司不低于1000万元	

〔1〕 参见吴艳梅、李敏：《互联网金融投资者准入制度的经济分析》，载《理论与改革》2017年第1期。

续表

法规名称	规范内容要点	备注
《实施办法》	注册资本来源必须真实合法,全部为实收货币资本,一次足额缴纳,不得以借贷资金和他人委托资金入股	第2条第1款第2项
	有限责任公司不低于2000万元,股份有限公司不低于5000万元	
	崇明县内有限责任公司不低于1000万元,股份有限公司不低于2000万元	
《监管办法》	注册资本来源必须真实合法,全部为实收货币资本,一次足额缴纳,不得以借贷资金和他人委托资金入股	第2条第1款第2项
	不低于2亿元,服务于众创空间内小微企业的可降低至1亿元	
《互联网小贷指引》	无相关规定/要求	/

根据表2,上海市小额贷款公司注册资本要求呈现上升趋势,且应满足:(1)来源真实合法;(2)以货币出资;(3)一次性足额缴纳;(4)非借贷和委托资金。

由于《关于小额贷款公司试点的指导意见》效力位阶较低,并且又允许各地地方政府根据实际情况制定相应的管理办法,因此,小额贷款的设立大多执行的是地方政府规定的准入条件。《监管办法》较《实施办法》对于股东和注册资本提出了更为严格的准入条件,而过高的准入条件限制可能使大量的民间资金仍然活跃在“灰色金融”地带,使通过民间融资合法化这一解决“三农”资金匮乏和化解金融风险的良好初衷大打折扣。[1]

---

〔1〕 参见夏和平、许丽:《小额贷款公司风险监管之法经济学思考》,载《武汉工程大学学报》2010年第8期。

（三）股权结构要求

表3

法规名称	规范内容要点	备注
《关于小额贷款公司试点的指导意见》	单一股东及其关联方所持股份不得超过小额贷款公司注册资本的10%	第2条第3款
《实施办法》	主要发起人一般不超过两个	第2条第1款第3项
	单个主要发起人及其关联方合计持股不得超过20%	
	两个主要发起人及其关联方合计持股不得超过15%	
	其他单个股东及其关联方合计持股不得超过10%	
	单个股东持股不得低于1%	
	主要发起人股权3年内不得转让、质押，其他股东一年内不得转让、质押	
《监管办法》	单个主要发起人及其关联方合并持股不超过80%	第2条第1款第3项、第4项
	与主要发起人无关联关系的一般发起人不少于两个	
	单个股东持股不得低于1%	
	主要发起人股权三年内不得转让、质押，其他股东一年内不得转让、质押	
	特殊支持：针对大型互联网企业发起设立的网络小贷公司以及境内外知名金融机构等发起设立、引入小额信贷先进技术的小额贷款公司	
《互联网小贷指引》	无相关规定/要求	/

根据表3，上海市小额贷款公司的股权结构要求趋于“宽松化”监管，股东持股比例集中度大幅度提高，且对特定类型的小额贷款公司在股权结构等方面将予以特殊支持，此举可以避免因股权分散而影响小额贷款公司的发展。

（四）运营资金来源

表4

法规名称	规范内容要点	备注
《关于小额贷款公司试点的指导意见》	股东资本金、捐赠资金、不超过两个银行业金融机构的融入资金	第3条第1款
	从银行业金融机构融入资金的余额不超过资本净额的50%	第3条第2款
《实施办法》	股东资本金、捐赠资金、不超过两个银行业金融机构的融资资金	第2条第2款第1项
	融入资金余额不超过资本净额的50%	
《监管办法》	股东资本金、捐赠资金、不超过两个银行业金融机构的融资资金	第2条第2款第2项
	融入资金余额不超过资本净额的50%	
	符合条件的可按本市相关规定创新融资方式	
《互联网小贷指引》	禁止通过互联网小额贷款平台进行非法集资和吸收公众存款	第13条第2款、第3款、第4款、第5款
	禁止通过互联网小额贷款平台为本公司融入资金	
	禁止未经批准同意开展信贷资产转让及相关业务	
	禁止通过互联网小额贷款平台销售或转让本公司的信贷产品	

长期以来，小贷公司自身性质为只贷不存，“只贷不存”的硬性规定加剧了小额贷款公司资金来源不足的问题。[1] 小贷公司的平稳运营主要依靠其自身有限的本金，只有上一笔贷款的安全收回，才能保证下笔业务的正常经营。由于货币的时间价值，一旦出现逾期还款，对于小贷公司来说就是一种损失。因此，如何确保小贷公司稳定的的资金来源，是重中之重。[2]

根据表4，一方面，《监管办法》为小额贷款公司的创新融资方式保留了“敞口”，我们考察实践中小额贷款公司的“融资渠道”，除股东注资、捐赠资金、银行贷款之

〔1〕 参见胡颖毅：《小额贷款公司的融资“瓶颈”及其资产收益权评估》，载《改革》2013年第6期。
〔2〕 参见谭敏：《小额贷款公司可持续发展的对策》，载《改革与战略》2011年第2期。

外,小额贷款公司资产证券化案例由来已久,小额贷款公司通过地方交易所(包括地方股权交易所和地方金融资产交易中心)进行融资的案例也比比皆是。更有甚者,小额贷款公司直接通过互联网平台转让信贷债权/收益权获取融资(在该等交易模式中,小额贷款公司往往还需要承担回购义务),严格来看,除资产证券化业务外,前述其他创新融资方式均存在合规问题。另一方面,《互联网小贷指引》又对互联网小额贷款公司的运营资金来源画定了"四条红线",明确禁止其未经批准通过信贷资产转让获取债权融资。

(五)业务区域

表5

法规名称	规范内容要点	备注
《关于小额贷款公司试点的指导意见》	无相关规定/要求	/
《实施办法》	小额贷款公司业务必须在所在区(县)经营	第2条第2款第2项第1目
《监管办法》	小额贷款公司业务原则上在本市范围内经营	第2条第2款第2项第1目
《互联网小贷指引》	禁止在本市以外办理线下小额贷款业务	第13条第1款

根据表5,上海市小额贷款公司业务区域限制已从"区(县)一级"调整为"市一级",与此前国务院法制办公室发布的《非存款类放贷组织条例(征求意见稿)》第15条的相关规定保持一致。[1] 同时,从《互联网小贷指引》的条文内容来看,互联网小额贷款业务将突破"省/自治区/直辖市一级"的业务开展区域限制,能够面向境内自然人、企业等开展线上放贷业务。

[1] 《非存款类放贷组织条例(征求意见稿)》第15条规定:"非存款类放贷组织取得经营放贷业务许可证后,可依法在省、自治区、直辖市内经营。跨省、自治区、直辖市经营放贷业务的,应当经拟开展业务的省、自治区、直辖市人民政府监督管理部门批准,并接受业务发生地监督管理部门的监督管理。"

（六）贷款限制及利率

表6

法规名称	规范内容要点	备注
《关于小额贷款公司试点的指导意见》	同一借款人的贷款余额不得超过小额贷款公司资本净额的5%	第4条第1款、第2款
	贷款利率不超过司法部门规定的上限，下限为人民银行公布的贷款基准利率的0.9倍	
《实施办法》	同一借款人的贷款余额不得超过小额贷款公司资本净额的5%	第2条第2款第2项第1目、第2目
	50%以上的借款人贷款余额不超50万元	
	不得向股东及其关联方发放贷款	
	贷款利率不超过司法部门规定的上限，下限为人民银行公布的同期同档次基准利率的0.9倍	
《监管办法》	同一借款人的贷款余额不得超过小额贷款公司资本净额的5%	第2条第2款第2项第1目、第2目
	不得向股东及其关联方发放贷款	
	利率上限不超过司法部门规定的上限	
《互联网小贷指引》	自然人借款人原则上不超20万元，法人或其他组织借款人原则上不超100万元	第11条
	放贷资金实施专户管理	第10条

根据表6，《监管办法》取消了“50%以上的借款人贷款余额不超50万元”和“贷款利率下限”的规定。同时，《互联网小贷指引》对互联网小额贷款业务中的贷款限额参考了个体网络借贷的监管规定，原则上限定为“20/100”标准，[1]并对互联网小额贷款放贷资金提出了专户管理要求。

贷款的利率水平在相当大的程度上决定了小额贷款公司的盈利水平，利率的高低决定了小额贷款公司利润的多寡。[2]《监管办法》相比于《实施办法》和《关于小

〔1〕《互联网小贷指引》第11条规定：“自然人借款人原则上不超20万元，法人或其他组织借款人原则上不超100万元。”

〔2〕参见许飞剑、余达淮：《经济新常态下小额贷款公司信贷法律问题研究》，载《经济问题》2015年第10期。

额贷款公司试点的指导意见》取消了贷款利率的下限，仅规定了贷款利率的上限由司法部门规定，给予了小贷公司对于贷款利率下限更大的自由决定权，赋予小贷公司更大的调整空间，由市场进行调控，更有利于资源的优化配置。同时，取消贷款利率下限限制，也有利于中国人民银行的货币政策传导。

（七）业务“红线”

表 7

法规名称	规范内容要点	备注
《关于小额贷款公司试点的指导意见》	非法集资	第 5 条第 6 款
《实施办法》	非法集资	第 4 条第 2 款
	未经批准设立小额贷款公司	
	未经批准变更	
	资金来源、运用违规	
	拒绝或阻碍主管部门检查监督	
	不按规定上报有关情况	
《监管办法》	非法集资	第 4 条第 2 款
	未经批准设立小额贷款公司	
	未经批准变更	
	资金来源、运用违规	
	拒绝或阻碍主管部门检查监督	
	不按规定上报有关情况	
《互联网小贷指引》	在上海市以外办理线下小额贷款业务	第 13 条
	通过互联网小额贷款平台进行非法集资和吸收公众存款	
	通过互联网小额贷款平台为本公司融入资金	
	未经批准同意开展信贷资产转让及相关业务	
	通过互联网小额贷款平台销售或转让本公司的信贷产品	
	擅自使用客户信息、非法买卖或泄露客户信息	

根据表7,可见“非法集资”一直以来都是小额贷款行业的监管底线,随着互联网金融在国内的蓬勃发展,互联网小额贷款应运而生,其业务模式对监管提出了新的挑战,因而在《监管办法》规定的业务红线之外,《互联网小贷指引》针对互联网小额贷款业务提出了6条业务“红线”。

二、关于监管演变的几点评述

从上述七点演变来看,上海地区小额贷款监管呈现出“整体收紧,部分放宽”的趋势。

(一)从业机构资格准入门槛升高

该点在股东/主要发起人资质要求、注册资本等方面表现明显。一方面,《监管办法》对于主要发起人提出了更高的财务指标要求,《互联网小贷指引》针对互联网小额贷款公司的主要发起人则强调其应具备“互联网”基因;另一方面,《监管办法》将实缴注册资本要求提升至2亿元(特定情形下可降低至1亿元)。通过抬高准入门槛,旨在吸引优质机构进入上海地区小额贷款行业,在公司设立环节寻求“股东背景背书”。

(二)股权集中度限制大幅松绑,业务区域显著扩大

《监管办法》对单一股东及其关联方在小额贷款公司中的持股比例限制放宽至80%,且明确提出对于大型互联网企业发起设立的网络小贷公司以及境内外知名金融机构等发起设立、引入小额贷款先进技术的小额贷款公司予以特殊支持。同时,《监管办法》明确上海市小额贷款公司可在全市范围内开展业务,互联网小贷业务可面向全国范围开展线上放贷业务。新规在股权集中度方面的松绑以及在业务区域方面的扩展,意味着主要发起人对小贷牌照控制权的提升,小额贷款公司业务空间显著扩大,将吸引更多的企业进入小额贷款行业。

(三)运营资金来源留有敞口,小额贷款公司再融资实践有待进一步监管指引

面对旺盛的贷款需求,各家小额贷款公司资金缺口都相当大,无法满足客户需要。[1] 我们考察实践中的小额贷款公司“创新融资方式”,既包括需完成前置审批/备案程序的资产证券化(阿里巴巴专项资产管理计划)、私募债(浦东浩大小贷公司私募债),也包括地方金融资产交易中心挂牌转让、通过互联网金融平台直接转让债权/债权收益权等方式。以重庆金融资产交易所有限责任公司于2011年推出小额贷款资产收益权转让交易为例,其在行业实践中被认定为“类资产证券化产品”,业务基本流程如图1所示:

---

〔1〕 徐瑜青、杨露静、周吉帅:《小额贷款公司运营现状及问题》,载《农村经济》2010年第1期。

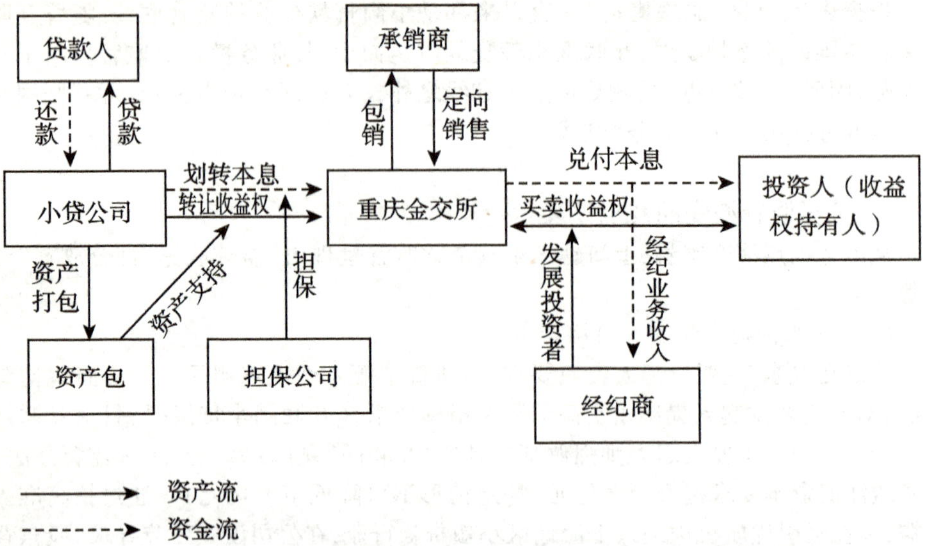

图 1

针对上述产品，银监会特别下发了《关于“小贷”资产证券化有关风险提示》，认为《关于小额贷款公司试点的指导意见》等相关规定未允许小贷公司开展信贷资产证券化和向公众发行受益权凭证的业务，因而该产品缺乏法律依据和制度规范。然而，近年来针对小额贷款公司融资方式的监管呈现逐渐宽松的态势，如 2014 年 1 月 19 日中共中央、国务院下发的《关于全面深化农村改革加快推进农业现代化的若干意见》中提到：“对小额贷款公司，要拓宽融资渠道。”此外，《监管办法》在针对小额贷款公司资金来源方面，除了重申银监会第 23 号文的要求之外，还增加了“对符合条件的小额贷款公司可按本市相关规定创新融资方式，扩大可贷资金规模”的表述。以目前行业实践中大量存在的地方金融资产交易中心挂牌转让模式为例，其典型交易结构可总结如图 2 所示：

上述产品模式可能在如下三方面存在合规问题：

首先，从《监管办法》规定来看，小额贷款公司“创新融资方式”需满足“符合条件”和“按本市相关规定”两个前提，小额贷款公司拓宽融资渠道和创新融资方式是否包括通过地方金融资产交易中心开展类资产证券化业务目前尚无定论，有待监管部门的进一步指引。

其次，前述挂牌业务存在被认定为违反国务院《关于清理整顿各类交易场所切实防范金融风险的决定》（国发〔2011〕38 号）、国务院办公厅《关于清理整顿各类交易场所的实施意见》（国办发〔2012〕37 号）关于“不得将任何权益拆分为均等份额公开发行”“权益持有人累计不得超过 200 人”规定的监管风险。小贷公司主要是为具有一定经济实力的中小企业的需求进行服务，而不是为了中低收入的群体的减贫

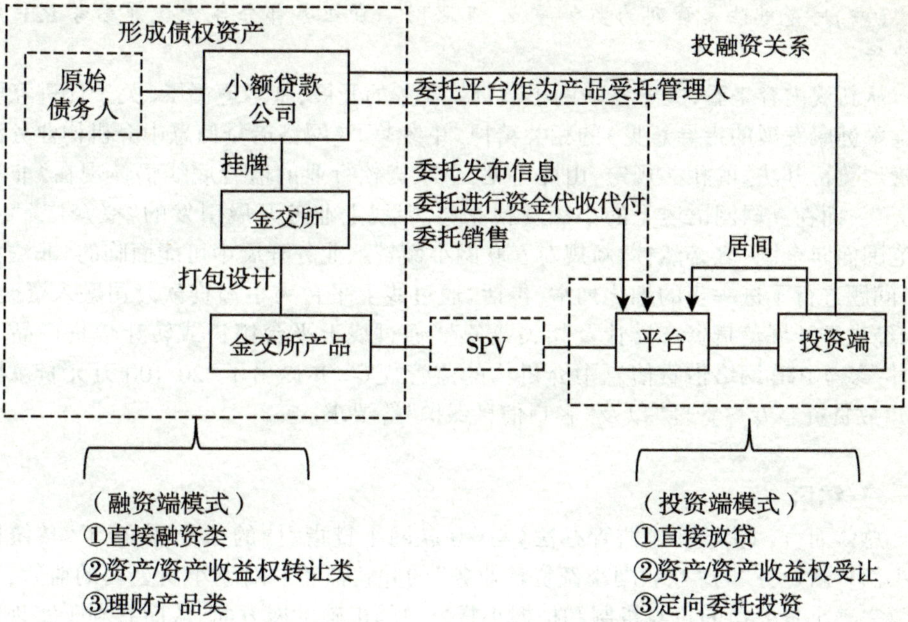

图 2

甚至脱贫。尽管我国小贷公司的单户贷款规模是国外的小额信贷金额的50倍以上，但是仍无法满足我国客户的贷款需求，因此一些小贷公司将大额的贷款进行拆分以满足监管标准。[1]

最后，以P2P网络借贷信息中介机构为典型的互联网平台在参与地方金融资产交易中心挂牌产品“销售”过程中，在交易中实际承担的职责（包括“承销商”“资金管理方”以及“受托管理人”等多种身份）与其应当具备的信息中介属性不符，鉴于《网络借贷信息中介机构业务活动管理暂行办法》已将网络借贷信息中介机构的行为监管职责划归银监会，且要求地方金融监管部门为网络借贷信息中介机构办理备案登记，因此我们理解，国家至少在监管层面已将网贷机构等互联网金融平台视为类金融机构。在该等定性下，如果地方金融资产交易中心的产品模式被认定为不合规，则互联网金融平台很有可能因其为地方金融资产交易中心提供的承销、资产划转、代理买卖等服务而承担相应的监管责任。

〔1〕 参见诸葛隽、徐竞：《小额贷款公司运行中的制度创新和完善——以温州为例》，载《上海经济研究》2011年第4期。

(四)防范非法集资列为监管重点,互联网小贷业务部分监管规则参考 P2P 规范执行

从新规内容来看,关于互联网小额贷款业务的开展,基本遵循了《关于促进互联网金融健康发展的指导意见》的相关精神,并参考了《网络借贷信息中介机构业务活动管理暂行办法》的相关规定,由此可见,小额贷款行业的监管底线仍体现在"非法集资"。而在互联网语境下的小额贷款业务,因线上业务开展引发的"受众广""业务范围面向全国"之必然性,新规对互联网小额贷款业务开展中可能面临的"非法集资"问题进行了进一步的细化列举,包括"通过线上平台为小额贷款公司融入资金""未经批准开展信贷资产转让及相关业务""通过线上平台销售或转让信贷产品"。同时,参考 P2P 网络借贷信息中介机构的监管规定,亦提出了"20/100 万元贷款限额""放贷资金专户管理"以及"客户信息保护"等要求。

三、结语

总体而言,上海地区《监管办法》与《互联网小贷指引》的出台,实现了"传统网络小额贷款业务"与"互联网小额贷款业务"的并轨监管。对于小贷公司的监管,不仅要完善小贷公司的自身机制和把握小贷公司的正确发展方向,从而有利于实现普惠金融的目标,更要根据小贷公司自身的特点不断完善法律环境和调整监管方法,对小贷公司予以积极的支持和引导,使其可以持续稳健的发展。[1] 可以预见的是,新规将吸引一批优质企业进入小额贷款行业(尤其是互联网小额贷款行业),从而有效促进上海地区小贷行业的蓬勃发展。但相关规范在实践中的具体实施,仍有待业务开展与监管实践的进一步磨合。

---

〔1〕 参见周孟亮、李俊:《普惠金融视角下小额贷款公司监管模式研究》,载《吉首大学学报》(社会科学版)2014 年第 1 期。

互联网个人征信业务中“知情同意”规则的法律思考

周高印*

一、引　言

“知情同意”规则最早被运用于医疗领域，是指人人都有权决定自己的身体受处置和不受处置，以及受到何种处置的权利，如果故意侵犯了某人身体就是侵犯了自主权和自决权，就构成侵犯身体权，必须承担责任。[1] 就这一模式的本身而言，其是“个人自主”概念的延伸，即若获得个人同意，便可以成为免责事由。这一原则后来被运用于其他的领域，包括精神业医疗、法律服务业以及征信业等领域中。

在征信领域中，因为征信机构要获取大量的个人信息作为判断个人信用的依据，所以采集信息是征信业务中最基础也是最重要的环节，但是伴随着征信业发展始终的问题就是如何平衡信息保护与信息利用。尤其是征信信息涉及的多是与个人有关的经济信息，一旦发生滥用以及泄露的情况，对个人的侵害巨大。故各个国家的征信制度都在立法上对于征信机构采集信息的方式进行了规定，而知情同意的规则即被利用在征信机构采集信息中。欧盟《数据保护指令》第7(a)条规定，若经个人资料所指涉之当事人毫不含糊、明确地同意的，则可以对个人资料加以处理。英国《资料保护法》规定，个人资料的处理应当公正及合法，未经当事人同意或者有其他法定理由，不得为个人资料之处理。德国于2009年所修订的《联邦资料保护法》第4(1)条规定，个人资料的搜集、处理及利用应当经当事人同意或者法律另有规定者，方属合法。[2] 我国《征信业管理条例》第13条规定：“采集个人信息应当经信息主体本人同意，未经本人同意不得采集。但是，依照法律、行政法规规定公开的信息除外。”综上可以看出，在信息收集的方式方面，一般信息采集都需要获得个人同意，但是对美国而言，其并没有对征信机构采集个人征信信息规定知情同意，而是

---

* 华东政法大学2015级法律硕士。

〔1〕 参见高也陶：《中美医疗纠纷法律及专业规范比较研究》，南京出版社2003年版，第251页。

〔2〕 参见陈海帆、赵国强：《个人资料的法律保护——放眼中国内地、香港、澳门及台湾》，社会科学文献出版社2014年版，第205页。

限定了禁止采集和限制采集的信息，最为重要的是其对于个人征信信息的利用有严格规定。

从理论上来说，知情同意的规定对于保障个人征信信息安全是非常好的制度安排，但是在互联网个人征信发展的当下，知情同意的制度安排却发挥不了保护个人征信信息的作用。另外，在互联网个人征信蓬勃发展的初期，甚至阻碍了其发展。

二、我国互联网个人征信中"知情同意"规则的理论困境、现实困境及其原因

（一）理论困境：个人知情的范围不充分，同意的事项不特定

在征信理论上，征信机构要开展基础的征信业务需要采集个人的信息，为了保障个人征信信息安全，赋予个人信息控制的权利，具体表现为知情权、隐私权。但是若严格按照这样的理论，作为征信机构享有的征信权又会受到干扰，所以知情权、隐私权与征信权相互妥协，进而产生了知情同意的规则。[1] 目前，我国对于知情同意规则的构成要件并未进行规定，而依据欧盟《数据保护指令》第29条成立的工作小组指出，同意必须要符合以下四项标准才能产生法律上的效力：第一，同意必须清楚、明确地指出其意愿；第二，同意必须是出于自由意志；第三，同意必须自愿；第四，同意必须基于告知后所为。[2] 所以从知情同意的实质内容来看，知情与同意之间一定是相互匹配的，即知情的内容和同意的内容是一致的，这样的同意才是符合基本的理论的。

在互联网个人征信中，目前由于我国的征信监管法规对于征信机构收集的信息范围不确定，使个人征信机构采集信息的范围无限扩大化。传统的个人征信采集的信息主要是涉及金融信息，且主要是信贷信息，而在互联网个人征信中采集的信息不仅有金融信息还有个人的生活信息，所以在采集的范围上，从立法上难以界定，而在具体的操作中也难以设定采集的范围。这也导致了个人对于互联网个人征信机构采集的信息不确定，并不知道征信机构采集的信息种类，不知道采集的信息数量。所以，从可能性上来说，个人无法全面地知晓个人征信机构采集的信息范围，同意的效力自然受到质疑。

同时，同意的内容也是不特定的。传统个人征信机构采集到的信息相对来说较为固定，如贷款信息、住房信息、信用卡信息等，当个人对此进行同意时，其至少是清楚和明白哪些信息将会被采集、利用。但是在互联网个人征信中，根据芝麻信用的《芝麻信用数据安全及隐私权保护政策》同意的内容为：向互联网个人征信机构提供的信息或个人在使用服务过程中所形成的信息、使用其他商业机构所提供的产品或

---

〔1〕 参见叶世清：《征信的法理与实践研究》，法律出版社2010年版，第142页。

〔2〕 参见陈海帆、赵国强：《个人资料的法律保护——放眼中国内地、香港、澳门及台湾》，社会科学文献出版社2014年版，第227页。

服务过程中提供或产生的信息、政府及公共服务机构在为您提供行政管理或公共服务过程中形成的非公开信息、政府及司法机关等依照法律法规公开披露的信息。[1]但从字面的意思,似乎对于个人的信息有较为清楚的认知,但是仔细分析却是很难界定上述知情的内容是什么。

所以,从目前的知情与同意的理论来看,即便是互联网个人征信机构告知信息,但是个人知情的信息与同意的信息与告知的信息是不一致的,个人知情的范围不确定,同意的事项也不特定,知情与同意的一致性实际上在互联网个人征信中已难以保证。

(二)现实困境:征信信息控制权难以保障

依据我国《征信业务管理条例》的规定,采集个人征信信息的应当得到个人的同意。在实践中,互联网个人征信往往采取隐私声明和概括授权的方式对突破知情同意规则的限制,对于信息的控制权难以保障。

隐私声明和概括授权的方式尽管在形态上不同,但是在实际上发挥运行机理是一样的。征信机构在与个人订立相关隐私授权的条款时,通过大量晦涩的条款对征信关系双方的权利进行设定,包括采集信息的范围、采集的方式、是否向第三方提供、信息使用的方式、信息使用的范围等,然后让个人在弹出的对话框中打钩,进而完成知情同意规则的形式要件。在现实中,很少有人能完完全全的认真读完隐私条款,所以也很难知晓到底自己给征信机构授权采集了哪些信息。即便是个人对于这些征信条款进行了详细阅读和理解,看出了这些条款一旦同意之后会产生的风险,但是目前的这些相关的授权协议也是采取格式条款的方式,对于个人授权的事项和授权的范围进行了拟订,个人在订立时也是不可能进行更改的,只有同意,在作出同意采集的决定时,并非是自由的。

而上述方式导致的结果就是,个人对信息的控制权是缺失的。所谓控制权即个人对于信息的掌控的权利,包括信息是否可以被采集、被谁采集、采集范围等。但是在互联网个人征信中,大部分收集的征信信息存在于互联网中,信息主要存在于征信机构的服务器中,在事实上也难以保证真正占有。同时,信息的价值在于其流动性,只有通过真正的信息流通才能实现其价值,这导致信息主体难以对个人信息实现排他性占有,也就无法实现真正的控制。[2]

所以,综合上面的分析,在互联网个人征信中,尽管有看似严格知情同意条款在保障个人的信息控制权不受到侵害,但是实际上,这样的条款安排方式已经使这一规则名存实亡,发挥不了实际的作用,使互联网个人征信机构完成形式意义的条件

---

〔1〕 参见《芝麻信用数据安全及隐私权保护政策》,载芝麻信用官网:https://zm.zmxy.com.cn/p/f/privacypolicy/index.html,最后访问日期:2017年4月7日。

〔2〕 参见任龙龙:《论同意不是个人信息处理的正当性基础》,载《政治与法律》2016年第1期。

后就能肆无忌惮地采集信息。

（三）困境产生原因：大数据时代下新型技术提出的挑战

不仅是我国的知情同意规则产生上述的困境，在世界范围内，尤其是采取知情同意规则的欧盟国家也基本产生了相似的问题。而产生这一问题的症结点在于：这一规则产生的年代处于互联网发展的初期，规则制定时无法将互联网这一新兴的技术考虑在内。例如，欧盟的《数据保护指令》、经济合作与发展组织指导原则以及欧盟各国的信息保护法等。这些规则的出台无法预见到今日信息技术发展的态势，无法预见大数据技术以及云计算技术，所以知情同意规则有其一定的背景。

互联网个人征信的发展也是依靠互联网技术的发展才能捕捉到数量如此之多的个人信用信息，且更有能力将收集到的海量数据进行分析，据此判断个人的信用状况。个人征信机构如果还是按照知情同意的规制收集信息，对于个人而言是不现实的，对于个人征信机构而言也是徒增成本。所以以目前互联网发展的现实环境为考量，重新审视我国知情同意规则迫在眉睫。

三、欧美个人征信信息"知情同意"的比较分析

（一）美国：原则上未经同意即可采集，无须同意，敏感信息与特殊主体信息除外

美国将信息视为财产权利的观点使其注重的是信息的流动与信息发挥的相应价值。依据美国美国《信息自由法》的规定，政府等公共部门需要公开其基本信息，根据《诚实信贷法》和《信用卡发行法》等法律规定，征信机构在收集个人信用信息时，可以不经过消费者个人的同意。故美国对于征信机构收集信息的方式并未作相关的规定，即征信机构可以按照法律规定未经同意收集个人的征信信息。

而美国也并非允许所有的信息都可以采集。对于敏感信息以及特殊主体的信息还是需要获得同意之程序。例如，美国的《健康保险及移转与责任法》规定，只有在取得公民明示的授权后受调整实体才能利用个人健康信息来满足除治疗和支付费用之外的方式；美国的《儿童网上隐私保护法》规定，商业网站向13周岁以下的儿童收集个人信息时，必须先征得可确认家长或者监护人的同意。[1]《诚实信贷法》和《信用卡发行法》规定征信机构不允许收集任何有关于消费者的种族、宗教信仰、医疗记录、政治立场的信息数据。《公平信用报告法》第605节第(a)小节规定了限制采集的信息，如7年以上的民事诉讼、民事判决和逮捕记录不得收集，7年以上的税金留置权不得收集，7年以上的任何不利信息条目，不得收集，但犯罪记录除外。[2]

---

〔1〕 参见任龙龙：《论同意不是个人信息处理的正当性基础》，载《政治与法律》2016年第1期。

〔2〕 参见《公平信用报告法》第605节第(a)小节。

需要指出的是,美国虽然强调信息的采集不需要征得个人同意,这一宽松的政策是有相应制度相匹配的。美国注重的是对于行为的监管,即在信息采集上对于个人征信机构放开了阀门,但是在征信信息的利用方面,却是非常严格的。例如,《公平信用报告法》第607节第(a)小节规定信息使用者需要告知其身份以及使用的目的,并要证明其不会用于其他目的,还要对于其将使用信息向消费者披露。

(二)强化的"知情同意"规则——欧盟《一般数据保护条例》

欧盟《数据保护指令》第9节专门规定,数据的处理必须符合收集时的目的,且个人数据利用在符合规定的情况下,必须要通知监管机构,但是在法定的情形下可以简化程序。至于通知的内容包括控制人及其代表的名称、地址、处理目的、数据主体的种类及相关数据的描述、信息的接受人以及种类、准备向第三方传送的数据等信息。最为重要的是该法规定,对于处理数据的操作应当公开化,且处理操作的记录应当有数据控制者交监管机构保存,并可由任何人查看。该指令的第7条规定,只有在法定的六种情形下,[1]才能对个人数据进行处理,其中就包含对于个人信息的采集需要征得当事人明确同意。在欧盟于2002年7月12日发布的《隐私与电子通讯指令》(Directive on Privacy and Electronic Communications, Directive 2002/58/EC)中,详细规定了通信和互联网服务商需要采取适当的措施,保证通信和互联网服务的安全性;禁止在未征得用户同意的情况下存储和使用用户的数据。[2]所以在采集方式方面,欧盟对于个人信息的采集采用了较为严格的规定。

2016年欧盟通过了《一般数据保护指令》,该法第7条规定,处理个人数据必须要有合法理由,包括数据主体的同意、为了履行合同需要、履行法定义务的需要以及数据控制者的合法利益。且该法对于同意的认定更加严格,即同意必须是明确、清晰的,是用户在充分知情权的前提下做出的,但在实践中通过推定方式获得用户同意将很难被认为是有效合法的。也就是说,当前实践中普遍存在的通过冗长晦涩的隐私政策来获取用户同意,或者让用户在签订业务协议时通过"打钩"方式作出"一揽子"授权的方式将失去合法性。[3]

欧盟在知情同意这一规则上丝毫没有退步的打算,仍然通过知情同意的方式保障个人征信信息的安全。一方面,对征信信息人身权的固有认识是其立法的出发点;另一方面,面对互联网发展的当下,通过这一规则保障个人征信信息的安全无可

---

〔1〕《个人数据保护指令》第7条规定了以下六种情况可以采集个人数据:(1)资料当事人明确同意;(2)处理为履行资料当事人作为一方的合同,或应当事人要求执行订立合同的先行措施所必需;(3)处理为控制者履行其法定义务;(4)保护资料当事人利益所必需;(5)第三方执行公共利益的任务或行使职权所需要;(6)为第三人利益所需要。

〔2〕参见李军:《欧盟数据保护新法意义重大》,载和讯新闻:http://news.hexun.com/2016-01-20/181915944.html,最后访问日期:2017年3月9日。

〔3〕参见王融:《欧盟通用数据保护条例》,载《征信》2016年第4期。

厚非，也是各国在信息保护方面的积极尝试。

四、互联网个人征信信息采集由“知情同意”向“推定同意”的转变

上文分析了在我国互联网个人征信中知情同意规则适用困境，难以发挥该规则设立之时的目的。接下来本文对于目前存在的两种信息收集方式进行了比较，美国是原则上未经同意即可采集，同时有例外规定；而欧盟是一再对于知情同意的收集方式进行加强规定，保证征信机构收集到的信息真的是在个人同意之下完成。我国互联网个人征信的发展对于传统知情同意规则提出了诸多的挑战，目前，严格的“知情同意”规则已不再适用于互联网个人征信发展的实际，亟待转变。

（一）由“知情同意”向“推定同意”转变的必要性

如上文分析，知情同意规则在互联网发展的当下已经名存实亡，如果还是采取知情同意的规则对于互联网个人征信而言已经没有发展的空间了。在互联网个人征信中，个人征信机构收集个人信息的手段更加多元化、数据类型更佳多样化、收集方式更佳隐蔽化，使个人信息安全受到威胁。比如，可以通过手机下载的 APP 位置定位功能，可以判断出个人的收入信息、职业信息以及生活信息；将水电费的缴纳、消费购物等列入信用信息的收集范围；对上网购物的留痕、历次网络消费的情况收集等。互联网个人征信机构采集数据非常之多，如果每采集一条数据都需要征的个人的同意，对于个人征信机构来说不太现实，对于个人而言也增加了干扰。所以，知情同意的原则不符合互联网个人征信发展的现实情况。

此外，我国个人信息收集制度规定采集个人信息需要征的本人同意，否则不得采集，但上文也同样指出，互联网个人征信机构采集信息已经将这规定完完全全进行了突破。例如，为了能最大限度地采集信息而采取的概括性授权方式，将个人的信息授权采集；为了能采集涉及个人财产的信息，采取订立书面电子协议获得个人书面同意从而采集个人信息等。所以，尽管在我国对于个人征信机构信息的收集有明确的制度加以规定，但是实际上却发挥不了保护信息的作用，并且在大数据以及互联网技术发展的当下，对个人征信机构的信息收集加以规定显然是徒劳的。

最后，互联网个人征信方兴未艾，如果在信息收集层面采取强制性的严格收集制度，对于互联网个人征信的发展无疑打击巨大。例如，欧盟即将生效的《一般数据保护条例》的通过就给欧美各国的互联网企业带来了巨大的压力，以 Google、Amazon 和 Facebook 为主的美国互联网巨头们，在获知草案内容后组成了庞大的游说团，在布鲁塞尔欧洲议会总部所在地展开了旷日持久的院外游说活动。欧洲和美国的行业组织提出警告说，该条例中严格的数据保护约束将极大阻碍数据的商业价

值挖掘,并将给企业带来相当大的额外成本。[1] 从目前的互联网个人征信的发展来看,互联网个人征信机构开发了各种征信产品,结合了我们的生活场景,使各种服务更加便捷,发挥了信用的经济价值,促进了互联网经济的兴起,推动了普惠金融的发展。所以,从现实的角度来看,在推动互联网个人征信发展的过程中,宽松的政策无疑能够促进这互联网征信发展。

(二)“推定同意”规则的基础:细化征信信息分类

如同上文美国的征信法律制度,在对征信机构信息采集采取宽松的政策之前,需要将相关的特殊信息作特殊的规定,即对于信息进行一定的分类,保障敏感信息和特殊主体的信息不能被无限制的采集。泰国征信信息采集也是采取了严格的知情同意制度,但是泰国在征信体系建立之初,由于严格的征信法律制度严格阻碍了其征信市场的发展,所以通过了司法解释进一步做了适当的调整。[2] 所以,推定同意实行的前提就是对于信息做一定的划分,不同种类的信息采取不同的保障程度。

目前,对于信息的划分按照性质不同分为一般信息和敏感信息。一般信息是指有关个人的基本情况的信息,其范围较为广泛,涉及个人的方方面面,如个人基本信息、账户信息、公共记录等;而敏感个人信息是指因该个人信息的使用、传播可能造成与客观事实不符的,对当事人歧视待遇的风险,违背社会公正,故而必须予以限制使用的个人信息。[3] 我国澳门特区、台湾地区以及英国、芬兰等国家的个人资料保护法都采取了这样的分类方式,我国台湾地区认为对此分类的意义在于“按个人数据中有部分数据性质较为特殊或具有敏感性,如任意搜索、处理、利用,恐会造成社会不安或对当事人造成难以弥补之损害”、[4]二者划分的结果是对于一般个人信息和敏感个人信息,法律的规制有所不同。对于一般信息可以未经同意采集,而对于敏感信息还是采取知情同意的方式,

上文笔者认为推定同意的规则适用的前提就是对于信息进行分类,不同种类信息采取不同的保障机制,那么接下来的问题就在于如何划分一般信息和敏感信息。

根据英国《数据保护法》(1998 年),敏感个人信息包括:种族或民族、政治派别和观点、宗教信仰、工会组织成员、健康状况、性生活、犯罪前科等个人信息。这些敏感个人信息原则上禁止收集、加工、传播,除非法律另有规定。欧盟的指令也有相似的规定。但是对于美国而言,在法律条文上并没有敏感个人信息的表述,只是在《公

---

〔1〕 参见李军:《欧盟数据保护新法意义重大》,载和讯新闻:http://news.hexun.com/2016-01-20/181915944.html,最后访问日期:2017 年 3 月 8 日。

〔2〕 参见翟相娟:《个人征信行为中信息主体知情权研究》,载《河北法学》2013 年第 1 期。

〔3〕 参见张鹏:《论敏感个人征信信息在征信中的运用》,载《苏州大学学报》(哲学社会版)2012 年第 6 期。

〔4〕 参见胡大武、杜军:《征信法律制度研究》,法律出版社 2012 年版,第 80 页。

平信用报告法》中对有些信息的采集进行了时间上的限制,如上文提到的7年以上的民事诉讼、民事判决和逮捕记录不得收集,7年以上的税金留置权不得收集,7年以上的任何不利信息条目不得收集,但犯罪记录除外。有学者研究了美国的《消费者隐私权利法案》后指出,该法案规定:"只能通过相应场景中合理的手段收集、存留以及利用个人信息",其认为这一法案最大的亮点就在于采取了"场景与风险"的新理念。即对于信息搜集的判断不应该僵化,而应该在具体的场景中认定。[1] 笔者认为,对于敏感信息和一般信息的划分也要结合不同的场景进行认定,需要结合信息的具体场景以及动态发展过程来区分二者。

从场景上来看,对于个人征信信息的判断首先应当考虑到信息的具体情况。例如,对于声音和影像资料的判定,我们不能将其立马界定为一般信息,因为如果这些声音和影像资料中包含了禁止采集的信息,则可能被认定为敏感信息。但在对敏感信息是否一定要采取知情同意规则的适用上,美国《消费者隐私权利法案》提出在对敏感信息的判断还需相应的风险控制机制,即如果机构对于信息采取了相应的风险评估并进行了风险的控制也可进行采集。而从动态上来看,对于敏感资料的认定需要同一国的科技水平、社会发展和风俗习惯密切联系,这些因素要求对于敏感资料需要适时判断。[2] 如基因资料之前未被纳入葡萄牙的敏感信息之列,但是由于其风险加大,后来被认定为了敏感信息。但是笔者同样要指出的是,对于敏感信息和敏感信息的判断本身就是非常困难的,在此提出这样的方式是为保护个人信息提出有益探索,我们的最终落脚点还在于强调个人信息保护。

(三)"推定同意"规则的保障:严格规制征信机构利用信息的行为

信息只有被利用之时才是有价值的。由于征信信息涉及诸多的个人经济信息,所以大家更为关注。目前,对于个人信息的保护,落脚点大多都在于对于准入进行规制,知情同意也基于此。但是对于征信业务来说,对于征信信息的准入进行规制,很难保证信息的安全。因为即便是采取了《一般数据保护条例》中的规则,确确实实完成了一系列的程序要件,就能保证信息的安全吗?笔者认为,答案肯定是否定的。征信机构采集信息,最终的目的就是利用信息,如果利用得当,机构和个人都将收益,但如果随意使用信息,再好的准入也将是徒劳的。所以应当确立利用者负责的机制,让征信信息的利用者承担信息安全保障的责任,而非是一味地在准入上做文章。所以,如何规制个人征信机构征信信息的利用才是保障个人信息安全的最好路径。那又该如何进行对征信机构的利用行为进行规制呢?

笔者认为,对于征信机构利用行为的规制要从以下三个方面出发:首先,信息的利用要遵循目的性的原则。虽然美国的泰内教授认为目的性原则已不再是大数据

---

〔1〕 参见范为:《大数据时代个人信息保护路径重构》,载《环球法律评论》2016年第5期。

〔2〕 参见孔令杰:《个人资料隐私的法律保护》,武汉大学出版社2009年版,第206页。

时代的商业准则,[1]但是目的性原则是保障个人征信信息的重要准则,如果违背了目的性的原则,征信机构肆意利用征信信息的情况将会更加的严重。尤其是对于互联网个人征信而言,采集信息种类多、数量大,个人征信信息很有可能不明所以就被利用,而个人又无法知晓。其次,个人信息的利用应当让利用者承担相应的责任。前文提出采取推定同意的模式实际上是个人对于个人信息权的让渡,这种让渡并非是有意而为的,更多的是出于无奈,不得已而为之。这样的让渡,让征信机构采集信息更为便捷,从利益的角度考虑,其是获益的,所以在利用环节,对征信机构作出更为严格的规定无可厚非。此外,征信机构收集到的信息主要是用于评级或者与其合作的第三方使用,使用这一过程,个人本身就是难以控制的,再加上处理保存自我更加难以控制,所以这就需要征信机构对于自己利用信息的行为负责,如对于征信信息的正确性和正确性的保障,对于信息泄露的赔偿。最后,严格的法律责任是征信机构正确利用信息的保障。此次《一般数据保护指令》第83条规定:“无法说明如何获得了用户的同意,违反数据处理的一般性原则,侵害数据主体的合法权利的,处以2000万欧元或者企业上一年度全球营业收入的4%,两者取其高。”这是非常严格的处罚措施,但有助于征信机构保障信息安全的积极性。

互联网个人征信对于我国的征信体系而言是良好的补充,这一新兴事物对促进我国普惠金融发展良益极大。目前,互联网个人征信的发展存在诸多的问题,对于现有的征信法律法规提出了挑战,但是这一问题的出现,既在于行业发展本身的问题,如缺乏行业自律组织;又在于法律的滞后性特征,旧的法律制度并不能考虑到如今的社会发展情况,同意也缺乏相关的基础法律,如信息保护法。总之,对于互联网个人征信的法律规制,一定要结合其实践特点,以基本征信理论为基础,制度相关的规章制度。

---

[1] See Omer tene & jules polonetsky, “Big Data for All: privacy and user control in the age of analytics”, 11 *NW. J. Tech. & intel*. Prop., 2013, p. 239, p. 260. 转引自范为:《大数据时代个人信息保护路径重构》,载《环球法律评论》2016年第5期。

约稿启事

互联网金融是充分运用以互联网为代表的现代信息科技，促进金融服务更富有效率的商业模式，对人类金融模式产生革命性、颠覆性影响，进而影响社会经济发展乃至整个社会生活的金融新业态。互联网金融在推动金融创新的同时，既突破了现有法律规定所建构的边界，又离不开法律规则的引导与调适，其带来的金融创新呼唤法律规范的回应。为充分展示互联网金融创新及其法律规制方面的最新动态与发展趋势，上海交通大学互联网金融法治创新研究中心于2014年12月起创办《互联网金融法律评论》（以下简称《评论》），搭建一个开放的思想交流平台，以此容纳不同领域关于互联网金融发展过程中法律问题的真知灼见。上海交通大学互联网金融法治创新研究中心主任许多奇教授担任《评论》主编，编辑部设于上海交通大学凯原法学院。

《评论》以"互联网金融及其法律治理研究"为办刊定位，刊文集中于法学、金融学、经济学、管理学和社会学等领域，主要栏目有："慎思篇"（专题研讨）、"审问篇"（热点评论）、"笃行篇"（司法实践）、"广闻篇"（前沿动态）。"解真问题，写真文章，做真学问"是《评论》的办刊精神和学术理念。《评论》强调学术研究基础，主张对文献、经验和学理逻辑的精细把握，着力奉行严谨的研究方法以提升研究深度，强调文章必要长度以保证学术基本水准，呼吁学术原创以增进学术增量。

《评论》以一年四辑的形式由法律出版社出版发行，对所刊登的文章期待具有实质性的内容和原创性的贡献。所有稿件一经刊登，编辑部即支付润笔费若干，并采取"优稿优酬"之原则。

《评论》希望在社会各界的支持下，为学界与实务界构建一个理论与实务的对话平台，走出一条理论与经验、人文与科学、规范与实证的复合道路，以此办出《评论》的风格和特色。感谢并继续期待各界同仁共同呵护与大力支持，推动《评论》向更高层次和更高水平发展！愿共谋佳篇，共长学术！

来稿请以电子邮件的方式惠寄至 jifl_sjtu@126.com。审稿周期为60天，60天未收到修改意见或录用通知，作者可自行处理。

邮寄地址：上海市徐汇区华山路1954号法学院318室，《互联网金融法律评论》编辑部；邮编：200030；电话：021－62932051。

附:投稿要求

(一)来稿一般不少于8000字且不超过18000字(包括注释,特别优秀的论文可适当放宽字数要求)。所有稿件请用Word文件的电子版,并保证照片与图表的清晰度。

(二)欢迎原创性成果,署名无争议。请作者附上真实姓名和详细联络地址(包括邮寄地址、邮编、联系电话、电子邮箱,凡稿件发表后,都会将作者加入我们的作者和读者互动群,并优先推送电子期刊)。

(三)请在稿件中注明作者简介(包括最高学历、学位、工作单位、职务、研究方向等。有特别要求的作者请备注)。来稿若有基金项目支持,请在首页地角注明。

(四)所有来稿文责自负。编辑部有权对采用稿件作必要修改,如不同意请在来稿时声明。

(五)注释体例:

1. 注释以必要为限,提倡引用正式出版物,出版时间应精确到年;根据被引资料性质,可在作者姓名后加"主编""编译""编著""编选"等字样。

2. 文中注释一律采用脚注,每页重新编号,注码样式为:①②③等。

3. 非直接引用原文时,注释前加"参见";非引用原始资料时,应注明"转引自"。

4. 数个注释引自于同一资料时,请补全脚注。

5. 相邻引文出自于同一资料时,注释体例为:同上,第67页以下。

6. 引用自己的作品时,请直接标明作者姓名,不要使用"拙文"等自谦词。

(六)具体注释体例:

1. 著作类

①季卫东著:《法治秩序的建构》(增补版),商务印书馆2014年版,第20页。

②徐冬根著:《财富与美德》,北京大学出版社2013年版,第31页。

2. 论文类

①韩长印、韩永强:《债权受偿顺位省思——基于破产法的考量》,载《中国社会科学》2010年第4期。

②许多奇:《论税法量能平等负担原则》,载《中国法学》2013年第5期。

③黄韬:《应对操作风险:"加强监管"还是"健全市场"?——我国商业银行内部控制法律机制变迁的路径选择》,载《上海财经大学学报》2015年第6期。

3. 文集类

黄韬:《为什么法院不那么重要——中国证券市场的一个观察》,载苏力主编:《法律和社会科学》(第9卷),法律出版社2012年版。

4. 译作类

[英]H. L. A. 哈特、[美]托尼·奥诺尔著:《法律中的因果关系》,张绍谦译,中

国政法大学出版社 2005 年版,第 216 页。

5. 报纸类

许多奇:《终结互联网金融野蛮生长》,载《人民日报》2016 年 4 月 15 日第 10 版。

6. 古籍类

《史记·秦始皇本纪》。

7. 辞书类

《新英汉法律词典》,法律出版社 1998 年版,第 24 页。

8. 外文类

依从该文种注释习惯。

如:Shen Wei, *Rethinking the New York Convention—A Law and Economics Approach*, Cambridge: Intersentia, 2013, p. 153.

9. 法院判决、公告类

《关于进一步支持小微企业增值税和营业税政策的通知》(财税〔2014〕71 号)。

10. 网络资讯类

原则上,如果同样内容有纸质参考,请选用纸质参考,以方便保存查阅。

尹守革:《专访吴晓灵:央行应该有更多的自主权》,载搜狐财经:http//business.sohu.com/20131218/n392003645.shtml,最后访问日期:2013 年 12 月 18 日。

图书在版编目(CIP)数据

互联网金融法律评论. 2017年. 第1辑: 总第8辑 / 许多奇主编. —北京: 法律出版社, 2017
ISBN 978-7-5118-5816-0

Ⅰ. ①互… Ⅱ. ①许… Ⅲ. ①互联网络—金融法—研究—中国 Ⅳ. ①D922.280.4

中国版本图书馆CIP数据核字(2017)第084635号

互联网金融法律评论(2017年第1辑·总第8辑)
HULIANWANG JINRONG FALÜ PINGLUN
(2017 NIAN DI 1 JI·ZONG DI 8 JI)

许多奇 主编

策划编辑 沈小英
责任编辑 沈小英 刘晓萌
装帧设计 李 瞻

出版 法律出版社
总发行 中国法律图书有限公司
经销 新华书店
印刷 北京京华虎彩印刷有限公司
责任校对 晁明慧
责任印制 吕亚莉

编辑统筹 财经出版分社
开本 720毫米×960毫米 1/16
印张 15.5
字数 300千
版本 2017年4月第1版
印次 2017年4月第1次印刷

法律出版社/北京市丰台区莲花池西里7号(100073)
网址/www.lawpress.com.cn
投稿邮箱/info@lawpress.com.cn
举报维权邮箱/jbwq@lawpress.com.cn
销售热线/010-63939792
咨询电话/010-63939796

中国法律图书有限公司/北京市丰台区莲花池西里7号(100073)
全国各地中法图分、子公司销售电话:
统一销售客服/400-660-6393
第一法律书店/010-63939781/9782
西安分公司/029-85330678
重庆分公司/023-67453036
上海分公司/021-62071639/1636
深圳分公司/0755-83072995

书号: ISBN 978-7-5118-5816-0
定价: 48.00元

(如有缺页或倒装,中国法律图书有限公司负责退换)